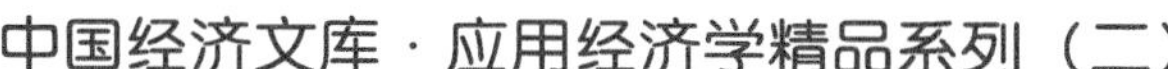

中国经济文库·应用经济学精品系列（二）

刘建党
唐　杰 ◎著

中国省域治理质量与经济增长方式转型

The Quality of Governance and the Transformation of Economic Growth Mode in China's Provincial Regions

中国经济出版社
CHINA ECONOMIC PUBLISHING HOUSE
北　京

图书在版编目（CIP）数据

中国省域治理质量与经济增长方式转型 / 刘建党，唐杰 著.
—北京：中国经济出版社，2020.1
ISBN 978-7-5136-5912-3
Ⅰ.①中… Ⅱ.①刘… ②唐… Ⅲ.①区域经济发展—研究—中国 Ⅳ.①F127
中国版本图书馆 CIP 数据核字（2019）第 207304 号

责任编辑 赵静宜
责任印制 巢新强
封面设计 华子图文

出版发行 中国经济出版社
印 刷 者 北京九州迅驰传媒文化有限公司
经 销 者 各地新华书店
开　　本 710mm×1000mm 1/16
印　　张 17.5
字　　数 268 千字
版　　次 2020 年 1 月第 1 版
印　　次 2020 年 1 月第 1 次
定　　价 68.00 元
广告经营许可证 京西工商广字第 8179 号

中国经济出版社 **网址** www.economyph.com **社址** 北京市东城区安定门外大街 58 号 **邮编** 100011
本版图书如存在印装质量问题，请与本社销售中心联系调换（联系电话：010-57512564）

前 言

进入新时代以来，中国经济增长方式转型压力逐步增大，要保持经济中高速增长，推动产业迈向中高端水平，并实现“两个一百年”的宏伟目标，未来势必会遇到更多的挑战。站在历史的新起点上，党中央审时度势，十八届三中全会《关于全面深化改革若干重大问题的决定》首次提出了全面深化改革的总目标是“完善和发展中国特色社会主义制度，推进国家治理体系和治理能力现代化”，党的十九大报告进一步明确了实现这一总目标的“两步走”规划，从战略层面强调了良好治理在国家长期高质量发展中的重要地位，治理议题就从一般性的学术研究上升为中央重大政策决策研究。

关于治理质量对经济增长的影响研究，现有文献主要存在两方面不足：第一，忽视了良好治理的经济增长方式转型效应，以及良好治理对经济增长质量的空间溢出效应；第二，有关中国省域治理评估的研究比较少，多维治理评估视角忽略了市场化改革，指标筛选忽视了定量方法，权重确定忽视了时序全局因子分析法。因此，本研究以“诺斯悖论”为逻辑起点，界定中国省域治理概念的外延特征，构建中国省域治理质量评估体系，计算跨年度可比的中国省域治理质量综合指数，研究治理质量对中国省域经济增长的短期效应、长期效应，分析良好治理的高速度经济增长效应、高质量经济发展效应，量化良好治理对中国省域经济增长质量的空间溢出效应及其分布特征。

从地方治理的视角来看，在中国省域经济增长方式转型过程中，良好治理意味着强政府、市场化和法治化，即权力要在政府、市场之间实现有效配置，权力的拥有者要具备行使权力的强大能力，同时也要受到有效的激励和约束。2001—2016 年，中国省级地区以开放促改革，治理水平普遍不断提高，但东部地区治理水平相对较高；同期，中西部地区治理改善幅度较大，东部和东北地区治理改善幅度较小，但治理质量的省际差异持续缩小。

加入 WTO 以来，中国省域良好治理的高速度经济增长效应呈现“倒 U 型”曲线变化趋势，即随着中国与 WTO 制度体系逐步实现全面接轨，制度变迁的边际收益呈现“先升后降”的基本特征，且改革红利面临逐步消失殆尽的窘境，中国 2001 年以来的一轮经济大繁荣逐步走到了尽头。然而，随着中国省域治理质量的不断提升，人均实际 GDP 和劳动生产率变大、单位 GDP 能耗变小，良好治理的高质量经济发展效应持续增强，从而逐步实现经济增长方式的成功转型。需要指出的是，良好治理的高速度经济增长效应和经济增长方式转型效应均受到地区差异、经济发展水平的显著影响。

从空间视角来看，一方面，本地区良好治理对本地区经济增长质量存在显著正向影响，且良好治理的高质量经济发展效应存在显著的边际递减现象；同时，如果不考虑内生性，就容易高估良好治理对经济增长质量的本地效应。另一方面，良好治理对经济增长质量的空间溢出效应呈现“U 型”曲线变化趋势，空间溢出已成为良好治理影响中国省域经济增长质量的重要途径，良好治理对经济增长质量的空间溢出效应呈现梯度衰减的分布特征，治理质量的地区差异、时期差异能够显著解释空间溢出效应的地区差异、时期差异。如果不考虑内生性，就会高估良好治理对经济增长质量的空间溢出效应；同时，如果不考虑空间溢出效应，就会高估良好治理对经济增长质量的本地效应。

然而，2001—2016 年仅包含了一轮制度变迁，在多轮制度变迁依次出现的情况下，从本地效应来看，良好治理的高速度经济增长效应可能呈现为“多个倒 U 曲线首尾依次连接的波浪线”，良好治理的高质量经济发展效应可能呈现为“多个 S 型曲线首尾依次连接的波浪线”。此外，在跨越两轮制度变迁的情况下，从本地效应来看，良好治理的高速度经济增长效应可能呈现为“U 型”曲线，良好治理的高质量经济发展效应可能呈现为“反 S 型”曲线。然而，受限于实际条件，本书最后仅做了一个不严谨的讨论，无论是本地效应还是空间溢出效应，无论是理论还是实证，未来研究均大有可为。

目　录

第1章 绪 论

1.1 研究背景

1.1.1 中国经济增长的伟大成就与巨大挑战

改革开放以来，中国产业结构持续升级，三次产业增加值比重结构从1978年的28.2∶47.9∶23.9转变为2017年的7.9∶40.5∶51.6，即过去四十多年，中国从工业化初级阶段起步，经历了工业化中级阶段，正在从工业化高级阶段向服务经济阶段转型。① 中国城市化水平不断提升，城镇化比重由1978年的17.9%增加到2017年的58.5%，城镇人口净增加64102万人，② 城镇逐渐成为人口集聚的主要物理空间。中国产业升级和城市化取得了巨大成绩，推动了总体经济实力的显著增强，国内生产总值从1978年的3645亿元（当年价）增加到2017年的827122亿元（当年价），全球排名从第10名上升到第2名，与美国并列为全球仅有的两大10万亿美元级的庞大经济体；也推动了经济发展水平的迅速提高，人均国内生产总值从1978年的不到300美元（当年价）增加到2017年的8800美元以上（当年价），实现了从低收入向中

---

① 按照美国经济学家西蒙·库兹涅茨的观点：在工业化起点，第一产业占主导地位，第二、三产业比重较低；在工业化初级阶段，第一产业比重持续下降，第二、三产业比重相应提高，且第二产业比重上升幅度大于第三产业，第二产业占主导地位；在工业化中级阶段，第一产业比重降到20%以下，第二产业依然占据主导地位；在工业化高级阶段，第一产业比重降低到10%左右，第二产业比重上升到最高水平；在后工业化阶段或服务经济阶段，第二产业的比重有所下降，第三产业比重上升至70%左右。

② 根据中国统计年鉴，1978年全国城镇常住人口为17245万，2017年为81347万，净增加64102万。

高等收入①的伟大转变。

与此同时，中国省域经济增长也取得了巨大的成就，部分省级地区的经济体量甚至达到了富可敌国的程度。2017 年，广东、江苏、山东的地区生产总值分别以 89879 亿元、85901 亿元、72678 亿元，位居全国前三甲，按照平均汇率折合依次约为 13311 亿美元、12722 亿美元、10764 亿美元，大致相当于澳大利亚（13234 亿美元，全球排名第 13 位）、西班牙（13113 亿美元，全球排名第 14 位）、印度尼西亚（10155 亿美元，全球排名第 16 位）等中等强国的经济规模；如果按照购买力平价（PPP）计算，广东、江苏、山东的地区生产总值依次折合约为 25344 亿国际元、24223 亿国际元、20495 亿国际元，广东的经济总量将接近法国（28761 亿国际元）、英国（28567 亿国际元）两大发达国家，江苏的经济规模将超过意大利（23874 亿国际元）、墨西哥（23583 亿国际元），山东的经济总量将韩国（19730 亿国际元）、加拿大（17144 亿国际元）甩在身后。②

然而，在取得经济增长伟大奇迹的同时，中国经济发展也积累了不少问题，比如贫富失衡、城乡失衡和地区失衡等。特别是全球金融危机以来，中国 GDP 增长率从 2007 年的 14.2%降到 2017 年的 6.9%，正式结束了长达 30 年的高速增长。此外，中国经济发展的省域差距、区域差距较大，比如 2017 年，部分沿海省市经济发展水平先后达到高收入阶段，北京、上海、江苏、浙江、广东的人均 GDP 依次约为 19104 美元、18452 美元、15874 美元、13634 美元、12009 美元；但一些中西部地区依然处于中等收入阶段，比如安徽、山西、贵州的人均 GDP 依次约为 6547 美元、6007 美元、5621 美元，明显低于全国经济发展平均水平。目前，中国经济正处于三期叠加③阶段，并逐

---

① 根据世界银行 2017 年 7 月 1 日发布的分类标准，人均国民总收入（GNI）达到 3956 美元～12235 美元即属于上中等收入行列。2017 年，中国国内生产总值为 827122 亿元，国民总收入为 825016 亿元，前者高于后者约 0.26%，即使考虑这一高估因素，中国依然属于上中等收入行列。根据 1979 年发布的分类标准，人均国民总收入在 320 美元及以下，即属于低收入行列。

② 数据来源：https：//data.worldbank.org.cn/indicator/NY.GDP.MKTP.CD？name_ desc = true（世界银行）。

③ 三期叠加：（1）增长速度换挡期，是由经济发展的客观规律所决定的；（2）结构调整阵痛期，是加快经济发展方式转变的主动选择；（3）前期刺激政策消化期，是化解多年来积累的深层次矛盾的必经阶段。

步从数量型、速度型经济增长加速转向质量型、效率型的经济发展新常态。未来，中国要保持经济中高速增长，推动产业迈向中高端水平，实现“两个一百年”的宏伟发展目标，势必会遭遇更多的挑战和压力。

1.1.2 国家治理现代化与经济增长方式转型

站在新的历史起点上，党中央审时度势，2013年11月9日，十八届三中全会《关于全面深化改革若干重大问题的决定》首次提出了全面深化改革的总目标是“完善和发展中国特色社会主义制度，推进国家治理体系和治理能力现代化”。2014年2月17日，在省部级主要领导干部学习贯彻十八届三中全会精神全面深化改革专题研讨班中，习近平总书记发表了《完善和发展中国特色社会主义制度，推进国家治理体系和治理能力现代化》的重要讲话，明确指出，“国家治理体系和治理能力是一个国家的制度和制度执行能力的集中体现，两者相辅相成；必须适应国家现代化总进程，提高党科学执政、民主执政、依法执政水平，提高国家机构履职能力，提高人民群众依法管理国家事务、经济社会文化事务、自身事务的能力，实现党、国家、社会各项事务治理制度化、规范化、程序化，不断提高运用中国特色社会主义制度有效治理国家的能力”。

2017年10月18日，党的十九大报告首次提出“我国社会主要矛盾已经转化为人民日益增长的美好生活需要和不平衡不充分的发展之间的矛盾”，这与1981年十一届六中全会上提出的“社会主义初级阶段主要矛盾是人民日益增长的物质文化需要同落后的社会生产之间的矛盾”相比，论述出现了重要变化，不仅是人民需求从物质文化转化为美好生活，更加突出了中国经济发展的不平衡不充分问题，且明确指出未来中国经济发展要更加注重增长的质量，而非仅仅是增长速度的提升。此外，党中央再次重申了全面深化改革的总目标，并提出了实现国家治理体系和治理能力现代化的两阶段①宏伟构想，再次从战略层面肯定了良好治理在国家长期发展中的重要地位，尝试以治理

① 第一个阶段，2020—2035年，国家治理体系和治理能力现代化基本实现；第二个阶段，从2035年到21世纪中叶，实现国家治理体系和治理能力现代化。

体系和治理能力现代化为核心的制度创新为抓手，推动中国经济增长模式的持续转型与升级。

显而易见，国家治理问题已从一般性的学术研究上升为中央重大政策决策研究。如何准确把握国家（或地方）治理质量在经济增长中的角色，也就成为新的需要而进一步深化的重大理论研究题目。这就要求经济学研究者从理论出发，根植于中国道路的具体实践，去深入挖掘认识有效的国家（或地方）治理模式。中国是由众多省级行政区构成的超大国家，良好的国家治理就意味着良好的省域治理，故省域治理成为国家治理的重要内容。可以观察到的增长事实是，过去近四十年里，深化改革与制度创新在中国省域经济增长中发挥了决定性作用。特别是中国加入 WTO，以对外开放来推动中国制度变迁和治理改善，中国省域经济进入一轮超级繁荣期，创造出了巨大的赶超效应。因此，客观认识和评价中国加入 WTO 以来，治理质量在中国省域经济增长中的重要作用，不仅有助于深入认识中国省域经济增长奇迹，也有助于进一步完善中国区域经济政策，这具有重要的理论意义和实践意义。

1.2 研究意义

1.2.1 理论意义

首先，有助于拓展治理质量影响经济增长的理论体系。本书立足于制度经济学的基本原理，分析治理质量影响经济增长的作用机理，探讨治理质量对经济增长的短期效应和长期效应、高速度经济增长效应和高质量经济发展效应、本地效应和空间溢出效应，提出治理质量影响中国省域经济增长的分析框架。这不仅为理解治理质量与经济增长的关系提供了一个更系统、更翔实、更全面的理论描述，拓展了治理质量影响经济增长的理论架构；也有助于深入认识治理质量影响中国省域经济增长的表现形式和主要途径，为开展相关实证研究提供了有力的理论基础。

其次，有助于丰富中国省域治理质量评估的理论体系。本书结合中国省域经济发展中的“诺斯悖论”，探讨了“权力悖论”及其中国省域治理解，从地方治理角度刻画了中国省域治理概念的外延特征，这有助于准确把握中国省域治理的关键特质，为开展有关中国省域治理评估的理论和实证研究提供了重要支撑。同时，本书提出了中国省域治理质量的三大评估内容，体现了治理评估的多维视角：权力横向配置+治理能力+权力约束，这有助于丰富中国省域治理质量评估的理论体系，为后续治理评估研究提供了一个崭新的多维视角。

1.2.2 实践意义

首先，为完善中国省域经济政策提供重要依据。一方面，本书证实了良好治理对中国省域经济增长的短期效应和长期效应、高速度经济增长效应和高质量经济发展效应、本地效应和空间溢出效应，认为中西部地区的高速度经济增长效应更突出，且初始固定资产投资对西部地区人均实际 GDP 长期增长率带来显著、正向影响，而东部地区的高质量经济发展效应更显著，这些可以作为中国实施自贸区战略、深化科技体制改革、形成治理质量的高值集聚中心、推动三大区域协同发展、实施区域差异化战略等措施的重要依据。另一方面，本书发现人力资本在省域人均实际 GDP 增长中的作用已经超越传统的固定资产投资，这些可以成为中国继续优化高等教育发展体系、促进优质人力资本积累的重要依据。

其次，为评估中国省域治理质量提供重要参考。一方面，本书选用定性与定量相结合的方法，确定了中国省域治理质量评估的指标体系，这可以成为中国开展省域治理质量评估的重要参考。另一方面，基于 2001—2016 年的中国省域面板数据，本书计算了中国省域治理质量综合指数，分析了各个省级地区治理质量的变化趋势，这可以成为系统认识中国省域治理质量演进特征的重要基础，也可以成为识别中国省域治理质量的薄弱地区和薄弱环节的重要参考。

1.3 国内外研究现状

1.3.1 治理质量与经济增长的关系

国家（地方）治理是制度经济学的分支，制度经济学起源要追溯到马克思的历史唯物主义和政治经济学关于生产力与生产关系的研究，马克思认为生产力发展以科技进步为标志，生产力决定了经济增长，但在特定条件下，制度创新也会影响经济增长[1]，马克思主义的框架是“对长期制度变革的最有力的论述”[2]。之后，制度经济学派以丰富的研究成果为基础，提出了“制度至关重要”的观点——形成有利于创新的制度安排，这是推动技术创新和社会进步的关键力量，而经济制度的变迁是人们为降低生产的交易成本所做的努力[3]。20 世纪 80 年代以来，美国经济学家道格拉斯·诺斯（Douglass C. North）从运用新古典经济学和经济计量学来研究经济史问题，转向了研究制度变迁对经济增长的影响，以及制度变迁对经济增长发挥影响的具体形式，认为通过对个人造成一种刺激[4]和激励[5]，制度因素在长期经济增长中发挥主要作用。由于在制度变迁理论方面的突出贡献，诺斯被授予了诺贝尔经济学奖。另一位诺贝尔经济学奖得主罗纳德·哈里·科斯（Ronald H. Coase）独创性地提出了交易费用理论，则为实证研究制度变迁的效率奠定了坚实的理论基础。此外，美国著名经济学家达龙·阿塞莫格鲁（Daron Acemoglu）区分了经济制度和政治制度，并着重解释了政治制度影响经济增长的机理，经济制度与政治制度互动方式等问题，在理论和实证两方面建立了制度增长理论框架[6]。1989 年，世界银行首次提出了治理的概念，使马克思开创的、诺斯和科斯等人重新发掘的、有关制度及制度变迁与经济增长的理论研究成为一个可以借助统计数据进行实证研究的重要课题，这对中国经济体制改革路径选择与设计产生了长期、重大且深远的影响。

1.3.1.1 主要观点

1. 治理质量与经济增长的相关关系

观点 1：治理质量与经济增长之间存在相关关系。一方面，有学者认为，治理质量与地区经济增长之间存在正相关关系。比如 Mauro（1995）发现，腐败和投资、增长之间存在负相关关系，这在统计和经济学上都是显著的[7]。张弘和王有强（2013）研究认为，在较高的收入阶段，四项治理指标（腐败控制、政府绩效、法制水平、监管质量）均与经济产出（人均 GDP）显著正相关，治理质量的提升也伴随着显著的经济增长[8]。李文彬和魏铭（2015）研究广东省 121 个县（市、区），发现政府透明度（2009、2010 年政务公开因素满意度，2010 年政府网上信息公开）是治理因素的重要组成部分，并与经济增长（2011 年 GDP 的自然对数）正相关[9]。另一方面，部分研究认为，治理质量和经济增长之间的互动关系十分复杂，不一定是正相关[10]。对国家或经济体的案例研究一般支持这个观点，比如中国，尽管它的治理质量低于世界平均水平，但它的经济增长率高于世界平均水平[11]。Quibria（2006）研究 29 个亚洲经济体发现，治理良好的经济体的经济增长率低于治理不好的经济体的经济增长率[12]。

观点 2：治理质量与经济增长之间不存在相关关系。比如菲律宾、越南的治理质量相似，但越南正在走出贫困，而菲律宾却陷入经济停滞，治理质量与经济发展之间没有相关关系。张弘和王有强（2013）进一步指出，在较低的收入阶段，腐败控制、政府绩效、法制水平、监管质量均与经济产出的相关性不明显，且只有监管质量的提升与人均 GDP 的增加显著正相关，因此，治理能力的提升不一定伴随显著的经济增长[8]。Stead（2015）比较样本国家的 WGI（world governance index）指数和 UN（united nations）的城市繁荣指数（创新、竞争力、人均寿命），发现治理质量高的国家，样本城市的繁荣指数也高；但是，治理指数低的国家，样本城市的繁荣指数也可能较高，① 国家治理与城市繁荣之间也没有相关关系[13]。

2. 治理质量与经济增长的因果关系

观点 1：在经济政策、政治稳定、契约制度、腐败控制等方面，差的治理会阻碍经济增长。在早期，Posner（1975）研究发现，政治强势集团通过政

① 一国范围内，各个城市的治理水平可能差异较大，虽然中国的 WGI 指数为负 0.38，但上海市的 WGI 指数可能很高。

治活动，获得财富的再分配收益，再分配的争夺带来大量资源浪费，这些损失源于扭曲的引入[14]。Bhagwati（2008）认为，差的经济政策会带来巨大损失，至少欠发达国家是如此[15]。North（1990）强调，第三世界国家没有能力推动有效、低成本的合同执行，这是造成历史停滞和当前欠发达的最重要的原因[16]。如上都是关注跨国层面研究，部分学者开始关注一国内部实践情况，比如王贤彬和王露瑶（2016）研究中国31个省区发现，中共十八大以来（2012年12月—2014年12月），中纪委通报的腐败官员落马事件对省区经济增长有显著的抑制效应，本地副厅级以上的落马官员每增加一个，当季GDP增长速度降幅约为0.1%；该抑制效应源于投资放缓，是即时和短期的，并不具有长期累积性；中西部地区的经济增长受反腐败的影响更大，省部级以上的官员落马事件对经济增长的影响更大一些，这验证了政治不稳定、腐败对经济增长的负面冲击效应[17]。

观点2：良好的治理会缓解“诺斯悖论”，从而提高经济绩效、推动经济增长。Murrell和Olson（1991）最早提出，更好的治理使得后发国家能够发挥后发优势，比发达国家更快地实现经济增长[18]。Olson等（2000）指出，ICRG（international country risk guide）单项指标或算术平均综合指数都能正向解释生产率的增长率[19]。Grosanu等（2015）分析全球各个经济体面板数据（2007—2012），证实了良好治理（六个WGI分项指数）对营商环境、企业家精神的显著影响[20]。Ma和Ouyang（2016）指出，在拥有长期的民主治理经验的民主国家，民主才能促进经济增长（人均实际GDP增长率）[21]。Stojanović等（2016）把样本划分为发达经济体、转型经济体、发展中经济体、不发达经济体和小岛经济体，研究215个经济体的面板数据（2000—2012），认为WGI指数对所有样本、四类经济体①的人均GDP具有显著积极作用，五个WGI分项指数②对所有样本的人均GDP具有显著正向影响[22]。Hussain和Haque（2016）采用经济自由度指数，研究186个经济体的面板数据（2013—2015）、57个经济体的面板数据（2004—2014），认为制度因素对

① WGI指数对不发达经济体的人均GDP不存在显著积极作用。
② 表达与问责分项指数对所有样本的人均GDP具有显著负向影响。

经济增长（年度GDP增长率、5年平均GDP增长率）带来积极影响[23]。来自8个欠发达伊斯兰国家（2005—2014）的分析表明，法治水平、腐败控制、表达和问责三个分项治理指数均显著、正向影响经济增长率，且这种正向影响在治理质量高的国家更强一些[24]。对撒哈拉以南地区47个经济体①（1996—2012）进行实证研究的结果显示，WGI指数、IIAG治理指数（ibrahim index of african governance）都对人均实际GDP增长率存在显著、正向作用[25]。Mamun等（2017）采用50个石油输出国的面板数据（1980—2012）进行研究，认为控制石油资源变量的情况下，差的治理（制度脆弱性）对人均GDP具有显著、负向的短期效应和长期效应，良好的治理②对人均GDP具有显著、正向的短期效应和长期效应，且长期效应都比短期效应更大一些；在信息传播方便、社会资本存量大、经济全球化水平高、金融业发展良好的国家，治理质量对经济增长的积极作用更加显著[26]。Saidi等（2017）采用治理和制度质量的五个代理变量（银行监管、法治和秩序、腐败、存款保险、政府稳定性）分析54个经济体（20个OECD经济体，34个发展中经济体和新兴经济体）的面板数据（1985—2010），面板平滑转换回归模型（PSTR）的实证结果认为，无论金融自由化水平高或低，治理和制度质量都会促进人均实际GDP增长率[27]。Kim等（2018）采用主成分分析法构建ICRG综合指数，分析47个经济体的面板数据（1984—2012），认为更好的治理有助于政府规模提升年均全要素生产率和人均实际GDP年均增长率，更大的政府规模有助于治理提升年均全要素生产率和人均实际GDP年均增长率；当治理质量达到一个门槛值以上时，治理有利于经济增长；在自然资源丰富的经济体中，如上作用更加显著[28]。Boţa-Avram等（2018）采用WGI指数，分析138个经济体的面板数据（2006—2015），认为国家治理是GDP增长的格兰杰原因，但GDP增长不是国家治理的格兰杰原因[29]。

上述都是跨国（或经济体）分析，部分学者开始关注一国（或经济体）

① 除了塞舌尔2004年开始成为高收入经济体，其他46个经济体在1996—2012年间属于欠发达水平。

② 腐败控制、官僚质量、法治和秩序三项指标的综合指数（ICRG）。

内部研究，比如中国。按照治理内涵的界定视角差异①，有关中国的文献可以划分为四类：一是权力纵向配置视角，关注行政权力在各级政府之间的合理配置及不断改进的过程。比如 Qian 和 Xu（1993）指出，中国的央地财政分权制度，不仅规范了中央和地方政府的财政行为，也因经济管理权力下移，鼓励地方政府为获得更多的税收，而发展市场经济、维护企业利益，推动了地方经济快速发展[30]。徐现祥等（2007）从任期交流制度分析中发现，中国省长交流能够使流入地的经济增长速度提高约 1 个百分点[31]。Xu（2011）将推动中国经济增长的关键制度安排概括为：经济分权和保持政治稳定，认为在中国经济增长的过程中，中央政府向地方政府分散经济权力是必要的，也更需要保证中央政府的权威性[32]。二是权力横向配置视角，大多侧重权力在政府和市场之间的合理配置，分析市场化进程的经济增长效应。比如樊纲等（2011）编制中国省域市场化指数（1997—2007），提出市场化对经济增长的贡献达到年均 1.45 个百分点，市场化贡献了 39.2%的全要素生产率[33]。邵传林（2016）分析中国省域面板数据（1994—2011），也支持市场化对经济增长的积极作用[34]。吕朝凤和朱丹丹（2016）通过研究中国 38 个工业行业（1999—2009），认为市场化可以扩大市场潜力，进而正向影响长期经济增长[35]。也有少量文献关注权力在水平层面地方政府之间的合理配置，研究地方政府数量与经济增长的关系。比如 Zhang 等（2018）基于中国 262 个地级及以上城市样本（2000—2010），研究认为中国当前 45%的城市政府治理结构过于碎化；经济增长率（人均实际非农产出年均增长率）随着城市辖区数量的增加呈倒 U 型变化趋势，即存在一个经济增长最优的城市辖区个数；可能的机制在于，一定的分区有助于促进政府间良性经济竞争，但过度分区会导致非理性竞争[36]。三是权力约束视角，大多分析法治水平对经济增长的影响。比如卢峰和姚洋（2004）基于中国大陆省域面板数据（1991—2001），认为在其他配套制度安排完善的前提下，法治具有经济增长效应[37]。董雪兵等（2012）指出，由于中国处于转型期，故在短期内，知识产权保护越弱，经济

① 按照治理内涵的演进，国内外形成了七个单维视角（Fukuyama，2013；Faguet，2014；Rotberg，2014）：权力纵向配置、权力横向配置、权力约束、官僚制度、官僚自主性、治理能力和治理产出。

增长态势越好；而在长期内，知识产权保护越强，越有利于经济增长[38]。此外，李文彬和魏铭（2015）从政府透明度入手，认为政府透明度（2009年政务公开因素满意度、2010年政务公开因素满意度、2010年政府网上信息公开）显著正向影响经济绩效（2011年广东省各县的GDP水平）[9]。四是二维治理视角，从两个维度界定治理或构建治理质量综合指数，研究治理质量的经济增长效应。比如郑世林（2016）提出，中国大陆出现了一种新的经济治理模式——项目体制①，以此解释了“项目经济”的大繁荣和衍生的各种经济问题[39]，体现了“权力纵向配置+权力横向配置”的二维治理视角。郑世林和应珊珊（2017）认为项目制显著促进了城市经济增长，该作用主要通过政府引导固定资产投资来实现[40]，但项目制也存在明显的负面效应。张梁梁和杨俊（2018）从政府运行效率和法制环境两个维度来刻画政府治理质量，体现了“治理能力+权力约束”的二维治理视角，认为省域政府治理质量对人均GDP具有边际递减的促进作用，且这种促进作用受到社会资本的显著影响[41]。Wilson（2016）计算省域治理质量综合指数（1985—2005），认为治理质量通过抑制第一产业、鼓励第三产业，推动了省域产业结构转型，但治理质量对GDP增长没有显著影响[42]，该治理指数体现了“治理能力+治理产出”的二维治理视角。

既然治理质量可以促进地方经济增长，那么其作用机制和途径是怎样的?一些学者对此进行探讨。Knack和Keefer（1995）研究发现，治理质量是解释投资率的重要变量[43]，即良好治理提高经济绩效的一个途径是：改善资本市场和投资环境[16]。与此同时，也存在治理影响经济发展的其他途径，比如[42]官僚职业化鼓励公共设施投资，稳定的官僚体系促进私人部门的长期投资，官僚职业化降低腐败、鼓励生产性投资，支持投资和创新的法律规则、公正治理体系的有效执行为经济增长提供了有利环境。此外，良好的经济权力结构会促进资源的优化配置[44]，政治权力结构影响经济制度、经济政策[45,46]，中央与省级地区之间的财政分权促进官员激励、地区竞争、资源配置优化、

① 项目体制考虑了中央部委、地方政府和市场的作用，体现了治理评估的两个视角：权力纵向配置、权力横向配置。

产权保护[34]。显然，如上作用途径集中体现了，良好治理可以被当作社会基础设施，通过制度和政府政策构成的经济环境，可以抑制政府的“掠夺之手”，或者鼓励政府的“扶持之手”，对长期经济增长具有重要作用[47]，能够正向、显著、稳健的解释长期（1984—2004）人均 GDP 的平均增长率[17]，即良好治理可以推动长期经济增长[43]。

观点 3：治理差异是解释地区之间经济增长绩效差异的重要因素。经济史学家指出，在解释创新、产业革命，以及为什么现代经济增长出现在西方，而不是出现在全球其他地方，治理差异、制度差异是非常重要的变量[16]。Olson 等（2000）进一步指出，治理差异能够部分解释“为什么大部分发展中国家经济增长不如发达国家，而少数发展中国家经济增长快于发达国家”①，弥补了新古典和内生经济增长理论的缺陷，即良好的治理能够解释国家之间经济增长率差异的一大部分[19]。如上侧重跨国研究，从中国具体实践来看，李飞跃等（2014）研究中国 29 个省级地区（1952—2008），认为在 1969 年之后，随着中央名义政治制度（中央高层实际政治权力）逐步弱化，地方实际政治权力结构对经济绩效存在长期影响；同时，因实际政治权力结构更加偏向于基层官员和群众，东部地区省份经济发展绩效优于中西部地区，地方实际政治权力结构差异可以部分解释地区经济绩效差异[45]。刘明兴等（2013）研究浙江省 58 个县（1952—1998），认为中国革命的历史发展路径影响了解放后地方政权中的非正式权力结构，不同的政治权力结构影响地方干部的行为倾向和经济政策选择，进而影响地区经济发展绩效，即地方政府的非正式权力结构可以部分解释省份内部的地区经济发展绩效差异[46]。

观点 4：地区经济发展水平的提高，会带动治理质量的逐步改善。在治理的影响因素研究中，人均收入是一个重要变量，因为随着收入水平的提升，人们对善治的需求就会增多[48]，会更加注重维护自身的表达权、参与权，也会更加关注法治水平和公共服务质量，我们称之为“收入效应”。此外，经济发展影响治理质量，也存在其他渠道，比如复杂性效应，即经济发展增加交

① 后发国家和发达国家之间，人均收入、技术水平、人均资本存量差距越大，如果后发国家得到良好治理，则资本边际产品、资本流入、追赶增长率就越高。

易复杂性，强化正式治理机制的相对效率[49]，进一步激励公共投资、改善治理体系；实践效应，即经济发展的巨大成功，促使政治领导人正式采用那些被实践证明可以有效支持经济发展的非正式做法[50]；支持者效应，即经济发展会形成一批支持者，涵盖企业和消费者，他们有兴趣和能力，去推动改善治理质量[42]；供给效应，即经济增长会带来资本、人才等资源积累，这为治理改善提供了良好保障。从实证分析来看，Seldadyo 等（2010）采用 2000 年人均 GDP 的自然对数为解释变量、2005 年 WGI 综合指数为被解释变量，运用截面空间滞后模型对全球 187 个经济体进行计量分析，发现人均 GDP 对治理质量具有显著的正向作用[51]。Wilson（2016）采用真实人均 GDP 的自然对数与样本均值的差值为解释变量、三年后的省级治理质量的复合指数为被解释变量，运用面板向量自回归模型（VAR）对中国省级面板数据进行研究，发现经济增长对治理质量具有积极作用，驱动力主要源于第二产业发展[42]。显然，大多数学者侧重治理质量对经济增长的影响研究，这是可以理解的，毕竟地区经济增长是学者和国际机构关注的重点议题。

观点 5：治理质量与经济增长之间不存在因果关系。一些学者认为，良好治理的作用被夸大了，或者在良好治理和福利改善之间，并没有清晰的因果关系。不能简单认为，更好的治理可以带来更大的繁荣，或者更高水平的繁荣可以带来更好的治理。在治理质量和地区发展之间，也不可能存在直接的、时间序列上的简单逻辑关系，治理的改善不可能很快产生发展绩效[13]。Kurtz 和 Schrank（2007）实证分析发现，WGI 指数中的政府效能对未来两年人均 GDP 的平均增长率不存在显著影响，虽然提前两年人均 GDP 的平均增长率对治理质量存在显著正向作用，但他们认为要么是增长引起治理改善，要么是受访者的理解偏差（晕轮效应①）[52]。马得勇（2013）测度中国乡镇治理质量，认为经济发展水平对乡镇治理质量未产生显著影响[53]。Stead（2015）进一步指出，虽然治理和繁荣之间存在密切关系，但不能确定是否存在因果关系；即使存在因果关系，也不知道这种关系的方向[13]。Wilson（2016）也认为治理质量对 GDP 增长不存在显著影响[42]。

① 治理测度是基于受访者感觉，容易受到近期经济绩效的影响。

3. 治理质量与经济增长的非线性或非单调关系

前两个方面大多基于参数回归技术，容易把治理质量和地区经济发展的关系线性化、单调化，这与复杂纷繁的现实世界可能不太吻合。

观点1：治理质量与经济增长之间存在非线性关系。Seldadyo 等（2010）采用2000年人均 GDP 的自然对数为解释变量、2005年 WGI 综合指标为被解释变量，运用截面空间滞后模型对全球187个国家进行分析，发现人均 GDP 与 WGI 指标存在对数关系，且单调递增[51]。张弘和王有强（2013）基于4个 WGI 分项指数、人均 GDP 的自然对数、人均 GDP 的年均增长率（1998—2010）的跨国比较，认为收入水平与治理质量存在某些相关关系，且该相关关系存在显著的阶段差异[8]，即当收入水平较低时，样本点呈现分散分布特征，近似拟合曲线的斜率较低；当收入水平较高时，样本点的集中分布趋势和线性相关特征显著，局部拟合线的斜率明显增大，且斜率始终为正。显然，在 WGI 分项指数、人均 GDP 之间，存在非线性关系，且单调递增。李文彬和魏铭（2015）研究认为，政府透明度（2009年政务公开因素满意度、2010年政务公开因素满意度、2010年政府网上信息公开）显著正向影响经济绩效（2011年 GDP 的自然对数），可见治理质量与经济绩效之间存在单调递增的非线性关系[9]。李飞跃等（2014）研究认为，地方实际政治权力结构显著正向影响人均 GDP 的对数值，而且系数越来越大，表明治理质量与地区发展之间存在单调递增的非线性关系[45]。张梁梁和杨俊（2018）采用政府治理与社会资本的交互项，发现财政负担率或腐败水平与人均 GDP 存在非线性关系[41]。

观点2：治理质量与经济增长之间存在非线性、非单调关系。一些学者认为，治理和经济增长之间的互动关系十分复杂，或许是非单调的[10]。Huynh 和 Jacho-Chávez（2009）基于 WGI 分项指数，采用非参数方法实证分析认为，只有三项治理指标①与真实 GDP 增长率显著相关[54]。其中，表达和问责指标与真实 GDP 增长率存在“倒 U 型”关系，且该“倒 U 型”关系存在显著的

① 三项治理指标，即表达和问责、政治稳定性、法治水平。

区域异质性、时间异质性，也受到其他五个 WGI 分项指标的影响①，但没有分析因果关系、控制内生性和考虑动态性。Ward 和 Dorussen（2015）则采用滞后一期人均 GDP 及其平方项为解释变量，五个 WGI 分项指数为被解释变量，运用时空自回归模型对非洲 47 个国家的 13 年数据进行分析，发现人均 GDP 与四个 WGI 分项指标（表达和问责、政府效能、法治水平、腐败控制）均存在“倒 U 型”关系[55]。刘小鲁（2011）认为对中国等后发地区而言，知识产权保护强度与 GDP 增长率、资本增长率和自主研发投入比重存在“倒 U 型”曲线关系[56]。Zhang 等（2018）采用 2000 年城市辖区数量的自然对数及其平方项为解释变量，认为城市辖区数量与经济增长率之间也存在“倒 U 型”关系[36]。

1.3.1.2 核心争议

综上所述，关于治理质量与经济增长的关系，围绕相关性、单调性、因果关系等问题，现有文献存在很大争议，主要体现在如下几个方面。

第一，是否存在相关性。Kaufmann 等（2004）[57]、Seldadyo 等（2010）[51]、Ward 和 Dorussen（2015）[55]、Saidi 等（2017）[27]、Kim 等（2018）[28]、张梁梁和杨俊（2018）[41]等学者认为，治理质量与经济增长密切关联，二者存在相关性。但 Stead（2015）[13]、张弘和王有强（2013）[8]等人发现，二者可能不存在相关关系。

第二，相关关系的性质。Seldadyo 等（2010）[51]、Olson 等（2000）[19]、Seldadyo 等（2007）[58]、Saidi 等（2017）[27]、Kim 等（2018）[28]、张梁梁和杨俊（2018）[41]等学者研究认为，治理质量与经济增长存在正相关关系，治理质量高的地区往往经济发展绩效好一些，治理质量差的地区往往经济发展绩效较差。但 Qian（2002）[11]、Quibria（2006）[12]等人则持相反观点。

第三，是否存在因果关系。Murrell 和 Olson（1991）[18]、Olson 等（2000）[19]、Seldadyo 等（2007）[58]、Seldadyo 等（2010）[51]、Wilson（2016）[42]、张梁梁和杨俊

① 政治稳定性指标与真实 GDP 增长率存在非线性关系，这种关系存在少许区域异质性、时间异质性，也受到其他五个 WGI 分项指标的影响；法治水平指标与真实 GDP 增长率存在线性关系，这种关系存在区域异质性、时间异质性，也受到其他五个 WGI 分项指标的影响。

(2018)[41]等学者认为，治理质量与地区经济发展之间存在因果关系。但 Kurtz 和 Schrank（2007）[52]、马得勇（2013）[53]、Stead（2015）[13]等人持不同意见。

第四，因果关系的方向。Murrell 和 Olson（1991）[18]、Olson 等（2000）[19]、Kaufmann 等（2004）[57]、Seldadyo 等（2007）[58]、Huynh 和 Jacho - Chávez（2009）[54]、Adedokun 等（2017）[25]、Mamun 等（2017）[26]、郑世林和应珊珊（2017）[38]、Boţa-Avram 等（2018）[29]等人认为，治理质量是经济增长的原因。但 Seldadyo 等（2010）[51]、Ward 和 Dorussen（2015）[55]等人指出，经济增长是治理质量的原因。此外，Wilson（2016）研究发现，经济增长是治理质量的原因，治理质量则是第一产业、第三产业发展的原因，即治理质量会影响三次产业结构[42]。

第五，是否存在非线性关系。Olson 等（2000）[19]、Kaufmann 等（2004）[57]、Seldadyo 等（2007）[58]、Kurtz 和 Schrank（2007）[52]、Wilson（2016）[42]、张梁梁和杨俊（2018）[41]等学者认为，治理质量与经济增长存在线性关系。但 Seldadyo 等（2010）[51]、张弘和王有强（2013）[8]、李文彬和魏铭（2015）[9]、李飞跃等（2014）[45]、刘明兴等（2013）[46]、Mamun 等（2017）[26]等学者则认为，二者存在非线性关系。

第六，是否存在非单调关系。Kurtz 和 Schrank（2007）[52]、Seldadyo 等（2010）[51]、张弘和王有强（2013）[8]、李文彬和魏铭（2015）[9]、Saidi 等（2017）[27]、Kim 等（2018）[28]、张梁梁和杨俊（2018）[41]等学者认为，治理质量与经济增长的关系具有单调性（单调递增或单调递减）。但 Huynh 和 Jacho-Chávez（2009）[54]、Ward 和 Dorussen（2015）[55]等人则认为，二者存在非单调关系，时而单调递增，时而单调递减。

1.3.1.3 关键原因

从上面的分析可以看出，关于治理质量与地区经济发展的关系，现有文献在诸多方面存在明显争议，那么笔者不禁要问：这些争议产生的根源是什么？围绕着这个问题，通过比较研究发现，在分析治理质量与地区经济发展关系的时候，争议主要源于指标选择、模型设定、样本选择等，具体表现在如下几个方面。

第一，经济增长指标选择。一方面，不同类型经济发展指标与治理质量的关系存在一定差异。比如李飞跃等（2014）[45]、张弘和王有强（2013）[8]、邵传林（2016）采用人均 GDP 指标来衡量经济增长[34]，Olson 等（2000）采用同期生产率的增长率指标[19]，李文彬和魏铭（2015）采用 GDP 指标[9]，刘明兴等（2013）采用 1978—1998 年人均工业总产值指数增长率、1952—1998 年人均工业总产值指数增长率、1998 年人均非国有经济工业总产值（对数）、1998 年人均非国有以及非外商投资工业总产值（对数）[46]，郑世林和应珊珊（2017）采用人均实际 GDP 增长率指标[40]，结果都支持治理质量与经济增长之间的正相关关系；但 Quibria（2006）[12]、Qian（2002）[11]采用经济增长率指标，结果却认为存在负相关关系。另一方面，不同时段的经济增长指标与治理质量的关系也不相同。比如 Seldadyo 等（2007）采用未来人均 GDP 的长期平均增长率指标（1984—2004），认为治理质量对经济增长具有显著的正向作用[58]；然而，Kurtz 和 Schrank（2007）采用未来两年人均 GDP 的平均增长率指标，发现治理质量对经济增长不存在显著影响[52]。Wilson（2016）分别采用 GDP、第一产业、第二产业、第三产业生产总值的滞后三期值衡量经济绩效，发现治理质量对 GDP 没有显著作用、对第一产业带来负向作用、对第二产业没有显著作用、对第三产业带来正向作用[42]。

第二，治理指标选择。一方面，不同类型的治理指标与经济增长的关系存在差异。Olson 等（2000）采用同期 ICRG 单项指标或算术平均综合指数[19]，Seldadyo 等（2007）把 ICRG 数据库的五项治理指标合成一个治理指数[58]，李飞跃等（2014）采用地方实际政治权力结构（本地干部比例）指标[45]，刘明兴等（2013）采用游击队强度虚拟变量指标[46]，邵传林（2016）采用财政分权、市场化指标[34]，都认为治理改善对地区经济增长有正向作用。王贤彬和王露瑶（2016）采用官员落马人次（某一季度内该省副厅以上级别官员的落马人次），结果发现腐败对地区经济发展具有负向作用，佐证了治理改善对经济发展的积极作用[17]。然而，Kurtz 和 Schrank（2007）采用 WGI 综合指数中的政府效能分项指标，结果认为治理质量对地区经济发展不存在显著影响，但地区经济发展对治理质量存在显著正向影响[52]。此外，张弘和王有强（2013）采用 WGI 分项指数，认为在较低的收入阶段，腐败控制、政府绩效、法制水平的提升与人均 GDP 增长的相关性均不明显，但监管质量的提升与人均 GDP 的增加显著正相关[8]。另一方面，不同时点的治理指标与经济发展的关系可能存在差异。比如 Seldadyo 等（2010）采用五年之后的 WGI 综合指数[51]，Wilson（2016）采用三年之后的中国省级治理质量的综合指数[42]，Ward 和 Dorussen（2015）采用一年之后的四个 WGI 分项指标[55]，结果都支持经济发展对治理质量的显著正向作用；如果采用同期 WGI 综合指数，Holmberg 等（2011）则认为不存在直接的时间序列逻辑关系[59]，即不能简单认为，更高水平的繁荣可以带来更好的治理[60]。

第三，计量模型设定。① 首先，线性计量模型设定。无论是 Olson 等（2000）的地区固定效应面板模型[19]、Seldadyo 等（2007）的截面简约模型[58]，还是 Kurtz 和 Schrank（2007）的截面模型和面板模型[52]、Wilson（2016）的异质面板 VAR 模型和混合模型[42]，都假设治理与增长之间存在线性关系，从而影响到最终的研究结论，要么是治理对增长具有正向作用，要么是增长对治理有正向作用，且呈现明显的单调性。其次，非线性模型设定。显然，线性模型设定与复杂的现实世界不符，无法揭示治理与发展之间关系的全貌。Seldadyo 等（2010）采用 2000 年人均 GDP 的自然对数为解释变量，2005 年 WGI 指标为被解释变量，运用非参数截面计量模型，发现人均 GDP 与 WGI 指标存在对数关系，且单调递增[51]。邵传林（2016）采用门槛面板模型研究中国 30 个省级地区（1994—2011），发现财政分权指标正向显著影响经济增长指标（人均 GDP 的自然对数），即存在单调递增的非线性关系[34]。最后，非线性、非单调模型设定。Huynh 和 Jacho-Chávez（2009）通过放松假设——线性关系、可加性、指标之间没有互动关系，采用非参数截面计量经济模型，发现表达和问责指标（WGI 分项指数）与 GDP 增长率之间存在非线性、非单调关系[54]。Ward 和 Dorussen（2015）则通过引入人均 GDP 的平方项，采用半参数面板计量模型，发现人均 GDP 与治理指标存在非线性、非单调关系[55]。

第四，样本所在地区。Huynh 和 Jacho-Chávez（2009）研究发现，在表

① Mamun 等（2017）认为，治理质量在经济增长中的角色与实证模型选择、估计方法选择密切关联。

达与问责、GDP 增长率的关系方面，控制其他治理指标的分位数为 0.25 的时候，只有非洲地区呈现单调递增态势，即治理与发展正相关；然而，其他地区，比如亚洲、东欧、拉美和西欧，都呈现非单调关系。同样，在表达与问责、GDP 增长率的关系方面，控制其他治理指标的分位数为 0.5 的时候，只有东欧地区呈现“倒 U 型”关系，其他地区都呈现单调递减关系。此外，在法治水平、GDP 增长率的关系方面，控制其他治理指标的分位数为 0.75 的时候，五大地区（非洲、亚洲、东欧、拉美和西欧）之间也存在显著的地区异质性[54]。Stojanović 等（2016）把样本划分为发达经济体、转型经济体、发展中经济体、不发达经济体和小岛经济体，认为六个 WGI 分项指数对不同类型经济体的人均 GDP 的影响存在较大差异[22]。

第五，样本所属行政层次。一方面，在不同行政层次上，经济增长对治理质量的影响可能存在差异。马得勇（2013）选择中国乡镇治理的微观层次，发现经济发展水平（人均收入）对乡镇治理质量没有产生显著影响[53]；但 Wilson（2016）选择中国省域治理的宏观层次，发现经济增长（真实 GDP）对治理质量具有显著的正向作用[42]；Seldadyo 等（2010）选择全球国家治理的宏观层次，发现人均 GDP 对治理质量具有显著的正向作用[51]。另一方面，指标是否属于同一行政层次，这会影响治理质量与经济增长的关系。Stead（2015）比较样本国家的 WGI 指数和 UN 的城市繁荣指数，发现在治理指数低的国家，样本城市的繁荣指数也可能较高，国家治理与城市繁荣之间也没有相关关系[13]。然而，Mamun 等（2017）选择国家层面的治理质量指标和经济增长指标，发现良好治理对人均 GDP 具有显著、正向的短期效应和长期效应[26]；Zhang 等（2018）选择中国地级及以上城市的样本，发现经济增长率（人均实际非农产出年均增长率）随着市区分区数量的增加呈“倒 U 型”变化趋势[36]；Kaufmann 等（2004）选择全球城市层次，则发现治理质量对经济发展绩效具有显著的正向作用[57]；李文彬和魏铭（2015）选择广东县区层面，也发现治理质量显著正向影响经济绩效[9]。

第六，样本收入水平（治理质量）。张弘和王有强（2013）研究发现，从静态比较来看，收入水平与治理质量存在某些相关关系，且该相关关系存在显著的阶段差异[8]。整体而言，当收入水平较低时，样本点存在分散分布特征，近似拟合曲线的斜率偏低；当收入水平较高时，样本点存在集中分布趋势和线性相关特征，局部拟合线的斜率显著增大。具体而言，随着收入水平的提高，监管质量与政府绩效的拟合曲线呈现出上拐态势，法治水平和腐败控制的拟合曲线也呈现出一个拐点；也许，在高收入阶段，存在线性关系，但整体而言，非线性关系十分明显。从动态比较来看，在较低收入阶段，治理质量的提升不一定伴随显著的经济增长；在较高收入阶段，治理质量的提升则伴随着显著的经济增长。此外，对欠发达经济体而言，更好的治理会带来更快的经济增长[24,25]。同时，更好的治理使得后发国家能够发挥后发优势，可能实现对发达国家经济增长的追赶[18]。与治理质量较高的国家相比，在治理质量较低的国家，治理质量对经济增长（长期人均 GDP 的平均增长率）的正向作用更大、更显著一些[58]。有关 29 个亚洲经济体的研究也发现，治理良好的经济体的经济增长率低于治理不好的经济体的经济增长率[12]。由此可见，在不同的收入水平（治理质量）下，或者不同收入水平（治理质量）的国家，治理质量与经济发展的关系可能存在异质性。

第七，其他治理指标的影响。Huynh 和 Jacho-Chávez（2009）研究发现，在政治稳定性、GDP 增长率的关系方面，当其他治理指标的分位数是 0.25、0.5 的时候，关系曲线起初保持水平，接着稍微上升，而后有所回落并反弹，最后趋于平稳；当其他治理指标的分位数是 0.75 的时候，关系曲线起初是固定的，然后快速上升，最后趋于平稳。在表达与问责、GDP 增长率的关系方面，当其他治理指标的分位数是 0.25 的时候，既存在单调递增关系，也存在非单调关系；当其他治理指标的分位数是 0.5 的时候，既存在单调递减关系，也存在“倒 U 型”关系；当其他治理指标的分位数是 0.75 的时候，既存在微弱倒 U 型关系，也存在微弱地区异质性、显著年度异质性[54]。邵传林（2016）研究发现，当市场化水平小于等于门槛值时，中国式财政分权变量的估计系数约为 0.60，且显著性水平为 1%；当市场化水平大于门槛值时，中国式财政分权变量的估计系数约为 0.46，且显著性水平为 5%；同时，Wald 检验清楚显示，如上估计系数存在比较显著的差异性，可见市场化作为门槛变量影响着中国式财政分权下的经济增长效应[34]。

1.3.1.4 主要启示

综上所述，关于治理质量与经济增长的关系，厘清主要争议的关键根源，对下一步研究具有重要启示，这主要体现在如下几个方面。

第一，指标筛选方面，注重区分不同指标隐含的理论基础，比如治理指标直接受到治理概念的影响，如果把治理界定为权力约束，则会采用法治水平指标；如果把治理界定为权力配置，则会采用政治权力结构、财政分权、市场化等指标。注意吃透指标的特性，比如治理属于社会基础设施[47]，短期变化比较缓慢，故可以采用中长期的治理指标。确保指标的跨区域、跨时期可比性，比如在不同国家/地区、不同发展阶段，对治理的需求存在差异，人们对治理的理解也不尽相同，反映到治理指标上，就要考虑指标的有效性。

第二，模型设定方面，不同的计量模型，往往隐含不同的假设前提，以及内在缺陷和适用范围，故需要弄清楚这些问题的细节，确保计量模型与实际问题相吻合，从而提升研究结论的准确性。比如 Wilson（2016）的异质面板 VAR 模型隐含线性关系的假设，故适合解释变量、被解释变量存在线性关系的情况[42]；邵传林（2016）的门槛面板模型隐含非线性关系的假设，故适合变量之间存在非线性关系的情况[34]；Ward 和 Dorussen（2015）的半参数面板模型隐含非线性、非单调的假设，故适合变量之间存在非线性、非单调关系的情况[55]。

第三，样本选择方面，不同的样本对象，往往对应着不同的特征，比如历史文化背景、经济发展水平等，故样本选择要确保同一地区、相近收入水平、同一分析层次，就要考虑区域异质性、阶段异质性等，否则就会出现结论偏差。比如中国幅员辽阔、地貌迥异，南北纬度跨度较大，各省份历史文化背景不同，特别是东部沿海与中西部地区差别较大，在实际计量分析的时候，往往需要设置地区虚拟变量，凸显区域异质性。

第四，其他治理指标的影响，在不同治理指标之间，往往存在复杂的联系，这会影响单项治理指标与发展指标的关系，在理论和实证分析时，要注意考虑这些问题。比如当市场化水平比较低的时候，政府在经济增长中的作用可能较强，财政分权的经济增长效应会比较大；当市场化水平比较高的时候，政府逐步退出微观经济领域，财政分权的经济增长效应会有所下降[34]。同样，市场化水平也影响腐败与经济增长之间的关系。

1.3.2 治理质量的测度视角与实证

作为一种新的政治运行和公共事务管理的理念，治理是对现实政治运行方式的理论概括，可以通过具体的现象来得以体现。同时，随着治理概念在学术界的广泛流传，需要把治理的研究推向更高的水平，概念的“操作化”处理就显得非常必要，因而治理定量研究就成为学术界的新焦点[61]。

1.3.2.1 治理的起源、内涵与应用

1. 治理的起源

英语中的“治理”（governance）一词最早来源于古希腊语和古典拉丁语中的“操舵”，最初是指操纵、控制、引导[62,63]。有些学者把这个词追溯到16世纪，更多的是把它追溯到18世纪；当时，启蒙哲学把开明政府与对市民社会的尊重结合起来，法语“gouvernance”曾经是该哲学向往中的一个要素；后来，它被译成了英语“governance”，并用于各种语境[64]。由于英语文化的影响，“governance”一词普及全球，并逐步在欧洲等地的主要语言中流行[63,64]。

1989年，世界银行发布《撒哈拉以南：从危机到可持续发展》，第一次采用“治理危机”（crisis in governance）一词，此后“治理”被用来描述后殖民地和发展中国家的政治状况[63,65]。到了90年代，比利时等欧洲诸国城市发展面临空间碎片化、公益住房不足等挑战，布鲁塞尔等城市纷纷引入社区合约等城市治理新工具、新机制，努力完善社区功能、推进城市更新和增加城市吸引力，推动“治理”在实践层面的应用[66]。

面对“治理”在全球的快速发展和生动实践，1998年，作为学术界的标志性回应，《国际社会科学杂志》（international social science journal）第一次发布了以“治理”为主题的专刊，“治理”从此正式进入全球政治学研究的视野，并一直处于丰富和发展之中[65]。

2. 治理的概念

清晰界定治理概念，这是开展治理研究的起点，但是从现有文献来看，

随着研究视角的不同，治理的概念一直处于变化之中，至今，学术界对“治理”的概念并没有作出统一的认识。① 沿着研究视角的变动轨迹，通过回顾知名学者和权威专家的典型界定，有助于深化我们对治理内涵的认识。

第一种视角：权力约束。早期主流文献采用道格拉斯·诺斯的定义，他提出一个基本的治理概念——有限政府，即保护私有产权，免遭国家的掠夺[67]。这一界定与当时主流研究视角有关，政治学研究人员都对权力约束的政治制度感兴趣，比如民主问责、法律规则[68]。理性选择制度主义者大多认同关于国家是“攫取之手”[69]的假设，认为政治发展的目标是建立符合法治政府与责任政府的机制，从而能够限制国家的自由裁量权。在权力约束的视角中，政府和国家掌握和行使权力，公民、企业等非政府组织对权力进行限制和监督，因此，权力约束是一种初级的权力制衡。②

第二种视角：权力配置。在代表作《没有政府统治的治理》等文章中，美国治理研究专家詹姆斯·罗西瑙（James N. Rosenau）把治理定义为：“它既包括政府机制，也包括非正式的、非政府的机制；一系列由相同愿景支撑的活动，这些活动的管理者可能不是政府，其目标达成也不需要依赖于国家强制力；一系列活动领域的管理机制，虽然没有获得官方授权，它们却可以正常运转和达成目标”。③ 简库伊曼（J. Kooiman）和范·弗利埃特（M. Van Vliet）认为，治理可以构建新秩序或结构，但这不可以是外部力量强制的结果；它依赖于多个参与者的互动来起作用，这些参与者负责管理且积极互动。④ 尽管对于治理定义的具体表述，罗西瑙和库伊曼等人存在一定差异。但是，他们都秉承当时主流研究关于权力均衡的核心思想，即在继续强调对公

① 薛澜，张帆，武沐瑶（2015）指出，为了在同一框架下开展讨论，几乎所有学者都倾向于接受比较模糊的治理定义，这就在一定程度上造成了人们对治理理解的差异性。

② 权力制衡，是指在公共政治权力内部或者外部，存在着与权力主体相抗衡的力量，这些力量表现为一定的社会主体，包括个人、群体、机构和组织等，他们在权力主体行使权力过程中，对权力施以监督和制约，确保权力在运行中的正常、廉洁、有序、高效等，并且使国家各部分权力在运行中保持总体平衡。权力制衡在近代成为一种民主政治的法治原则，应当归功于孟德斯鸠及其他启蒙思想家的努力。他们将权力制衡的基本理论归结为两个基本思想：不受约束的权力必然腐败，绝对的权力导致绝对的腐败；道德约束不了权力，权力只有用权力来约束。

③ 罗西瑙．没有政府统治的治理［M］．伦敦：剑桥大学出版社，1995.

④ 库伊曼，等．管理公共组织［M］．纽约：萨吉出版公司，1993.

共部门的高透明度和政府问责约束外，通过中央政府向地方政府下放权力来构建中央与地方互相制衡的均衡联邦体制，通过调整行政区划、增加下辖行政区数量来鼓励政治竞争，通过创造机会来发展非政府组织、提高公民参与水平[70]。所以，与权力约束相比，权力配置侧重权力的均衡结构，强调权力下放、权力分散和还权于民①，主要包括两种形式：权力的横向配置（地方政府之间的合理配置、政府与非政府之间的合理配置）、权力的纵向配置（中央与地方之间的合理配置）。

第三种视角：官僚制度。如上两个治理定义对掌握和行使权力的机构——国家重视不足，因此在《经济与社会》中，德国著名经济学家马克斯·韦伯（Max Weber）从十个方面入手，首次对现代官僚制度的理想状态进行界定，形成了著名的“韦伯式官僚制度”，即官员聘任和提拔基于个人优点和政绩、职能化的组织架构、立足于技能考核等，这成为在程序意义上对治理最经典的定义[68]。马克斯·韦伯描述了现代官僚制度的核心特征：个人是自由的，仅仅在规定事务上服从权威；处于清晰规定的职务等级制度之中；拥有规定的职务权限；建立自由合同关系；根据专业技能选拔；所有权和管理权分开[68]。韦伯式官僚制度的不足在于：首先，固定薪水的界定，这与新公共管理提出的官僚激励不符；其次，官僚服从严格统一的纪律和控制，仅是一个忠实的执行者，这意味着实现官僚自主性②是不可能的[68]。

第四种视角：治理能力。第三种界定是从官僚制度层面来审视政府或国家，Kurtz 和 Schrank（2007）从能力层面来审视，认为治理是国家制定和执行自身发展目标的能力[52]。Fukuyama（2013）则进一步把治理界定为：政府制定和执行规则，并提供公共服务的能力，无论这个政府是民主或非民主的[68]。Fukuyama 推崇迈克尔·曼所说的国家“基础权力”，而不是国家“专制权力”，故把民主责任排除在治理定义之外。显然，与单纯强调限制国家的自由裁量权的“权力约束视角”，以及推崇权力下放、权力分散和还权于民的“权力均衡视角”不同，Fukuyama 侧重行使权力的主体，更加强调国家能力

① 体现了“自下而上”的思维。

② 官僚自立性，即官僚自身也可以确定目标，而不是对委托者惟命是从。

与强政府，这在其新书《政治秩序和政治衰败》（2014）中得到充分体现。①

第五种视角：治理产出。随着西方公民社会的成熟、现代信息传媒技术的发展，特别是“自上而下”科层制的过时②，“自下而上”思潮逐步流行，它注重有效回应公民诉求，因此，治理开始强调政府绩效。政治学和治理问题专家 Rotberg（2014）指出，良好的过程和强大的能力都是治理投入，但都不是治理的终点，治理是实实在在的东西，它应该强调结果和产出。因此，他把治理定义为政府提供的公共服务，即政府绩效，这一界定强调结果导向，既是对公民需求、欲望、期望的汇总，也是一个“自下而上”的界定治理的方法[71]。显然，与 Fukuyama 相同，Rotberg 的治理定义也关注政府机构，还可以在不同政体下通用。不同之处在于，Fukuyama 关注政府机构的能力素质，也称治理投入；而 Rotberg 关注政府机构的产出绩效，也称治理产出。

综上所述，现有文献从不同视角入手，对治理的内涵进行不同界定。其中，“权力配置视角”是对“权力约束视角”的继承与发展，二者同属于权力制衡范畴；“官僚制度视角”是从官僚制度层面审视政府，“治理能力视角”是从能力层面审视政府，“治理产出视角”是从产出层面审视政府，三者都关注权力的行使者——政府或国家。由此，不同治理定义之间，形成了彼此互补的关系。

3. 治理的应用

正如英国治理研究专家鲍勃·杰索普（1999）所言，“治理”一词在很多领域中大量使用，俨然变成了一个能够指代众多事物或没有具体含义的“时髦词”[62]。特别是最近几年，在经济、社会、环境等领域，“+治理”的现象层出不穷，涌现出了产业治理、安全治理、污染治理等名词。由此，随着应用领域的扩展，治理的内涵也在不断发生变化，典型概念界定具体如下。

1995 年，全球治理委员会发布报告《Our Global Neighborhood》③，认为治

① 在其新书中，福山（2014）强调，善治的三要素：强有力的政府、法律制度和民主责任制。

② 奥斯本和盖布勒（2006）对科层制在特定时期发挥的作用进行了高度评价，但对新的历史时期科层制的现实合理性提出了全面的质疑，“工业化时代发展起来的官僚主义体制，不管在公共部门还是在私营部门，越来越让我们失望”。

③ 全球治理委员会．我们的全球伙伴关系［M］．牛津：牛津大学出版社，1995.

理不仅存在强制性的正式规则和制度，也存在协商性的非正式规则和制度；治理可以协调各个机构和组织的利益冲突，推动各个利益集团共同行动；治理是私人和公共组织协调共同利益、管理共同事务的不同方法的集合。因此，可以从四个方面来理解治理①：第一，治理既涉及公共部门，也包括私人部门，这体现了治理主体的多元化色彩；第二，治理既不是一系列具体活动，也不是一系列规则制度，而是一个动态过程，这体现了治理的动态性；第三，治理不是一系列正式的规则制度，而是不断的有效互动，这体现了治理的非正式特点；第四，治理的过程是基于协调，而不是基于强制，这体现了治理主体的非等级性。在关于治理定义的诸多应用中，该定义具有很大的代表性和权威性[63]，且得到众多学者和机构的广泛引用。

英国政治学、治理研究专家 R. A. W. 罗茨（1999）总结了治理的六种②用法：第一，代表最小政府的治理，这是一般性用法，它重新阐述了政府干预的领域和模式，鼓励利用市场或准市场的方式提供公共服务；第二，代表善治③的治理，它突出责任、法治、效率的公共服务体系；第三，代表社会——控制论系统的治理，它是公共部门与私人部门、政府与民间的有效合作；第四，代表公司治理领域的治理，它是指导、管理和监控企业的体系；第五，代表新公共管理领域的治理，它是将私人部门的管理手段（管理主义）和市场经济的激励机制（新制度经济学）应用到政府机构的公共服务方面；第六，代表自组织网络的治理，它是建立在互利与信任基础上的社会协调网络[72]。在此基础上，罗茨提出了自己对治理的界定，着重突出治理作为最小国家、社会——控制论系统、自组织网络的内容[72]。

---

① 英国治理理论专家格里·斯托克（Gerry Stoker）对流行的各种治理概念作了一番梳理后指出，治理内涵包含五个主要的观点：第一，治理意味着一系列来自政府但又不限于政府的社会公共机构和行为者；第二，治理意味着在为社会和经济问题寻求解决方案的过程中存在着界限和责任方面的模糊性；第三，治理明确肯定了在涉及集体行为的各个社会公共机构之间存在着权力依赖；第四，治理意味着参与者最终将形成一个自主的网络；第五，治理意味着办好事情的能力并不仅限于政府的权力，不限于政府的发号施令或运用权威。

② Paul Hirst（2000）在其发表的《民主和治理》（Democracy and Governance）中提出了治理的五个“版本”：善治、国际制度领域的治理、公司治理、与 20 世纪 80 年代新公共管理战略有关的治理，以及通过协调网络、合作关系和论坛来替代逐渐没落的 20 世纪 70 年代的等级制合作主义等。

③ “善治”是世界银行最新提出的口号，已成为世界银行向第三世界国家贷款政策的主导思想。

美国经济学家、世界银行治理问题专家 Kaufmann 等（2007）在对治理进行测度时，把治理宽泛地定义为“国家权力运作的惯例和制度”，认为治理是为了公共福利，通过正式和非正式传统与制度来行使权力，一个国家的政府得以运行以便提供公共物品[73]。在 Kaufmann 等人看来，治理包括三个方面的内容：首先是挑选、监督和更换当权者（政府）的过程，这就意味着个人、非政府组织对政府权力进行限制和监督，故属于狭义的“权力约束”视角；其次是政府有效制定和执行良好政策的能力，这强调了政府能力、国家“基础权力”，故属于“治理能力”视角；最后是国家与公民共同遵守协调彼此经济互动、社会互动的各项规则，这就隐含了个人、非政府机构和政府机构对法律规则的服从，故属于广义的“权力约束”视角。此外，Kaufmann 等人也强调了治理的目标是公共福利、提供公共物品，隐含了目标导向、产出结果的含义，故属于“治理产出”视角。

如上治理界定的演进历史表明，治理的定义是存在特定指向性的，是为了描述具体实践而专门设定的。这证明了罗茨的观点，他曾指出，检验任何治理定义的关键，是它对理解现实（如 90 年代英国政府变化）的贡献[72]。因此，未来随着应用领域更加广泛，治理的定义将处于变化之中。

1.3.2.2 国家治理与地方治理的实际测度

1. 国家治理

从国家层面来看，在治理质量的实际测度方面，早期以自由指数（freedom index）、国家风险国际指南（ICRG）等单维评估为主；随着全球治理指数（WGI）的年度数据越来越多，其治理指标的综合性、覆盖范围的广泛性的优势得到迅速放大，并在其开发者 Kaufmann 等人的力推下，逐步成为开展国际比较研究的最佳选择。

第一种视角：权力横向配置。自由之家（freedom house）的自由指数从政治权利、公民权利两个方面对自由进行评估，并提供全球自由评估的年度报告，涉及 192 个国家和 18 个地区，其评估标准适用于所有国家和地区；此外，该评估不关注政府或政府绩效本身，只关注个体在现实中所享有的权利和自由[74]。经济自由度指数（index of economic freedom）① 始于1995年，是由《华尔街日报》和美国传统基金会（The Heritage Foundation）发布的年度报告，涵盖全球绝大部分国家和地区，是衡量国家和地区的经济自由度指标。

第二种视角：官僚制度。在ICRG指数②方面，Olson等（2000）通过算术平均法，选择5个细项指标③进行加总，得到一个ICRG综合指数，涉及全球68个国家，时间跨度为1960—1987年[19]。Seldadyo等（2007）则把治理指数当作潜变量，使用验证性因子分析法（confirmatory factor analysis，CFA），选择5个细项指标④进行合成，得到1984年的ICRG治理指数，涉及全球106个国家[58]。

第三种视角：治理产出。胡鞍钢（2015）提出中美治理绩效比较的基本框架，主要涉及六个纬度：经济、财政、就业、社会保障、科技创新和社会治安，主要指标包括：GDP增长率、GDP、人均GDP、一般性政府债务占GDP的比重、失业率、基本医疗保险未覆盖人口比例、研发投入占GDP的比重、发明专利申请量、发明专利授权量、死于谋杀总人数、每十万人口死于谋杀人数；并依此对中美两国2000—2012年的治理绩效进行实证比较，发现中国的治理绩效或已优于美国，或已显著缩小与美国的相对差距[75]。

第四种视角：权力约束+治理产出。汪仕凯（2016）认为，国家治理评估体系应涵盖9类⑤ 23项客观指标，其中，公开价值类指标属于权力约束，其他8类属于治理产出；该指标体系注重客观性，具有相当高程度的国际通行性[76]。基于该评估体系，华东政法大学通过向专家发放问卷的方式，确定各项指标的权重，并对111个国家的治理质量进行评估，发布《国家治理指数

① 经济自由度指数包括四大类10个方面的指标：法治（产权保护、免于腐败）、政府规模（财务自由、政府支出）、管制效率（商业自由、劳动力自由、货币自由）、市场开放（贸易自由、投资自由、金融自由）。指数来源：https：//www. heritage. org/index/。

② 国家风险国际指南（ICRG）评估方法由美国国际报告集团于1980年创立。1992年，ICRG评估方法的创立者转投PRS集团。ICRG每月对140个国家进行风险评估并对26个国家进行年度风险评估。ICRG评估法对3类风险指标（政治风险13项、金融风险5项和经济风险6项）及其22个变量进行综合评估。

③ 5个细项指标，即政府没收风险、政府赖账风险、官僚质量、腐败水平、法律和秩序。

④ 5个细项指标，即民主问责、政府稳定性、官僚质量、腐败水平、法律和秩序。

⑤ 9类客观指标，即设施类、秩序类、服务类、公开价值类、公平价值类、公正价值类、效率类、环保类、创新类。

2015年报告》；该报告基本覆盖了大多数具有世界或地区影响力的国家，具体的地域分布是：亚洲29个、欧洲37个、非洲14个、大洋洲6个、北美洲15个、南美洲10个。这是首次由中国人开发的跨国治理指数，打破了西方学者在这一领域的垄断地位。

第五种视角：治理能力+权力约束。WGI指数将治理划分为六个方面①，其中，政府效能、监管质量、政治稳定性与无暴力、腐败控制属于治理能力[68]，表达与问责、法治水平属于权力约束，且都属于治理投入[77]。WGI指数是公开发布的、最具综合性的一种感知类治理指标，该指标体系由世界银行的Kaufmann②于1996年领衔开发，先后于1996、1998、2000、2002—2015年发布各国年度治理质量。WGI采用综合聚类法③形成六项指标，并提供综合指数和单项指标的纵向、横向的国别排名，2015年涵盖215个国家。

第六种视角：权力横向配置+权力约束+官僚制度+治理产出。1999年，联合国治理研究专家考特（Julius Court）等人开展“世界治理调查”（World Governance Survey），设计了6个部分④、30个问题⑤，选取了各大洲具有代表性的22个国家来测量各国治理质量。他们把治理区分为“治理绩效指标”和“治理过程指标”，绩效指标强调规范性结果，过程指标则关注产出是“如何达成的”。该调查以主观评价的形式获得数据，但调查对象仅限于对该国比较了解的消息灵通群体，且只对自己国家作出评价，故优于WGI指数[78]。

---

① 表达与问责（voice and accountability）：测量一国公民在选举政府领导的参与程度，以及言论、结社和新闻自由；政治稳定与无暴力/恐怖主义（political stability and absence of violence/terrorism）：测量人们对政府稳定、政治暴力或恐怖主义等事务的感知；政府效能（government effectiveness）：测量政府公共服务质量，政策制定及执行质量，职业文官工作质量与独立于政治压力的程度，以及政府兑现政策的可信度等；监管质量（regulatory quality）：测量政府为允许和提升私人部门发展而形成和执行良好政策和监管的能力；法治水平（rule of law）：测量社会成员对社会规则的信心和遵守规则程度，特别是合同执行、财产权保护、警察、法院的质量，以及发生犯罪和暴力的可能性；腐败控制（control of corruption）：测量把公共权力用于谋取私利程度，既包括各种形式的腐败，也包括国家被精英和私人利益“俘获”的程度。

② 最初合作者为Aart Kraay和Pablo Zoido-Lobaton（被称为KKZ指标），后来加入了Massimo Mastruzzi（又被称为KKM指标）。

③ 有学者认为，WGI指数采用了标准不可观测成分模型的扩展形式作为其指标合成方法。

④ 这六个部分为：政治过程中公民的参与程度；政治过程中社会上的各利益方意见整合的方式；作为一个整体的政府保护系统；政策执行特别是政府的政策执行；国家和市场的关系；争议的处理，特别是司法系统争议处理。

⑤ 2006年，调查对象国压缩到10个，指标修订为6个领域、6个维度，共36个指标。

2. 地方治理

从地方层面来看，在治理质量的实际测度方面，虽然联合国、世界银行等机构和专家学者进行了积极的探索，但与国家治理拥有 WGI 等知名指数的情况不同，目前很少有系统、全面的指标来研究地方（城市）治理质量，主要是因为地方（城市）数据搜集比较困难；同时，地方治理质量的跨国比较，叠加了国家差异、地区差异，指标选取的难度和复杂性大大增加。

第一种视角：权力横向配置。樊纲等（2011）探讨了中国省域市场化的五大方面：非国有经济的发展、政府与市场的关系、要素市场的发育程度、产品市场的发育程度、市场中介组织的发育和法律制度环境，建立了包括 23 个基础指标的评价体系，选择了 31 个省级地区 1997—2009 年的数据，采用算术平均法计算了东、中、西部和东北地区的市场化综合指数和分项指数（以 2001 年为基期），分析了各省份市场化综合指数和分项指数的评分和排序情况[79]。在此基础上，王小鲁等（2017）因应实际情况的变化，对评价指标体系进行了适当调整（只保留 18 个基础指标），以 2008 年为基期，采用相同的方法分析 31 个省级地区 2008—2014 年的数据[80]。

第二种视角：治理产出。田发和周琛影（2016）以公共服务产出水平作为依据，构建社会治理质量评估指标体系，包含 9 个二级公共服务指标①、21 个三级公共服务产出指标，这些全部属于客观指标；此外，以测度期限内省级各个第三级投入指标占该省社会治理支出的比重为权重，对于同一投入指标对应的多个产出指标的权重，则通过算术平均法计算获得；基于无量纲化后的指标值和权重系数，计算得到各省的社会治理质量指数，时间跨度为 2007—2014 年，样本涉及中国大陆 31 个省份[81]。另外，英国的地方政府绩效指标叫作："Best Value Performance Indicators"，主要从教育、文化、住房、医疗、环境、合作战略（少数族裔在政府中的比例）、社区安全与福祉、社会服务等领域入手，对英国各个地区的发展情况展开分析[78]，显然各项指标侧重回应居民需求，属于治理产出范畴。

① 9 个二级公共服务指标，即基础教育、公共卫生、社会保障与公平、公共文化、基础设施、科技发展、城乡事务、公共安全、环境保护。

第三种视角：权力约束+治理产出。联合国人居署关注良好城市治理，在1999年着手开发用于测量各国城市治理质量的指标体系（urban governance index，UGI），通过严密的调研和资料汇总，发布了全球24个城市的治理质量报告，该报告是迄今涉及地域最多、指标体系最具可比性的地方治理研究[78]。UGI指标坚持主观指标和客观指标相结合的原则，综合考虑了政治系统的输入、输出等环节[53]。Moretto（2015）关注帕斯·卡斯蒂略自治市（委内瑞拉加拉加斯大都市圈）的社区供水问题，把访谈对象划分为四类（社区成员、水务委员会领导、自治市公务员、国有水厂职工），依据UGI四个核心原则①设计问题，进行半结构访谈、交叉验证。②

第四种视角：治理能力+治理产出。2006年，世界银行曾经发布过一份中国120个城市的治理质量的研究报告，该研究覆盖除西藏外的所有省份，通过1200名工作人员对12400家企业进行了面对面的调查，显然更多侧重商业人士的感受和认知[82]。该研究从投资环境视角入手，重点关注两个方面：政府效率、和谐社会，前者属于治理能力，后者属于治理产出。其中，政府效率指标包括：税费负担、企业在娱乐和旅游上的支出、与政府打交道的时间、通关速度、劳动力灵活性、获得银行贷款的可能性、技术技能、对合同权利和财产受到保护的信心、电力和运输的供应；和谐社会指标包括：环境保护（空气质量、工业废物无害化、人均绿地）、医疗卫生（职工医疗保险覆盖率、新生婴儿死亡率）、教育（人均教育经费、女童入学率）。

第五种视角：治理能力+权力约束。姜扬等（2017）借鉴WGI指数的思路，把中国省级政府的治理质量分成法治水平、政府绩效、监管质量、腐败控制四个维度③进行分项考察[83]。

第六种视角：权力横向配置+治理产出。分别于2008年、2010年、2012

---

① 参与、问责属于权力约束，公平、效能属于治理产出。

② 资料来源：http：//citeseerx. ist. psu. edu/viewdoc/download？ doi = 10. 1. 1. 510. 2385&rep = rep1&type = pdf。

③ 其中，政府绩效选用政府规模加以衡量，具体用各省公共管理、社会保障和社会组织就业人员数占年末总人口的比重加以衡量；法治水平选用平均每万人中律师所数和平均每万人律师人数加以衡量；腐败控制用贪污、贿赂、渎职案件数占公共管理、社会保障和社会组织人数的比重加以衡量；监管质量用火灾伤亡人数占火灾发生数的比重、交通事故伤亡人数占交通事故发生数的比重、工业三废排放总值占地区生产总值的比重加以衡量。

年、2015 年发布的《中国省会城市公共治理指数报告》，提出中国地方（省会城市）公共治理①指标体系。该公共治理指数包括两个二级指标②：结构指标、绩效指标在该公共治理指数中，既有客观指标，也有主观指标（居民问卷调查结果），研究对象为中国 30 个省会城市，问卷调查涉及 6700 个样本。

第七种视角：治理能力+权力约束+治理产出。施雪华和方盛举（2010）从政策③、体制、行为三个视角入手，设计中国省级政府公共治理效能的指标体系；该体系包含 119 个细项指标，既有客观指标，也有主观指标，主观指标的数据来自公众、企业、专家调研；以该指标体系为依据，借助标杆管理方法，把上海市政府的指标作为标杆，分别对辽宁、浙江、云南、湖南等四个省份的政府治理效能进行评估[84]。马得勇（2013）强调中国地方治理指标体系开发应坚持四大原则④，首次提出中国乡镇治理质量评估指标体系，主要涉及两大方面⑤、26 个分项指标⑥；该指标体系以当地居民和乡镇干部的主观评价⑦为基础，这在中国乡镇层次的治理评价是可行的，因为客观指标会出现

① 公共治理就是通过政府与非政府组织、国家与公民社会、各种公共机构与私人机构互动与合作，在管理社会公共事务的过程中调解冲突、融合利益，最终实现公共物品的供给。他们提出的公共治理指数涵盖的公共物品分为两种：服务型公共物品、制度型公共物品，其中，服务型公共物品包括：教育、医疗、养老、交通、环境、基础设施，制度型公共物品包括：人身和财产保护、政府廉洁和透明、社会信任、社会公正。

② 结构指标包括：政治壁垒、政府行政成本、非税收入占比、财政性投资数额占比、国有和民营经济比重、行政审批数量、NGO 数量。绩效指标包括：财产安全保护、人身安全保护、政府透明、政府廉洁、公共服务水平、社会公正、社会信任。其中，结构指标属于权力的横向配置，绩效指标属于治理产出。

③ 政策即社会管理与公共服务政策、经济调节与市场监管政策。

④ 四大原则即普遍性与特殊性结合；指标便于收集和观察，并且可信；注重指标的综合性；主观因素和客观因素相结合的动态性指标。

⑤ 中国乡镇治理质量评估指标体系涉及两个方面：对乡镇政府的总体评价、对乡镇政府各项具体工作的评价。

⑥ 分项指标 11、19、25、26 属于权力约束，分项指标 8、10、23 属于政府能力，分项指标 1、2、3、4、5、6、7、9、12、13、14、15、16、17、18、20、21、22、24 属于治理产出。

⑦ 主观性指标通过测量当地居民对地方政府在各个方面的服务评价，从而直接地、动态地反映了各个乡镇政府对本地居民的要求的回应程度，而这正是治理理念所强调的根本宗旨所在，也与当前中国提倡构建服务型政府的目标相契合。

严重的“效度”问题①；以该指标体系为基础，其选取了10个省或直辖市的20个乡镇，采用田野调查得到的数据（2221份村民问卷）进行因子分析，计算各乡镇的治理质量[53]。

1.3.2.3 国内外研究的争议、原因和启示

1. 主要争议

综上所述，关于治理质量的测度，现有文献存在较多争议，主要包括治理维度、治理指标、指数计算等内容，具体表现在如下几个方面。

第一，治理评估的维度数量。有的学者关注单个维度，比如自由指数的“权力横向配置”视角[74]、ICRG指数的“官僚制度”视角[58]、胡鞍钢（2014）的“治理产出”视角[75]；有的学者关注多个维度，比如WGI指数的“权力约束+治理能力”[77]、汪仕凯（2016）的“权力约束+治理产出”[76]。

第二，治理质量的测度重点。有的学者侧重治理投入，比如自由指数的“权力横向配置”视角[74]、ICRG指数的“官僚制度”视角[58]、WGI指数的“权力约束+治理能力”[77]；有的学者侧重治理产出，比如胡鞍钢（2014）[75]、田发和周琛影（2016）[81]；有的学者兼顾治理投入与治理产出，比如汪仕凯（2016）的“权力约束+治理产出”[76]、马得勇（2013）的“权力约束+治理能力+治理产出”[53]。

第三，治理指标的类型选择。有的侧重主观指标，比如WGI指数[77]、马得勇（2013）[53]、世界银行（2007）[82]；有的推崇客观指标，比如胡鞍钢（2014）[75]、田发和周琛影（2016）[81]、姜扬等（2017）[83]；有的兼顾客观和主观指标，比如UGI指数[78]、汪仕凯（2016）[76]。

第四，主观指标的数据来源。马得勇（2013）等设计的主观指标的数据源于居民问卷调查[53]，世界银行（2007）等的主观指标的数据源于企业问卷

① 马得勇（2013）指出，很多客观性指标看似客观，实际上很难反映当地政府的实际治理水平，因为这些指标和当地的乡镇政府治理之间不存在明显的因果作用机制，比如人均收入、道路、供水等公共设施和教育条件等。以人均收入为例，目前对人均收入产生重要影响的因素有距离城市的远近、乡镇原有的经济基础、乡镇所在地区的总体经济发展水平等，而乡镇治理水平未必能通过人均收入来体现出来。道路和供水同样和该地方的宏观经济水平有很大关系，也取决于上级政府的转移支付能力，和乡镇政府自身治理水平之间并不存在必然联系。因此，此类公共物品供给水平同样也不能反映乡镇政府的治理水平。

调查[82]，Kaufmann 等（2011）构建的 WGI 主观指标的数据源于个人调查、企业调查、专家评估等[77]。

第五，治理指数的计算方法。现有指数合成方法千差万别，比如 Olson 等（2000）采用算术平均法合成治理指数[19]，天则经济研究所采用加权平均法计算公共治理指数（基于线性模型客观确定的权重），汪仕凯（2016）采用加权平均法计算国家治理指数（基于专家主观确定的权重）[76]；此外，马得勇（2013）采用探索性因子分析法得到乡镇治理质量[53]，但 Seldadyo 等（2007）使用验证性因子分析法合成治理指数[58]。

2. 关键原因

通过国内外文献的比较分析，我们可以清晰地认识到，造成上述若干争议的原因很多，主要包括概念界定、理论假设等方面，具体如下所示。

第一，概念界定与应用。治理测度与治理概念存在密切对应关系，随着学术界对治理概念研究的逐步深入，治理概念先后存在多个研究视角：权力制衡、官僚制度、治理能力、治理产出等，治理测度也就相应先后出现类似的分析视角，比如自由指数的“权力横向配置”视角[74]、ICRG 指数的“官僚制度”视角[58]、胡鞍钢（2014）的“治理产出”视角[75]。同时，随着治理概念应用范围扩大，多维测度视角成为主流。

第二，理论假设前提。Fukuyama（2013）推崇迈克尔·曼所说的国家“基础权力”，故他的多维测度视角包含“官僚自主性”维度[68]；相反，WGI 指数隐含“攫取之手”的理论假设，故它的多维测度视角包含“权力约束”维度[77]。马得勇（2013）假定因子之间没有因果关系、测度项残差之间是相互独立的、所有因子彼此独立，故采用探索性因子分析法[53]；但 Seldadyo（2007）放宽了这些假设条件，故采用验证性因子分析法[58]。

第三，主客观指标特征。马得勇（2013）研究中国乡镇微观层面的治理质量，基础设施等客观指标无法准确反映治理质量，但当地村民对村、镇的治理质量感同身受，且感知数据可得，故采用主观指标更具有效性[53]；胡鞍钢（2014）比较中、美宏观层面的治理质量，考虑到中、美迥异的政治制度，不同受访者对治理概念可能有不同理解，故采用客观指标更具有可比性[75]；天则经济研究所测度中国省会城市公共治理指数，其客观指标可以反映治理质量，主观指标不存在较大概念理解偏差，且可得性强，故同时采用主观指标和客观指标。

第四，信息灵通群体。世界银行（2007）关注投资环境，当地企业对这方面信息最熟悉，故侧重企业问卷调查[82]；马得勇（2013）关注公共服务水平，本地居民对该方面感同身受，最了解实际情况，故二者都侧重居民问卷调查[53]；WGI指数涉及投资环境和公共服务，企业、居民和专家都具有特殊信息优势，故问卷调查同时涵盖这三个群体[77]。

3. 研究启示

通过厘清现有文献的主要争议，分析争议产生的关键原因，这对未来的研究有着重要的启示，主要体现在如下几个方面。

第一，治理概念界定。正如罗茨（1999）所言，检验任何治理定义的关键，是它对理解现实的贡献[72]。基于此，界定治理概念，既要注重把握有关研究的变化脉络，突出治理概念的普遍特征、演化趋势，把善治等理念纳入其中，从多维视角进行考察；也要突出治理概念的特定指向性，把地区特色、异质性考虑进来，抽象理论要为具体实践服务，能够准确反映经验事实的关键特征[76]。

第二，理论假设前提。充分认识到现实世界的复杂性，确保理论假设前提尽可能与现实吻合。比如在对国家的认识上，既要看到其作为“援助之手”的一面，也要看到其作为“攫取之手”的一面，故相应的理论假设要体现到这些特征，并弄清楚不同结果的内在原因和相应条件。然而，合理的理论假设，源自于对理论精髓的系统掌握，以及对现实社会的深刻理解。

第三，数据类型选择。不同层面的治理质量研究，主客观数据的有效性是不同的，应根据具体情况选择合适的数据类型。比如乡镇等微观层面的治理质量研究，主观数据更加有效，应侧重当地问卷调查等手段；跨国宏观层面的治理质量比较研究，客观数据更加有效，应选取跨国可比的客观指标；一国内部中观层面的治理质量研究，客观和主观数据都可以考虑。

第四，问卷调查对象。不同群体拥有的感知信息，存在数量上、质量上的差异，因为各个群体的关注点、观察角度不同。比如普通居民对公共服务类感知信息比较熟悉，而企业对投资环境类信息比较熟悉，专家则在感知信息的种类和质量上都具有特殊优势。在选择问卷调查对象时，需要充分考虑到这些现实特征，灵活组合不同类型的调查对象，提高感知类数据获取的质量。

1.4 国内外研究评述

1.4.1 主要贡献

从目前来看，围绕治理质量的相关研究，国内外文献主要集中在如下两个领域：第一，治理质量对经济增长的影响研究，注重不同类型经济体层面实证检验，注重中国省域、城市样本的实证分析；第二，治理质量的实际测度，注重跨国、跨地区的比较分析，注重中国国家、省域、城市和乡镇各个层面的治理评估。

首先，治理质量对经济增长的影响研究。一方面，以 Olson[19]、Mamun[26]、Saidi[27]、Kim[28]等为代表，运用 ICRG 指数、WGI 综合指数或其分项指数等治理指数，选用非洲、OECD、发展中经济体和伊斯兰国家等经济体的样本数据，分析治理质量的经济增长效应，治理质量对经济增长的短期效应和长期效应，本地治理质量对本地经济增长的影响。另一方面，以钱颖一[11]、樊纲等[33]、Zhang 等[36]、卢峰和姚洋[37]、Wilson[42]、郑世林和应珊珊[40]等为代表，从权力纵向配置、权力横向配置、权力约束和二维治理等视角入手，选用中国省域或城市的样本数据，研究治理质量的经济增长效应，治理质量对经济增长的长期效应或短期效应，以及本地治理质量对本地经济增长的影响。

其次，治理质量的实际测度。一方面，以自由之家、世界银行和联合国等为代表，不仅形成了侧重“权力横向配置”的自由指数[74]、侧重“官僚制度”的 ICRG 指数[58]、侧重“权力约束+治理能力”的 WGI 指数[77]等国家治理指标，也形成了侧重“权力约束+治理产出”的 UGI 指数[78]等地方治理指标，并把它们应用到不同国家、全球不同城市的比较分析。另一方面，在中国治理质量评估的实证研究中，以胡鞍钢、樊纲、马得勇等为代表，形成的典型测度视角包括：国家层面的“治理产出”[75]、省份层面的“权力横向配置”[80]、城市层面的“权力横向配置+治理产出”、乡镇层面的“治理能力+权力约束+治理产出”[53]。

1.4.2 主要不足

综上所述，有关治理质量的理论与实证研究，国内外学者已经进行了卓有成效的探索。然而，治理研究在全球尚处于初步发展阶段，引入中国也仅有十余年。因此，关于中国治理质量的理论与实证研究，直接相关的文献资料就更少了，现有研究还存在一些不足，主要体现在如下两个方面。

第一，治理质量对中国省域经济增长的影响。首先，从国内外的理论分析来看，现有文献更多关注良好治理的经济增长效应、本地治理质量对本地经济增长的影响[18-42]，以及周边经济体治理质量对本经济体治理质量的影响[51,55]，忽略了良好治理的经济增长方式转型效应，以及良好治理对经济增长的溢出效应。其次，从中国省域的实证分析来看，大部分文献只关注良好治理的经济增长效应，以及良好治理对经济增长的本地效应或短期效应[30-42]，忽视了良好治理的经济增长方式转型效应，以及良好治理对经济增长的长期效应和空间溢出效应，国外样本的实证分析也忽视了良好治理的经济增长方式转型效应和空间溢出效应。再次，从省域治理指标的选择来看，大多数文献关注治理质量的单维视角，比如权力纵向配置[30-32,34]、权力横向配置（市场化、行政区划）[33-36]、权力约束（法治）[37,38]；只有少数文献关注治理质量的二维视角，比如“治理能力+治理产出”[42]、“治理能力+权力约束”[41]。最后，从省域样本的期限选择来看，现有文献的数据期限相对都比较陈旧，没有全面反映中国加入WTO、全球经济危机以来的最新变化特征，比如Wilson（2016）采用1988—2005年的省域面板数据[42]，李飞跃等（2014）采用1952—2008年的省级面板数据[45]，邵传林（2016）选用1994—2011年的省级面板数据[34]，张梁梁和杨俊（2018）选用1998—2013年的省级面板数据[41]。

第二，中国省域治理质量的评估研究。首先，从中国省域治理质量的评估视角来看，相关文献比较少，田发和周琛影（2016）仅关注“治理产出”[81]，施雪华和方盛举（2010）则关注“治理能力+权力约束+治理产出”[84]，都忽视了中国的市场化改革（权力的横向配置）；虽然，王小鲁等（2017）关注市场化，但忽略了政府治理能力的不断提升[80]。其次，从评价指标的筛选来看，大多数文献侧重定性方法，通过梳理理论和文献来确定指标体系，忽视了评价指标的定量筛选和优化过程[79-81,84]。再次，从指标权重的确定方法来看，现有文献侧重平均权重法[19,79,80]、传统主成分分析法[85]、专家调查法[76]、验证性因子分析法[58]，忽略了时序全局因子分析法。最后，从数据样本期限来看，施雪华和方盛举（2010）[84]、姜扬等（2017）[83]都只关注省级截面数据，田发和周琛影（2016）选用 2007—2014 年的省级面板数据[81]，王小鲁等（2017）选用 2008—2014 年的省级面板数据[80]，樊纲等（2011）选用 1997—2009 年的省级面板数据[79]，都缺乏关注加入 WTO 以来的完整时段数据。

1.5 研究内容与方法

1.5.1 研究内容

1. 中国省域治理质量的评估体系与实际测度

开展治理质量对经济增长的影响研究，需要首先确定合适的省域治理质量指标，而现有文献大多选用单个指标替代，仅仅体现了治理的单维视角，虽然少量文献尝试采用治理质量综合指数，但没有纳入中国市场化改革这一重要特征。故本书将通过归纳中国省域治理的主要特征，提出中国省域治理的概念界定，以及中国省域治理评估的主要内容；拟采用定性和定量相结合的方法，确定中国省域治理质量评估的指标体系；基于中国省域面板数据（2001—2016），拟采用时序全局因子分析法确定指标权重，计算中国省域治理质量综合指数，并从变异水平等四个方面进行实证分析。

2. 权力悖论视角下治理质量对中国省域经济增长的影响

关于治理质量与中国省域经济增长的关系，尤其是这种关系的方向与性质，国内外学术界尚未达成一致看法；此外，大多数文献选用的治理指标仅仅体现了单维视角，仅有少量文献采用治理质量综合指数、体现了多维治理视角，且样本也没有反映中国加入 WTO 以来的最新趋势。故本书将从缓解“权力悖论”的视角入手，构建本地治理质量影响本地经济增长的理论框架，并以此为基础，选用新的中国省域治理质量综合指数，提出相关理论假说，实证检验治理质量与经济增长的关系，从内生性等多个方面开展稳健性分析，并对计量结果给予合理的解释。

3. 时间跨度视角下治理质量对中国省域经济增长的影响

治理质量与经济增长的关系受时间变量因素的影响很大，不同的时间跨度内，治理质量影响经济增长的机理存在较大差异，二者关系也就相应发生变化；但现有文献大多只关注短期效应，忽略了二者关系在时间轴上的可能调整。本书将充分考虑时间跨度因素的影响，从理论上分析时间跨度视角下治理质量影响经济增长的机理，提出相应的理论假说，选用人均实际 GDP 的当年增长率、人均实际 GDP 的十年平均增长率两个指标，分别研究治理质量对经济增长的短期效应、长期效应，并考察良好治理对经济增长质量的影响，从内生性等多角度进行稳健性检验，用高速度经济增长效应和高质量经济发展效应对最终结果进行解释。

4. 空间效应视角下治理质量对中国省域经济增长的影响

空间溢出效应是普遍存在的，中国省域治理和经济增长也不例外，但由于治理研究在中国方兴未艾，现有文献只关注本地治理质量对本地经济增长的影响，以及周边治理质量对本地治理质量的影响，尚未涉及治理质量对经济增长的空间溢出效应。基于此，本书将在充分借鉴已有文献的基础上，构建空间视角下治理质量影响中国省域经济增长的理论框架，明确主要影响路径，拟选用新的空间杜宾模型、空间权重矩阵，论证治理质量对中国省域经济增长质量是否存在显著的空间溢出效应，计算空间溢出效应的大小和比重，并深入研究空间溢出效应在各个邻近地区的分布特征。

1.5.2 研究方法

1. 多学科综合研究法

由于治理概念的演变和应用领域的扩大，且本书需要从多角度分析治理质量对经济增长的影响，这涉及政治学、制度经济学、空间经济学、发展经济学等多个领域。因此，本书不仅需要从政治学角度对治理的概念和定量研究进行梳理、归纳，也需要从制度经济学、空间经济学角度对治理质量与经济增长的关系进行理论分析，还需要从发展经济学的角度对有关结果进行合理解释，多学科综合研究法就成为一种必然。

2. 文献分析法

通过大量阅读国内外重点文献资料，梳理有关治理概念的演变历史，总结国内外有关治理质量的评估视角、评估方法，归纳治理质量与经济增长关系的研究进展。资料类型主要包括：期刊论文、博士论文、专著、研究报告等，资料来源主要包括：Social Science Citation Index（SSCI）、Science Citation Index（SCI Expanded）、Ei Village、EBSCO（ASC、BSC 等）、Emerald 等数据库，以及 Google 学术搜索、中国知网（CNKI）等。

3. 比较分析法

在梳理国内外研究成果中，大量采用比较分析法，总结现有研究的主要争议，分析争议产生的关键原因，提炼出对未来研究的若干启示，这有助于全面、深刻理解现有研究成果，也有助于未来研究的顺利开展。在实证分析过程中，对不同时段、不同地区、不同经济发展水平等进行比较分析，有助于系统认识和把握中国省域经济增长的实际情况。

4. 规范分析与实证分析相结合

基于已有理论和中国实际情况，采用从一般到特殊的演绎分析法，以及类比分析法、数理模型，分析治理质量影响中国省域经济增长的作用机理，构建治理质量影响中国省域经济增长的理论分析框架时，提出若干理论假说。同时，基于中国省域面板数据（2001—2016），从多个角度入手，剖析中国省域经济增长实际情况，对理论假说进行系统检验。

5. 定性分析与定量分析相结合

在确定中国省域治理质量评估的指标体系时，注重定性分析（文献梳理）与定量（变差系数）分析相结合。在确定中国省域治理概念的外延特征，以及构建治理质量影响中国省域经济增长的理论分析框架时，大量采用演绎与归纳、分析与综合等定性分析方法；在中国省域治理质量评估、治理质量影响中国省域经济增长分析时，大量采用时序全局因子分析法、变异分析、相关分析、聚类分析、面板数据分析、空间计量分析、探索性数据分析、描述性统计分析等定量分析方法。

1.5.3 技术路线

首先是提出问题，加入 WTO 以来，中国省域经济取得了伟大成就，积累了若干经济发展问题。党的十九大报告提出了中国社会主要矛盾的新表述，并再次从战略层面肯定了治理在国家经济发展中的重要地位。因此，可以提出本书关注的议题：治理质量对中国省域经济增长的影响。

其次是理论分析，以“诺斯悖论”为起点，探讨中国省域经济增长中的“权力悖论”，归纳中国省域治理解的主要特征，界定中国省域治理概念；通过系统的理论分析，从权力悖论、时期跨度、空间溢出三个方面入手，分别探讨治理质量影响中国省域经济增长的机理，构建理论分析框架。

再次是实证分析，通过定性与定量相结合，确定中国省域治理质量评估的指标体系，采用时序全局因子分析法计算中国省域治理质量综合指数。通过文献研究提出相关理论假说，从权力悖论、时期跨度和空间溢出三个方面入手，采用中国省域面板数据（2001—2016），实证分析治理质量对中国省域经济增长的影响。

最后是解决问题，根据主要研究结论，提出相应政策建议。

本书的技术路线如图 1-1 所示。

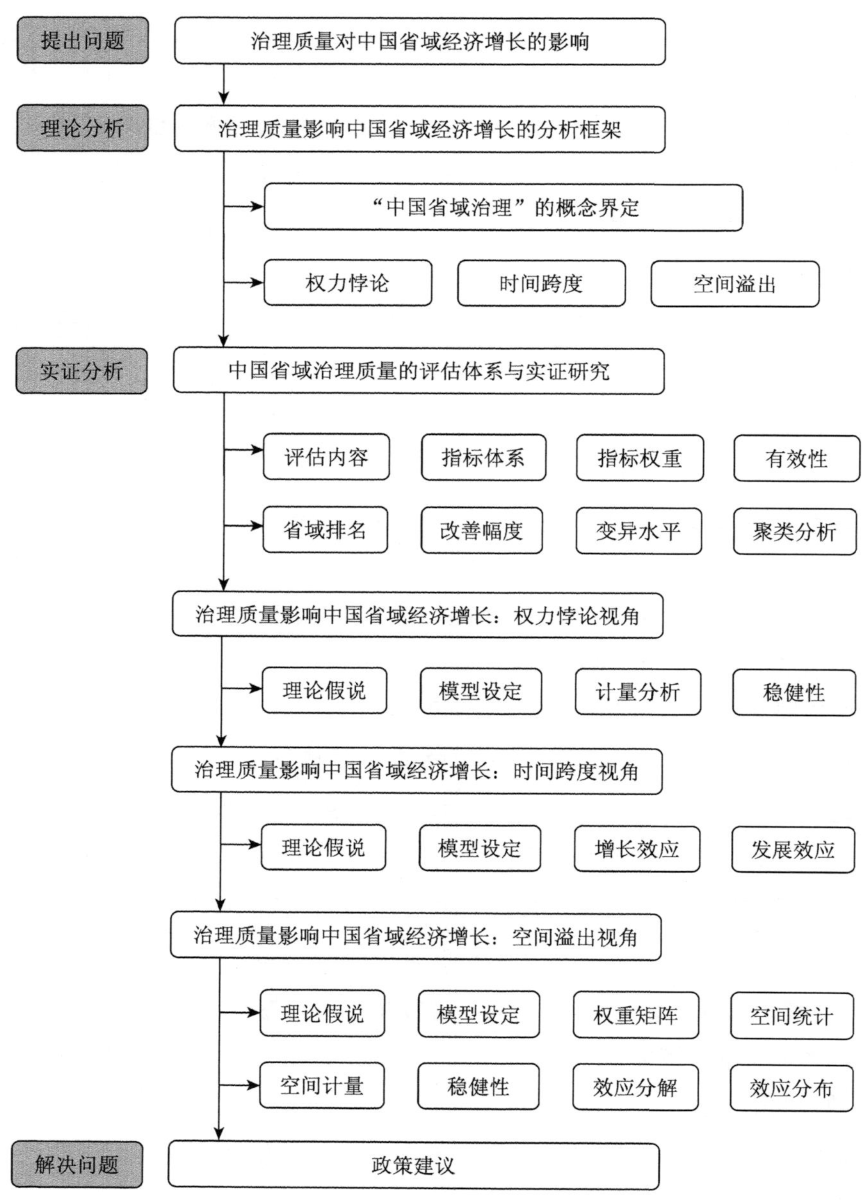

图 1-1　本书的技术路线图

第2章 治理质量影响中国省域经济增长的理论分析框架

2.1 中国省域治理的概念界定：基于地方治理的视角

2.1.1 从“诺斯悖论”到“权力悖论”

1. 中国地方经济增长中的“诺斯悖论”

新制度经济学提出“诺斯悖论”①，既认为国家是经济增长的关键[86]，扮演“扶持之手”（helpping hands）的角色；也认为国家会造成经济衰退，扮演“掠夺之手”（grabbing hands）的角色。中国改革开放以来，地方政府成为经济增长的主推手，普遍存在“诺斯悖论”现象，其根源在于地方政府（特别是主要领导）的效用函数关注两个目标：首先，政治利益目标，即对长期掌握权力的追求，在以GDP为考核机制的晋升锦标赛②的激励下，地方政

① 诺斯悖论也称“国家悖论”“政府悖论”“政府权力悖论”。“国家悖论”最早是由政治学家巴里·温加斯特这样表述的：国家需要足够强大，才能具有足够的强制力，去做它该做的事，即执行合同；但国家又不能过分强大，以至于它可以不受约束，滥用自己的强制力，任意侵犯公民的财产和权利。“国家悖论”之所以存在，根源在于国家的目标函数存在着尖锐的内在矛盾：一方面，政府要界定产权、保护产权，形成有效率的组织来实现资源的最优配置，提高经济效率，从而维护自身的统治；另一方面，政府作为经济人，作为一个特殊的利益集团，又要获得集团自身的最大利益，即福利、租金、税收等最大化，这就必然要使全社会的资源配置服从于统治集团的利益，规则的设置就要留下缺口，或者要分别为不同利益集团设置不同的产权，由此又会形成或保护低效率的产权制度，或者受统治集团的政治、军事、社会、历史、意识形态的约束，维护或设置低效率的产权制度。

② “晋升锦标赛”理论研究中央政府的权威与经济增长之间的关系，认为由于中央政府掌握人事任命权，将人事考核与经济绩效挂钩，地方官员为了追求晋升而有激励推动经济增长（徐现祥等，2007）。

府及各部门主要领导为了实现长期执政，有动力改善投资环境、吸引外资，从而推动本地区经济增长；其次，额外经济利益目标，即对奢华物质消费的追求，在缺乏必要的外部监督和约束的情况下，地方政府人员倾向于扩大职务消费、铺张浪费，甚至官商勾结、收受贿赂、徇私枉法，这在晋升无望的官员中更为突出，从而降低资源配置效率、阻碍经济增长。从改革开放的实践来看，中国版的“诺斯悖论”现象，既有西方发达国家的一般特征，也具有一定的中国特色，具体表现如下。

政府作为“扶持之手”。对于中国各地区而言，由于同时具备转轨和发展的特征，在晋升锦标赛的强劲激励下，地方政府在经济增长中的积极作用尤为突出，本质是市场缺损、市场失灵①需要政府扮演“扶持之手”的角色，主要体现在如下方面[87-92]：第一，推动市场经济的发育、成熟，培育市场机制；第二，通过政府采购，拉动先驱企业、创新企业、产业部门的发展；第三，协调发展教育培训、供应链管理、证券基金等服务业；第四，提升道路、机场和海港等硬件环境，以及法治、政策和价值观等软件环境；第五，通过拟定行业扶持方案、筑巢引凤，吸引外资企业参与孵化新兴行业；第六，通过贷款贴息、人才补贴等多种支持措施，奖励创新企业带来的正外部性。

政府作为“掠夺之手”。除了政府存在经济利益目标之外，政府内在功能性缺陷导致的政府失灵和经济转轨中政府权力对市场、社会领域的挤出效应，这些都促使政府扮演“掠夺之手”的角色。回顾新中国成立以来的经济增长历程，政府主要在如下方面阻碍经济增长[86,90]：第一，职能混乱，政府错位、越位比较严重，挤占了市场经济发展空间，阻碍了市场机制的发育，破坏了市场机制发挥作用，市场化进程十分曲折；第二，诸侯经济，地方保护主义盛行，为了本地区利益不顾国家整体利益，阻碍全国统一大市场的建立，地区产业结构同构化现象严重，低端产能淘汰不力、重复建设问题突出；第三，GDP 至上，急功近利，为了眼前利益破坏生态环境和长远发展潜力，土地等生产要素资源价格扭曲，收入分配偏向资本而轻视劳动，地区消费需求后劲不足；第四，权力寻租，破坏正常市场竞争秩序，导致“劣币驱除良币”现

① 比如垄断、信息不完备、外部性和公共品等问题所引起的市场失灵（market failure）。

象，降低资源配置效率。

2. 中国地方经济增长中的“权力①悖论”

改革开放以来，中国地方经济增长的一个突出特征是：市场化，即政府向市场领域分权，市场私权力持续扩大。正如前文所隐含的，公权②（政府主体，政府机制）是一把“双刃剑”，既扮演“扶持之手”的角色，也扮演“掠夺之手”的角色。事实上，私权③（市场主体，市场机制）也具有类似的特征，既会促进经济增长，也会阻碍经济增长，即权力是一把“双刃剑”，对公权（政府机制）、私权（市场机制）而言，任何单一权力（机制）既可以给经济增长带来积极作用，也可以给经济增长带来消极作用。如果积极作用强一些，总效应表现为“扶持之手”；如果消极作用强一些，总效应表现为“掠夺之手”，这就是“权力悖论”。

从市场权力来看。一方面，市场机制作为“掠夺之手”，主要源于市场失灵，这是市场机制内在的功能性缺陷，市场机制并不能包治百病，在信息不完全、自然垄断、外部性、公共品等领域，市场机制束手无策，资源配置效率低下。另一方面，市场机制作为“扶持之手”，得到以“自由市场”为中心的自由主义学说的推崇，该学说可以追溯到斯密时代，坚信市场这只“看不见的手”会自发改善整个社会的福利水平。市场机制对经济增长的积极作用，主要是通过资源的优化配置来实现，企业是主要的实施主体，尤其是领军企业。行业领军企业发挥着示范和引领作用，其行为对产业中其他企业的发展具有重要的积极影响[93]。

2.1.2　“权力悖论”的中国省域治理解

综上所述，在中国地方经济增长过程中，往往存在“权力悖论”困境。

---

① 马克斯·韦伯认为，权力意味着在一定社会关系里，哪怕是遇到反对也能贯彻自己意志的任何机会，不管这种机会是建立在什么基础之上。《布莱克维尔政治学百科全书》指出，权力是指一个行为者或机构影响其他行为者或机构的态度或行为的能力。权力有三个属性：公权（政府）、私权（市场）和共权（社会），相互之间相互制衡，以正向运作。

② 公权，指以政府为代表所使用的权力。公权是服务于私权社会，调整私权社会中的关系和矛盾的，公权的拥有者是具有政治权利的公民和这些公民们选举、组织的国家。

③ 私权，指以市场为代表所使用的权力。私权是公民、企业以及社会组织甚至国家，在自主、平等的社会生活、经济生活中所拥有的财产权和人身权。

但是，从改革开放以来的中国经济增长伟大成就来看，各地区显然比较好地缓解了这一困境。对于中国经济奇迹的理论解释很多，从地方治理（比如省域治理）的视角来看，可以从如下方面来理解。

第一，推动横向分权，优化治理结构。中国各个省级地区通过横向分权，政府不断向市场让渡权力，政府公权逐渐为市场私权创造空间，政府主体不断孵化市场主体，培育市场机制，弥补市场缺损，促进市场经济体制构建，推动行业协会稳步发展，逐步形成“政府机构+企业”“政府机构+企业集团+行业协会”等多元治理模式，以及“政府机制+市场机制+社会机制”的多元治理结构[94-96]。在这一崭新的多元治理结构中，与改革开放前的政府一元治理不同，政府管理全部经济事务[97]的局面得到根本改变，政府从微观经济领域逐步退出，转而专注于宏观经济调控、公共服务等领域，从而强化了政府作为“扶持之手”的积极作用，也弱化了政府因错位、越位给经济增长带来的消极作用。

第二，构建合作伙伴，改善治理关系。中国各个省级地区通过“政府搭台、市场唱戏”的模式，构建政府、市场两大治理机制之间的互补互助、部分替代的合作伙伴关系，从而提升政府、市场两大维度的治理能力，进一步优化了治理结构，缓解了“权力悖论”。一方面，充分发挥政府机构、企业集团、行业协会三类治理主体的比较优势，推动各个治理机制优势互补、互相协作，缓解单个机制失灵对经济增长的负面冲击，实现各个治理机制共同推动经济增长的协同效应，完美体现权力作为“扶持之手”的重要作用；另一方面，通过部分替代、互相赋权，持续提升政府机制、市场机制的治理能力，进一步优化“政府+市场”治理结构，从能力上强化权力的“扶持之手”，弱化权力的“掠夺之手”。

第三，强化权力约束，提高法治水平。中国各个省级地区通过弱化人治传统，不断完善法规体系，打造高效执法队伍，强调政府机构、企业、行业协会等治理主体对法律规则的遵守，先后提出了“法制”“依法治国”“法治国家”“法治经济”等主张[97-99]，确保政府依法行政、企业依法经营、行业协会依法服务。同时，中国也不断强调各治理主体之间关系的法治化、规范化，注重保护私有产权，管住政府的“掠夺之手”，鼓励私营企业发展壮大；注重保护知识产权，管住企业的“抄袭之手”，鼓励企业开展技术研发；注重保护契约制度，维护良好市场秩序，规范各类市场主体的行为，确保市场机制的高效运行，促进社会分工和交易；注重政府干预的法治化，确保政府依法培育、监管、服务市场主体，从制度上鼓励权力的“扶持之手”，抑制权力的“掠夺之手”。

2.1.3　中国省域治理的概念界定

治理概念的演进历史表明，治理的定义是存在特定指向性的，是为了描述具体实践而专门设定的。从国内外研究成果来看，学者们尝试从不同视角界定治理[52,67,68,70,71]，导致治理的概念一直处于变动之中，学术界至今对此没有形成统一的看法。因此，为了在同一框架下开展讨论，几乎所有学者都倾向于接受比较模糊、宽泛的治理定义[65]。其中，治理问题专家 R. A. W. 罗茨（1999）总结了治理的六种用法，但他没有正面给出治理的内涵界定，只是把现有部分用法结合起来，给出了治理的四个基本特征[72]；治理理论的另一位权威格里·斯托克（1999）对流行的各种治理概念作了一番梳理后指出，治理内涵包含五个主要的观点，这五个观点从不同方面讨论治理，它们之间的关系是互补的，而不是竞争，更不是冲突[100]，这与本书的观点类似。

从中国省域经济增长来看，省域治理实际是中央与地方两级治理结构，考虑到所有样本省级地区对同一个中央负责，中央治理对每个省级地区都是基本相同的（不存在显著的异质性），不会实质性影响本书的主要研究结论；此外，中央治理体现了单维治理视角：权力纵向配置（财政分权或政治集权），国内外学者已形成了大量研究成果[30-32,34]。基于此，立足于国内外文献资料，本书从地方治理视角入手，可以提炼出中国省域治理的核心内涵：强政府、市场化、法治化，尝试从外延特征角度来描述中国省域治理概念，旨在为第三章的治理质量评估提供操作便利。首先是强政府，即政府有能力弥补市场缺损和市场失灵，有能力培育、监管和服务市场主体[101]，有能力推动科技等领域的体制改革，政府作为“元治理”的唯一主体的特殊角色得到完全体现[62]，政府公权力的“扶持之手”作用充分发挥；同时，发挥政府公权力的中立性与自主性，超脱于各种利益集团、派系的制约[102]，抑制市场私权力（利益集团）的消极影响，从而促进地区经济增长。需要指出的是，强政府不是无限政府，而是有能、有为、有效①的有限政府[103]。其次是市场化，即市场有能力弥补政府失灵，促进资源的优化配置，市场私权力的“扶持之手”作用充分发挥。此外，一个发达的市场经济，不仅可以抑制政府公权力的消极影响（掠夺之手），也可以为政府公权力积极作用的充分发挥提供有力支撑（比如：税收、商品和服务等），从而促进地区经济增长。最后是法治化，即政府行为、市场行为的法治化，以及政府和市场之间关系的规范化，从制度上鼓励公权力和私权力的“扶持之手”，或抑制公权力和私权力的“掠夺之手”，把治理能力转化为实际产出，从而促进地区经济增长。

综上所述，本书关于中国省域治理概念的讨论，既关注行使权力的主体——政府和市场，强调行使权力的能力[68]；也关注权力本身——权力的配置与约束，强调权力资源的横向优化配置[70]，以及对权力的有效约束，从而体现了新的多维治理视角：权力横向配置+治理能力+权力约束。福山（2015）强调，良好的社会治理需要具备三个基本元素：强政府、法治和民主问责，三者之间相互加强、相得益彰[102]，这和本书有相似之处。但是，福山关注近代以来后发国家（经济体）经济和社会发展，仅涉及后发国家的一般特征；而本书关注中国省域经济增长中的治理议题（2001—2016），不仅具有后发国家的一般特征，也存在中国特色的经济转轨问题——市场化。

2.2 治理质量影响经济增长的理论分析：基于权力悖论的视角

2.2.1 制度与经济增长：一个理论模型

关于经济体制和经济结果之间的关系，佳林·库普曼斯（Tjalling L. Koopmans）和约翰·迈克尔·蒙泰斯（John Michael Montias）（1971）最初提出了一个数学表达式，并在比较经济学文献中广为流传，具体数学函数式

① 有能主要是讲政府执行力的问题，有为就是政府在应该作为的地方不缺位，有效是政府行政的效能和效率的问题。

表述如式（2-1）所示：

$$O=f\ (E,\ S,\ P) \quad (2-1)$$

在式（2-1）中，O 表示结果（比如经济增长、效率、收入分配、稳定和发展目标等指标），E 表示环境（比如自然资源、资本存量和技术、初始偏好、随机事件、人口数量与质量等），S 和 P 分别指体制和政策。从制度经济学的视角来看，政策与体制都属于制度的范畴，所以，公式（2-1）可以转换为公式（2-2）。

$$O=f\ (E,\ I) \quad (2-2)$$

在式（2-2）中，I 表示制度，这就清晰地体现了制度对经济绩效的重要意义。但是，式（2-2）忽略了制度对经济结果的作用过程，忽略了二者关系的间接性，即只有通过影响经济人的行为，制度才能影响最终的经济结果，故制度、行为和经济结果三者的逻辑关系可以用图 2-1 来表示。在图 2-1 中，特定制度状态是制度在某一时点的稳定形式，政府的地位由现有的制度所决定，且政府也是部分制度的供给者、执行者、监督者。①

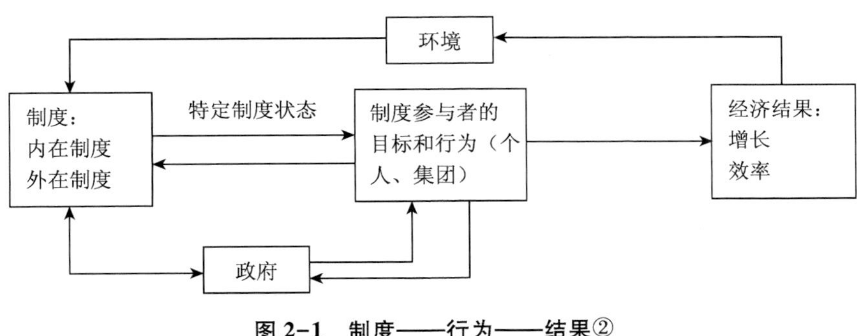

图 2-1　制度——行为——结果②

此外，制度主义者提出，促进经济增长的主要制度机制包括三个③：第一，以国家力量来确保政治秩序稳定；第二，以宪法制衡来抑制国家机构私自利用个人代理人身份的动机；第三，以健全的合作规范和社会资本来抑制

① 洪名勇．制度经济学［M］．北京：中国经济出版社，2012：24-92.

② 同上．

③ 摘自周影影的《工业革命成功的根源——制度还是技术知识?》。

个人利用自身优势去控制国家机构的动机。

2.2.2 治理质量对经济增长的本地效应

诺斯认为，从制度的运行来看，制度是影响人们行为的规则，以及在规则约束下设立的具体组织机构。① 而治理是权力的分配、行使和约束的制度，以及权力行使机构的能力和绩效，二者的内涵存在一定交集，故在与经济增长的关系方面，治理和制度存在相似之处。具体来说，通过鼓励权力的“扶持之手”，以及抑制权力的“掠夺之手”，良好治理对本地经济增长产生积极影响，这些影响主要是通过市场、政府和法治三个维度来实现的，如图 2-2 所示。

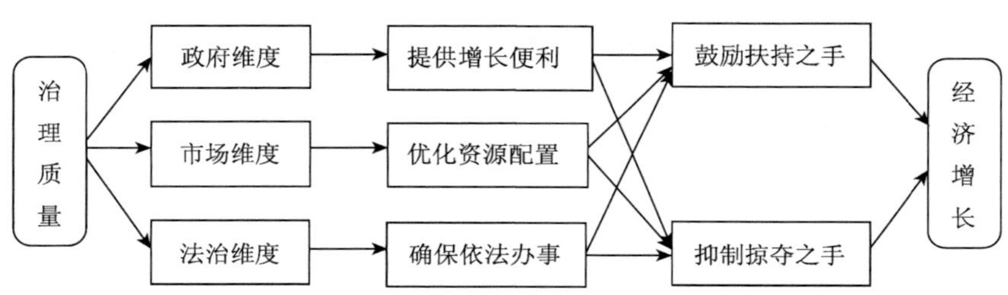

图 2-2　本地治理质量影响本地经济增长的作用机理

1. 政府维度

在中国一个省级地区，良好治理意味着本地政府的治理能力强，能够发挥本地政府公权力“扶持之手”的积极作用，缓解本地市场私权力“掠夺之手”的消极影响。即，本地政府有足够的人力、财力和物力等资源来履行职责，优化资本市场和改善投资环境，保持公务员体系稳定和官僚职业化，形成良好的经济权力结构和政治权力结构，持续推动科技等领域的体制改革，提供良好的医疗、教育等公共服务，为地区产业转型升级、经济持续发展提供各种便利。对于中国各地区而言，由于同时具备转轨和发展的特征，在晋升锦标赛的强劲激励下，地方政府在经济增长中的积极作用尤为突出，本质是市场缺损、市场失灵需要政府扮演“扶持之手”的角色，主要体现在如下

① 洪名勇．制度经济学［M］．北京：中国经济出版社，2012：24-92.

方面[87-92]：第一，推动市场经济的发育、成熟，培育市场机制；第二，通过政府采购，拉动先驱企业、创新企业、产业部门的发展；第三，协调发展教育培训、供应链管理、证券基金等服务业；第四，提升道路、机场和海港等硬件环境，以及法治、政策和价值观等软件环境；第五，通过拟定行业扶持方案、筑巢引凤，吸引外资企业参与孵化新兴行业；第六，通过贷款贴息、人才补贴等多种支持措施，奖励创新企业带来的正外部性。

2. 市场维度

在中国一个省级地区，良好治理意味着本地市场机制的治理能力强，也称本地市场化水平高，市场机制在资源配置中发挥决定性作用。科技、资本、劳动等经济资源的优化配置程度高，本地比较优势容易体现出来，产品具有较强市场竞争力，带来市场份额的不断扩大，企业和产业规模的迅速扩张，以及科技资源容易转化为实际财富，最终表现为本地产业转型升级和经济的快速增长。本地区市场化水平的提高、良好的经济发展态势和较强的科技资源变现能力，这些都会吸引国内外企业入驻，投入更多人才、资本去生产本地区具有比较优势的产品，容易获得市场成功和企业的发展，从而进一步带来本地区的经济繁荣，本地市场私权力的“扶持之手”作用得到发挥。同时，本地市场经济的充分发展，不仅通过提供税收、产品和服务等资源，有力支撑本地政府公权力的“扶持之手”作用，也通过迫使本地政府逐步减少干预，从而缓解了本地政府公权力的“掠夺之手”影响。

3. 法治维度

在中国一个省级地区，良好治理也意味着本地法治水平高。本地市场主体和政府主体都依法办事，都没有意愿去扮演“掠夺之手”的角色，都有意愿去扮演“扶持之手”的角色。中国共产党总结新中国成立以来，特别是改革开放以来的经验，指出“社会主义市场经济本质上是法治经济，使市场在资源配置中起决定性作用和更好发挥政府作用，必须以保护产权、维护契约、统一市场、平等交换、公平竞争、有效监管为基本导向，完善社会主义市场经济法律制度。”[86]。法律制度属于软件基础设施，它对本地经济增长带来重要影响。比如，通过对私有产权的保护，法治确保私营企业主的合法利益，管住本地政府公权力的“掠夺之手”，这会鼓励企业家增加投资、把企业做大做强，从而促进本地区经济增长，强化了市场私权力的“扶持之手”；通过对知识产权的保护，法治管住企业的抄袭之手，维护科技人才、科技企业的创新收益，弱化了市场私权力的“掠夺之手”，这会鼓励企业开展技术研发活动，推动本地产业结构升级和经济增长，强化了市场私权力的“扶持之手”；通过对本地良好市场秩序的保护，法治规范各类市场主体的行为，弱化了市场私权力的“掠夺之手”，这会降低市场机制的运行成本，推动企业蓬勃发展，实现本地区经济持续发展，强化了市场私权力的“扶持之手”。

2.3 治理质量影响经济增长的理论分析：基于时间跨度的视角

2.3.1 制度变迁、时间跨度与绩效传导

制度变迁的绩效传导与时间变量密切相关，时间跨度不同，制度变迁绩效的传导途径和实际影响会存在差异①，具体如图 2-3 所示。

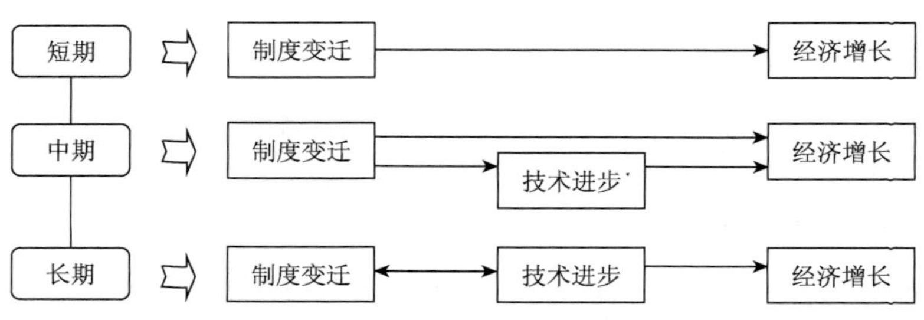

图 2-3 制度变迁、时间跨度与绩效传导示意图

在短期内，技术创新没有重大突破，制度变迁会降低交易成本，优化激励结构，提高现有资源配置效率，改变地区经济环境，创造新的经济增长空间；同时，在一个开放经济环境下，劳动力等资源自由流动成本低，本地区市场化改革等制度红利会吸引周边资源流入，增加本地区资源供给规模和质

① 洪名勇．制度经济学［M］．北京：中国经济出版社，2012：24-92.

量，在更大范围内优化资源的空间分布格局，进一步提高资源配置效率，从而直接促进经济增长[104]。如果某项制度安排的初始交易成本较高，制度变迁就可以克服交易费用较高的不完备市场问题，从而大大提高经济绩效，实现经济的快速增长。因此，在短期内，对广大欠发达经济体而言，由于科技创新实力薄弱，经济增长更多体现为要素驱动、效益驱动。

在中期内，一方面，通过制度变迁和制度创新，可以不断降低交易费用，释放改革红利，继续吸纳更多优质资源，持续提升资源空间配置水平，故制度变迁依然是经济增长的重要因素。另一方面，这一时期，技术创新取得一定进展，且制度变迁（比如科技体制改革）改变了激励机制，所形成的良好环境往往会加速技术创新的速度。技术创新会通过强化规模经济，以及节约劳动、土地等资源，从而促进经济持续增长。在这一阶段，制度变迁影响经济绩效的传导途径有两个：一是直接途径，即制度变迁直接促进经济增长，要素驱动、效益驱动特征显著；二是间接途径，即制度变迁通过促进技术进步，进而推动地区经济增长①，创新驱动特征开始凸显。

在长期内，由于制度创新改变了激励结构，科技等领域的体制改革推动官产学研密切配合，所营造出的环境有利于技术创新，重大技术突破得以不断涌现，新兴技术带动新兴产业快速发展，产业结构不断升级，技术进步直接促进了经济高质量发展，形成了“制度创新（比如科技体制改革）—技术进步—产业结构升级—高质量经济发展—经济增长方式转型”的良好态势，效益驱动、创新驱动特征十分显著。此外，重大技术进步显著改变了经济发展水平、经济环境等生产力条件，客观上要求进一步改革科技体制等制度体系，故技术进步成为制度变迁的动力基础，而新一轮的制度创新又为技术进步创造了更好的外部环境。由此，在制度变迁与技术进步之间，可以形成良好的互动关系。在这一时期，技术进步是经济增长的核心驱动力，制度变迁成为技术变迁的内在需求，并通过促进或制约技术创新，从而间接影响长期经济增长。② 具体来说，如果制度变迁适应了技术进步的要求，制度变迁是有

① 洪名勇．制度经济学［M］．北京：中国经济出版社，2012：24-92.

② 洪名勇．制度经济学［M］．北京：中国经济出版社，2012：24-92.

效率的，则制度变迁会促进技术创新；反之，制度变迁会抑制技术创新，破坏经济的长期稳定增长。

此外，制度变迁存在报酬递增和自我强化的机制①，一旦制度变迁选择了某个方向、走上了某一条路径，这一变迁路径会在未来的发展中不断得到强化，即初始的制度选择会强化现存制度的激励和惯性②，初始的制度质量会影响未来的制度质量，进而影响未来的经济绩效。

2.3.2 制度变迁的边际效益先增后减现象

黄少安（2000）提出“同一轨迹上制度变迁的边际效益先增后减”假说。“同一轨迹上的制度变迁”是指一个重大制度变革发生后，在该变革框架内具有完善、修补意义的持续变迁过程；也可以认为是依存于主制度的从属制度的变迁，从属制度的变迁只是进一步挖掘主制度框架所允许的潜在收益，而不是突破已有的制度框架[105]。从这个意义上来理解，同一轨迹上的制度变迁可以划分为两个阶段：第一个阶段是构建整体制度架构或者是主制度，这不是一个突变现象，而是一个渐进的过程，加之人们对新制度的熟悉也需要一定时间，故随着制度框架或主制度的逐步成熟、人们对新制度的不断熟悉，新旧制度之间的摩擦成本③下降，制度的适应性效率上升，制度对人的激励性逐步释放出来，每单位制度变迁投入的收益不断变大，故新制度的边际效益逐步增大，并在图 2-4 中的 A 点达到最高水平。第二个阶段是逐步完善制度体系，这也需要一定的时间和周期，在这个过程中，制度框架已经确定下来，且很难改变，但制度所处的外部环境一直在变，导致制度的适应性效率下降，因为不同制度的社会适应性依存于经济体制所面对的历史的、技术的、社会的、经济的环境[106]。虽然通过不断完善制度体系，可以提高制度容量，增强制度适应环境的能力，但仅仅是延缓制度边际效益递减的速度[105]，边际效益在图 2-4 中的 B 点降到零。

---

① 诺斯指出，报酬递增的两个来源：单一制度自身、制度依赖网络；自我强化机制的四种表现：边际制度成本递减、学习效应、协调效应、适应性预期（洪名勇，2012）。

② 洪名勇．制度经济学［M］．北京：中国经济出版社，2012：24-92.

③ 摩擦成本包括依存制度及观念没有转化到位所付出的成本。

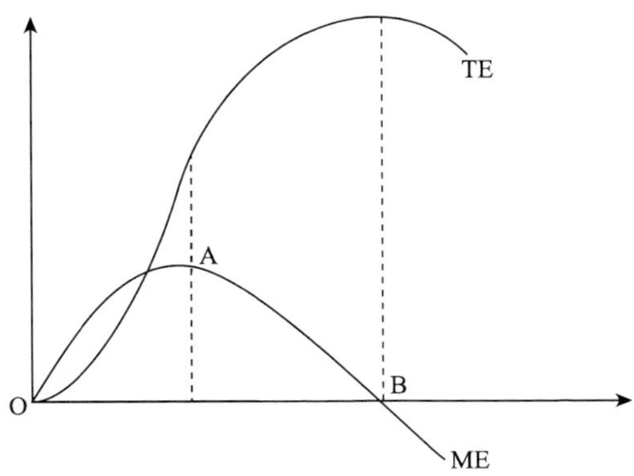

图 2-4 同一轨迹上制度变迁的边际收益曲线

在很长一段时间里，中国自改革开放以来的经济高速增长被解释为源于拥有高储蓄率和大规模、低成本优质劳动力，但可以观察到的增长事实是，过去近四十年内，制度创新（治理改善）在中国经济发展过程中发挥了决定性作用。特别是中国加入 WTO，以对外开放来推动对内改革，这是中国历史上的一项重大制度变迁，意义堪比 20 世纪 80 年代初的改革开放。作为“同一轨迹上的制度变迁”[105]，中国融入 WTO 制度体系可以划分两个阶段：第一阶段，在国家层面构建适合 WTO 要求的整体正式制度框架，初步形成符合 WTO 精神的非正式制度和组织机构，并在 2005—2008 年完成降低关税、取消非关税措施、放宽外商投资比例限制等领域的制度变迁。从正式制度变迁来看，WTO 制度有一整套标准要求，但 2001 年的中国与其存在较大差距，故中国加入 WTO 存在一个过渡期。从非正式制度变迁来看，中国的人情社会、人治社会，以及旧的观念、习惯和文化等非正式制度，都可能与 WTO 精神格格不入，这些非正式制度的变迁也需要一个过渡期。在本阶段，伴随中国制度创新的逐步推进，中国与全球经济的接轨程度越来越高，制度的适应性效率持续提高，进而带来改革红利不断放大，加之贸易自由化骤然打开了中国的外需市场空间，中国人均 GDP 增长率稳步攀升，从 2001 年的约 7.6%飙升到 2007 年的 13.6%左右。第二阶段，在地方层面（省、市、区等）形成具体细则和配套措施等正式制度，并在非正式制度和组织结构的细节方面不断完善提升，市场意识、竞争文化、法治观念和契约精神等逐步深入人心。在本阶段，随着逐步落实加入 WTO 的各项承诺，WTO 框架下的中国与全球经济的接轨工作基本完成，WTO 带来的改革红利开始遭遇制度边界约束，WTO 制度红利消失殆尽，在国外贸易保护主义的限制下，外需市场需求增长疲软，中国人均 GDP 增长率逐步下滑，2016 年下探至 6.1%附近。显然，2001 年以来，中国人均 GDP 增长率变化过程近似为“倒 U 型”曲线，具体如图 2-5 所示。

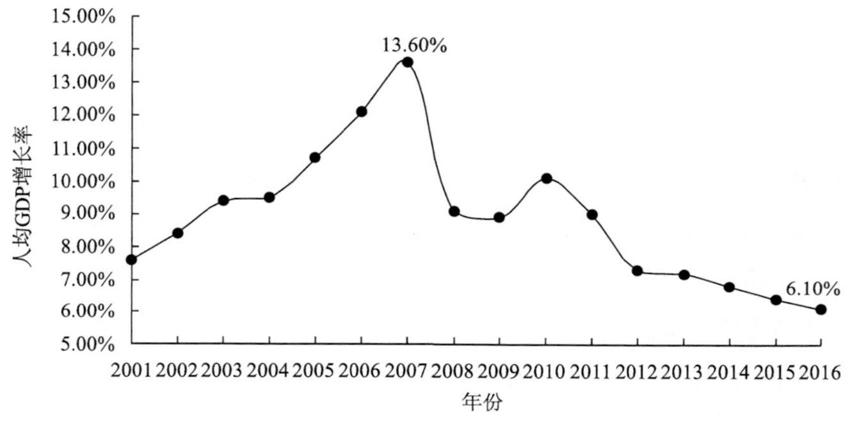

图 2-5 加入 WTO 以来中国人均 GDP 增长率变化趋势

2.3.3 治理质量的经济增长方式转型效应

加入 WTO 推动中国持续制度创新和治理改善，中国市场化改革带来资源配置效率提升，中低端产品比较优势得以彰显；同时，伴随国外市场需求飞速放大，中国企业规模和产能迅速扩大，大量劳动力从农村转移到城市，中国经济进入一轮超级繁荣期，创造出了巨大的增长效应和赶超效应。2001 年，中国名义 GDP 略高于 11 万亿元，折合美元约为 1.3 万亿，全球排名第 6；2008 年，中国经济总量逼近 32 万亿元，折合美元超过 4.5 万亿，先后超过英国、法国和德国，全球排名第 3；2017 年，中国经济规模达到 82.7 万亿新高，折合美元约 12.3 万亿，与美国成为全球仅有的两大 10 万亿美元级的经济巨头，具体如图 2-6 所示。总体而言，中国 2001—2017 年新增经济总量巨大，约占改革开放以来全部新增经济总量的 87%①；经济增长空前稳定，尽管 2008 年以来出现美国金融危机和欧洲债务危机等巨大外部冲击，中国宏观经济运行相对于前 20 年还是非常平稳；在经济总量实现巨大增长的同时，通货膨胀率保持了较低的水平[107]。此外，中国经济超级繁荣期在省区增长过程最突出的表现是，国际市场和中国国内生产能力扩张互动良好，高速投资带来了国际市场的快速扩张，互相激励带动了更快工业扩张以及史无前例的高速城市化过程，中国城市化率从 2000 年的 36.2%②增加到 2017 年的 58.5%，新增城镇人口规模超过 3.5 亿，2017 年城镇常住人口规模达到 8.1 亿。

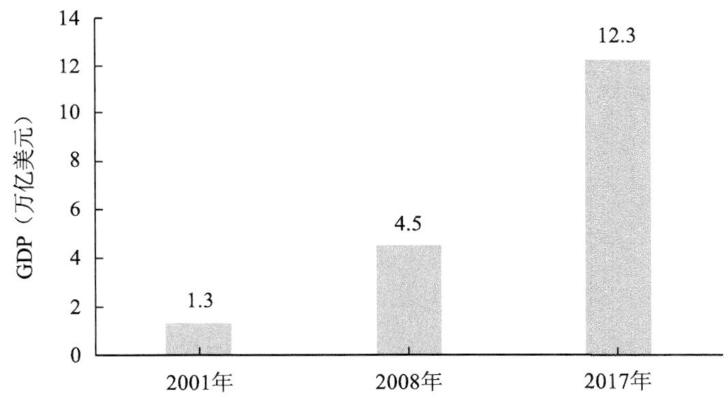

图 2-6 加入 WTO 以来中国 GDP 变化趋势

中国科技体制改革的正式开启始于 1985 年[108,109]，中共中央发布了《关于科学技术体制改革的决定》。然而，在 1997 年以前，科技体制改革主要侧重“推进技术交易”的基本思路；直到 1998 年，科技发展战略和科技体制改革才开始了实质性调整[110]，之后的科技体制改革过程可以区分为三个时期（见表 2-1）。

① 1978 年，中国 GDP 为 3645 亿元，2001 年为 110863 亿元，2017 年为 827122 亿元。

② 根据第五次全国人口普查，2000 年中国城镇人口规模为 45844 万人，农村为 80739 万人。

表 2-1 加入 WTO 以来中国科技体制改革的主要阶段

主要阶段	标志性政策/事件
科研机构转制改革和构建国家创新体系框架阶段（1998—2005）	1998 年国务院对 10 个国家局所属的 242 个科研院所进行管理体制改革、1999 年国务院颁布《关于加强技术创新、发展高科技、实现产业化的决定》。
提出自主创新战略和推动创新型国家建设阶段（2006—2011）	2006 年国务院颁布《国家中长期科学和技术发展规划纲要（2006—2020 年）》和《关于实施科技规划纲要、增强自主创新能力的决定》、2007 年全国人大颁布新《科技进步法》和《专利法》。
实施创新驱动战略和强化科技治理的顶层设计阶段（2012 至今）	《关于深化科技体制改革加快国家创新体系建设的意见》（2012）、《关于深化体制机制改革加快实施创新驱动发展战略的若干意见》（2015）和《深化科技体制改革实施方案》（2015）

一是科研机构转制改革和构建国家创新体系框架阶段（1998—2005）。以 1998 年国务院对 10 个国家局所属的 242 个科研院所进行管理体制改革、1999 年国务院颁布的《关于加强技术创新、发展高科技、实现产业化的决定》等为标志，一方面，对科研院所的布局结构进行系统调整，对社会公益型科研机构实行分类改革，推进技术开发类科研机构向企业化转制；另一方面，促进科技成果转化，建立以企业为主体、产学研互动的技术创新体系和以科研机构、高等学校为主的科学研究体系，以及社会化的科技服务体系[110]。

二是提出自主创新战略[111]和推动创新型国家建设阶段（2006—2011）。以 2006 年国务院颁布的《国家中长期科学和技术发展规划纲要（2006—2020 年）》和《关于实施科技规划纲要、增强自主创新能力的决定》、2007 年全国人大颁布的新《科技进步法》和《专利法》等为标志，科技体制改革的推动在很大程度上仍然必须通过国家层面、政府主导来实现，以科研机构的改革、基地建设、创业人才的培养等作为支撑，出台并推进一系列战略，包括中长期发展战略、科教兴国战略、人才强国战略和战略性新兴产业等[112]。

三是实施创新驱动战略和强化科技治理[113]的顶层设计阶段（2012 至今）。在《关于深化科技体制改革加快国家创新体系建设的意见》（2012）、《关于深化体制机制改革加快实施创新驱动发展战略的若干意见》（2015）和《深化科技体制改革实施方案》（2015）等政策的指导下，科技体制改革进入全面践行创新驱动发展战略、深入推动科技治理体系和治理能力现代化、持续坚持制度创新和科技创新“双轮驱动”、充分激活各类主体的创新激情和活力的新时代。党的十八大以来，科技体制改革以科技管理改革为着力点，从科技机构及调整、科技计划及经费、科技评估及奖励等领域全面展开[114,115]，理顺政府与市场、科学共同体等多元主体之间的关系，强调顶层设计、系统整合、规则制定和统筹规划。

在加入WTO前后，中国通过积极推动科研院所改革，引导更多科技人才、技术专利等资源向企业集聚，千方百计鼓励银行、政府等机构的资金向创新能力强的企业集中，科研机构创新效率显著提高，大中型工业企业和小企业的创新效率均明显改善；2006年，大中型工业企业的科技活动经费内部支出金额首次超过了技术改造支出金额，说明中国第一次达到了从模仿创新升级为自主创新的转折点[116]。之后，中国创新投入力度显著增强，2011年全国① R&D经费内部支出约为8687亿元，超过2001年（约1042亿元）的8倍；R&D经费投入强度为1.84%，接近2001年（0.95%）2倍；R&D人员全时当量约为288万人年，超过2001年（约96.65万人年）的3倍。② 科技创新成果大幅增加，2011年全国技术市场成交合同金额约为4763.6亿元，超过2001年（约782.7亿元）的6倍；境内专利申请受理数超过150万件，超过2001年（约16.6万件）的9倍③。产业结构升级、经济增长方式转型效应显著，2011年高技术产业主营业务收入达87527亿元，超过2000年（约10034亿元）的8倍；2011年科技进步贡献率为51.7%，明显高于2003年的39.7%。④ 党的十八大以来，中国科技创新和经济发展迎来了新时代，自主创新投入进一步提升，2017年全国R&D经费支出17500亿元，比上年增长11.6%；研发投入强度达2.12%（见图2-7），较上年提高0.01个百分点。自主创新成果持续扩大，2017年技术合同成交金额为13424亿元，比上年增长17.7%；境内专利申请数达351.3万件，PCT专利申请受理量为5.1万件。新动能新产业加快成长、创新驱动特征十分显著，2017年规模以上工业战略性

① 仅限于中国大陆地区，其他同。
② 数据来源：中国科技统计年鉴（2006、2012、2016）。
③ 数据来源：中国科技统计年鉴（2007、2016）。
④ 数据来源：中国科技统计年鉴（2015）。

新兴产业增加值比上年增长 11.0%；高技术制造业增加值增长 13.4%，占规模以上工业增加值的比重为 12.7%；装备制造业增加值增长 11.3%，占规模以上工业增加值的比重为 32.7%①；科技进步贡献率从 2012 年的 52.2%增加到 2017 年的 57.5%，国家创新能力排名从 2012 年的第 20 位升为 2017 年的第 17 位[115]，全球创新指数排名从 2012 年的第 34 位跃升至 2018 年的第 17 位。

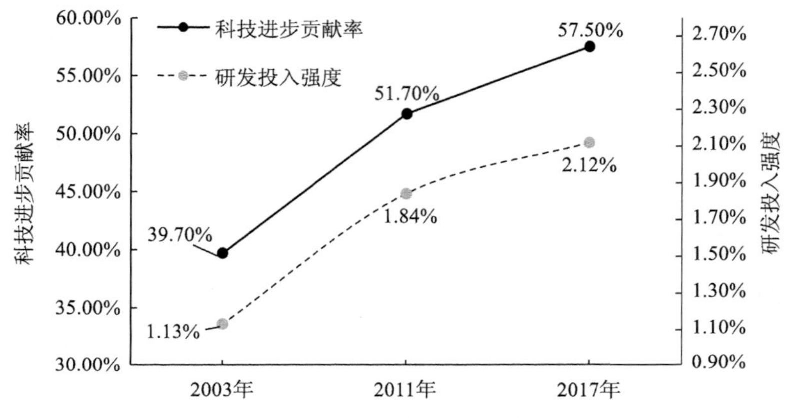

图 2-7　加入 WTO 以来中国科技创新变化趋势

上文是从全国层面来考察，而从地方层面来看，“十二五”以来，中国主要城市的经济增长方式转变出现了明显差异，以北京、上海、深圳为代表的发达城市加快转向创新发展，经济增长率稳步下降，北京固定资产投资率（全社会固定资产投资/GDP）降至 34%，深圳为 21%；但研究开发支出占比（R&D/GDP）均已明显高于全国平均水平②，其中，北京接近 6%，深圳超过了 4%（见图 2-8），比肩甚至领先于以色列（4.25%）、韩国（4.23%）、日本（3.49%）等发达经济体。然而，重庆、郑州等还具有典型的数量型增长的特点，即固定资产投资率仍然高于全国平均水平，其中，重庆的固定资产投资率达 98.5%，远高于全国平均水平，R&D 占比则显著低于全国平均水平[117]。伴随着大规模的自主创新投入，科技创新成果不断涌现，产业结构持续升级，创

① 数据来源：http：//www.stats.gov.cn/tjsj/zxfb/201802/t20180228_ 1585631.html（中华人民共和国 2017 年国民经济和社会发展统计公报）。

② 2015 年，中国研究开发支出占比（R&D/GDP）为 2.07%。

新驱动、效益驱动非常显著。特别是深圳，2017年研发经费支出规模超过900亿元，研发强度达到4.13%①；专利申请量为17.71万件，增长21.9%；PCT国际专利申请量达2.05万件，占全国的43%左右，连续14年位居全国大中城市第一，成为知识产权强国建设高地；现代服务业增加值9306.54亿元，增长9.0%；先进制造业增加值5743.87亿元，增长13.1%；高技术制造业增加值5302.47亿元，增长12.7%；人均GDP达到2.7万美元②，首次超过台湾（2.4万美元），逼近韩国（3.0万美元），成为中国城市经济增长方式转型的最佳样板。显然，由于中国各地区之间经济发展水平存在显著差距，处在中等收入水平的地区距离完成工业化以及达到高收入水平还有很长的路要走，通过深化改革和制度创新推动治理质量改善，政府效率提高、法治水平和投资环境改善，引发高投资追赶效应和高速度经济增长效应；与此形成鲜明对比的是，进入较高经济发展阶段地区的经济增速下降、投资率下降，但伴随着制度持续变迁和治理质量的提高，自主创新水平增强、生态环境条件改善，产业结构不断升级、创新驱动发展特征突出，高质量经济发展效应十分显著。

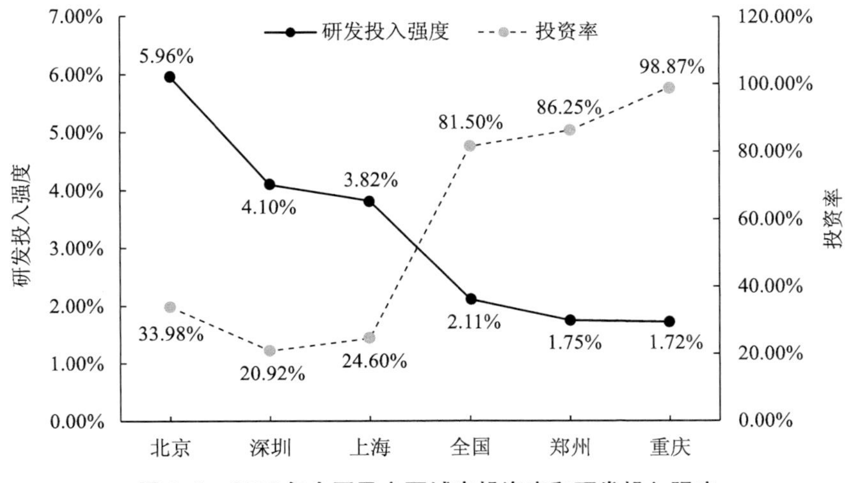

图2-8 2016年全国及主要城市投资率和研发投入强度

① 数据来源：http://cn.chinagate.cn/reports/2018-02/28/content_50615115_0.htm（2018年深圳市政府工作报告）。

② 数据来源：http://www.tjcn.org/tjgb/19gd/35441.html（深圳市2017年国民经济和社会发展统计公报）。

综上所述，制度创新和良好治理有利于产权保护，有利于发挥市场机制在资源配置中的决定性作用，有利于建立健康的政企关系，因此具有带动资源集聚、提高经济增速的经济增长效应。同时，当治理质量达到一定阶段之后，良好治理往往意味着科技治理的全面深化，有利于激活各类主体的创新潜力，有利于提高自主创新能力，有利于新产业、新动能的快速形成，从而具有可持续的经济发展效应，表现为良好的教育、社会保障与社会公平等公共服务水平的提高，经济增长方式从高速度、数量型扩张向高质量、效率型转变，从依靠要素量的投入转向创新驱动。从良好治理的高速度经济增长效应到高质量经济发展效应的转变，本书将之定义为良好治理的经济增长方式转型效应。

2.4 治理质量影响经济增长的理论分析：基于空间溢出的视角

2.4.1 制度质量对经济增长的空间溢出效应

从已有文献来看，周边地区的制度对本地区的经济发展具有重要意义，关于二者之间关系的作用渠道，国内外文献进行了深入探讨，Bosker 和 Garretsen（2009）把这些可能的作用渠道进行了区分，主要包括如下三个渠道[118]298-300。

1. 扩散效应

通过直接影响本地区的制度质量，周边地区的制度会对本地区的收入水平产生影响[119]。当一个经济体模仿其他经济体的成功政策时，会存在比较明显的扩散效应；当一个经济体模仿其他经济体的失败政策时（比如 20 世纪，许多发展中经济体都采用了进口替代政策），也会存在扩散效应[118]299。Simmons 和 Elkins（2004）指出，各个经济体的确会模仿其他经济体或邻近经济体的政策和制度，尤其是那些被证实为成效显著的政策和制度，并竭力回避那些被证实为失败的政策和制度[120]。这种模仿行为可能是一个经济体的自发行为，也可能是一个经济体被迫采取的行动，因为该经济体要加入一个区域贸易协定或货币联盟（比如加入欧盟的相关标准），必须满足一些特定的制度标准和要求[118]300。对于地理邻近的经济体，如果彼此之间在宗教、历史等方面具有一定共同点，则制度的扩散效应会更加容易一些[120]。North（1990）等制度经济学家提供了很多类似的例子，详细阐述了制度如何从一个经济体扩散到周边经济体[16]。

2. 直接效应

通过影响本地区的经济、社会和政治资源，周边地区的制度会影响到本地区的收入水平[118]299。首先，当周边地区通过支持本地区反对派等手段，直接干预本地区的内部事务，从而影响到本地区的经济发展[118]299。在政治学文献中，这种爱管闲事的邻居（nosy neighbors）存在大量证据支持[121]。其次，通过影响国外经济代理人的行为，周边地区的制度质量会影响到本地区的收入水平[118]299。从有关贸易和 FDI 的实证文献来看，在控制其他影响因素的情况下，差的制度会降低一个经济体与其他地区的贸易额和 FDI 流动；在本地区制度质量给定的情况下，如果周边地区的制度质量（合约履行或产权保护）较差，这会有助于改善本地区收入水平，因为在周边地区较差制度质量的反衬下，本地区似乎是一个较好的贸易和投资伙伴[118]299。最后，由于金融市场的不完全信息，在第三方看来，周边地区的制度质量就等同于整个地区（包括本地区）的制度质量，由此，在周边制度质量和本地区经济增长之间形成了一个更直接的关联[118]299。比如资金向新兴市场流动的传染效应（contagion effect）[122]，由于特定国家糟糕的国内金融制度，一旦资金向该国流动出现停滞，则资金向类似收入水平的经济体流动也会遇到问题，无论该经济体的金融制度好坏[118]299。

3. 间接效应

通过影响周边地区的经济绩效，周边地区的制度质量会对本地区的收入水平产生影响[118]298。有证据显示，一个经济体较差的经济绩效（源自差的制度体系）会负面影响周边地区的收入水平[123]，周边经济体的不稳定水平（用革命和政变的次数来衡量）对本地区的经济绩效存在负面冲击[124]。区域局势不稳定会破坏贸易，从而降低收入水平，特别是对内陆地区而言，它们依赖周边地区来获得对外贸易通道[118]298-299。此外，周边地区不稳定会造成大量难民的涌入[125]，这些难民不仅需要依靠本地区投入大量人力、物力来照顾，也可能会带来疟疾等各种疾病传播[126]，还会造成本地区军备支出增加（以防止冲突扩散或制止未来对本地区可能的军事入侵），从而挤占政府的生产性投资[118]299。Murdoch 和 Sandler（2002）研究指出，周边地区的内战会破坏本地区的经济发展进程[127]。

2.4.2 治理质量、地理位置与空间依赖

1. 理论模型

关于治理的空间依赖性，Brueckner（2003）通过梳理现有实证研究，把其理论基础划分为两类：溢出模型和资源流动模型，前者包括公共支出模型、环境模型、标尺竞争模型，后者包括税收竞争模型、福利竞争模型、增长控制模型；溢出模型和资源流动模型都可以派生出一个反应函数，该函数显示本地治理质量依赖于周边地区的治理质量[128]。其中，溢出模型的表达式如公式（2-3）所示：

$$G\ (z_i,\ z_j;\ X_i) \tag{2-3}$$

其中，G 代表地区 i 的目标函数，zi 代表 i 地区的决策变量（即治理质量），z_j 代表 j 地区的决策变量，X_i 代表 i 地区的特征向量（决定地区偏好）。i 地区选择 z_i 以便最大化公式（2-3），设定 $\partial G/\partial z_i=0$。由于该导数依赖于 z_j 和 X_i，最优 z_i 依赖于其他地区的选择（治理质量），以及 i 地区的特征，故反应函数的表达式（2-4）具体如下：

$$z_i=R\ (z_j;\ X_i) \tag{2-4}$$

R 代表反应函数，界定了 i 地区对其他地区选择的最佳反应（治理质量）。

然而，在资源流动模型中，i 经济体并不直接受到其他经济体的 z（治理质量）影响，而是受到辖区内特定资源数量的影响。由于该资源的空间分布受到各个地区 z（治理质量）的影响，故 i 经济体间接受到 z_i 的影响。因此，i 经济体的目标函数可以用公式（2-5）表示如下：

$$F\ (z_i,\ s_i;\ X_i) \tag{2-5}$$

其中，s_i 代表 i 经济体的资源水平，假定 i 经济体的资源水平由公式（2-6）决定如下：

$$s_i = H(z_i, z_j; X_i) \tag{2-6}$$

把公式（2-6）代入公式（2-5），可以得到公式（2-7）：

$$F[z_i, H(z_i, z_j; X_i); X_i] = F(z_i, z_j; X_i) \tag{2-7}$$

因此，尽管原始模型不同，但如上公式（2-7）与前文的公式（2-3）具有相同的形式，只有参数 z_i，z_j 和 X_i。因此，对公式（2-7）进行最大化处理，可以得到和前文公式（2-3）相同的反应函数。

2. 作用机制

Seldadyo 等（2010）指出，地理-治理关系可以用空间依赖来刻画，一方面是因为基于问卷的治理指标会存在测量误差，比如邻近地区的治理较差、晕轮效应、缺失值估算；另一方面是因为治理存在空间维度，比如空间溢出、资源流动、政策收敛、决策的互相依赖和政府转型[51]。Graham 等（2013）通过现有文献的系统梳理，认为政策扩散存在四种主要机制[129]18-21：一是学习（learning），即把国家当作一个实验室，决策者借此寻求解决问题的方法。当一项政策被证明是有效的，其他地区可以借鉴它的成功经验，政策溢出就自然而然地发生了。然而，学习并不是这么简单，比如决策者可能更关注政策的政治可行性、公众吸引力、对下一次选举的意义，以及是否有助于谋取更高的职位。此外，在一个政体下有效的政策，在另一个政体下可能适应性较低。二是竞争（competition），一方面，在优化税基、增加旅游收入，以及营造富有吸引力的经济环境等领域，竞争往往是有益的，因为政府决策中充分考虑了市场因素；另一方面，不同地区间的竞争可能是有害的，可能导致迟迟无法达成一致，以及恶性竞争（race to the bottom）。三是强制（coercion），即一些参与者试图把符合他们偏好的政策方案强加给特定政府。强制包括两种形式：纵向强制、横向强制。在纵向强制中，中央政府会扮演强制者的角色，同时，超国家组织也会在国际层面扮演类似的角色（比如：欧盟试图强迫成员国采取紧缩措施）。在横向强制中，一个经济体强迫另一个经济体改变政策措施，不对称的实力差距是促成横向政策扩散的重要因素，强制者包括实力超群的大国或国际组织。四是社会化（socialization），即把参与者纳入社区的规范、规则中去，逐步改变他们的偏好。与强制相比，尽管社会化不会马上改变政策，但可能会带来更稳定的政策改变。拥有良好软实力的国家可以吸引其他国家，使他们以此为努力奋斗的标杆，而不需要采用强制的方法。

2.4.3 治理质量对经济增长的空间溢出效应

周边地区的治理质量会通过三种路径影响本地区的经济增长：首先，通过治理质量的空间扩散效应，周边地区的治理质量会影响本地区的治理质量，从而促进或阻碍本地区的经济增长；其次，通过治理质量的直接空间效应，周边地区的治理质量会影响本地区的资源流动，从而给本地区的经济增长带来正向或负向冲击；最后，通过治理质量的间接空间效应，周边地区的治理质量会影响周边地区的经济增长（即本地区的市场潜力），从而对本地区的经济发展带来积极或消极作用。同时，借助如上三个渠道，本地区的治理质量也会促进或阻碍周边地区的经济增长，即地区之间也存在反馈效应（见图2-9）。

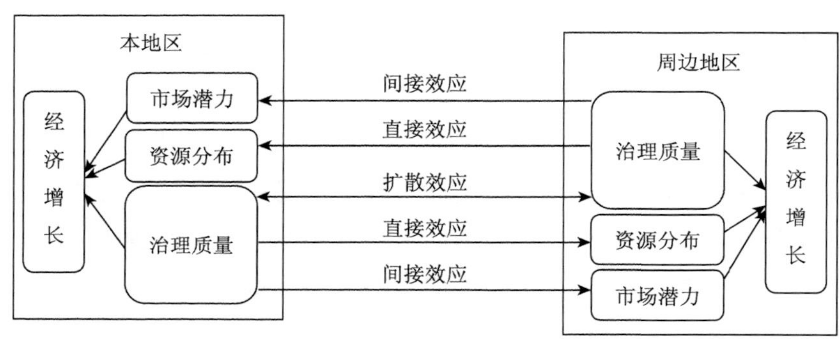

图 2-9 空间溢出视角下治理质量影响经济增长的作用机理

2.4.3.1 扩散效应

1. 竞争效应

在中国地方政府政治晋升锦标赛[130]的制度激励下，为了争夺高端人才、外商投资、知名企业等优势经济资源[55]，进而快速实现经济增长和取得显著政绩，本地区与周边地区竞相改善治理质量，比如深化改革科技经费管理制度、持续改善基础设施、加大教育和医疗等公用事业投入、加强知识产权保护等。特别是在地理临近地区之间，比如浙江与江苏等，以及经济发展水平、治理质量相似地区之间，比如北京与上海等，这种竞争[129] 19-20就更加激烈一些，竞争效应会更加显著。因此，当周边地区治理质量提高的时候，本地区也会竞相改善治理质量、科技体制和激励结构，从而推动了本地区的经济增长。然而，竞争也可能是有害的，比如在经济发展的初期，中国部分地方政府为了吸引外资，地区间过度竞争、恶性竞争现象泛滥，在环境保护、劳工权益等方面让步太多，导致环境污染、内需不足，从而给经济长期增长带来负面影响。竞争效应要求双方治理质量相近，如果双方治理质量相差较大，则缺乏可比性、难以形成较大竞争，故竞争效应在高值集聚中心、低值集聚中心比较显著。

2. 学习效应

随着各省市 4G 网络、高铁网络等重大基础设施的不断完善，信息、人员、货物等以前所未有的速度在区域间快速流动，特别是地方政府官员、企业等机构跨区域交流、培训活动的频繁开展，区域之间的学习广度、深度和速度大幅提升。因此，周边地区治理质量的持续提升，或者在提升治理质量方面的一些做法和经验，比如转变政府科技管理职能，提升市场化水平，颁布各项经济制度、政策，培育、监督和服务市场主体、市场机制[91,101]，这些都会很快被本地区感知、学习[129] 18-19和模仿[131]。特别是在地理临近的地区之间，模仿、学习成本更低一些，扩散效应会更加明显，学习效果也会更好，从而促进本地区的治理改善和制度变迁，进而实现本地区的经济繁荣。然而，由于目标差异和环境差异，周边地区的经验可能不太适合本地区[129] 18-19，导致学习效果可能不尽如人意，甚至给本地区经济增长带来负面冲击。周边地区在治理的某些方面存在特长，这是学习效应存在的前提，故当周边地区的治理质量较高时，学习效应更加突出一些。

3. 倒逼效应

在各个省份长期的经济发展过程中，周边地区可能在治理的某些方面做得比较好（比如科技人才评价制度、基础设施建设或市场化改革），周边地区企业、行业协会也都适应了这种治理环境。当周边地区企业和行业协会受邀向本地拓展业务、开设分支机构的时候，就会不自觉地要求当地改善治理环境，倒逼当地推进各项治理改革，这类似于 Graham 等（2013）提出的横向强制机制[129]20。只不过，有两点不同：一是这里提出强制要求的主体是知名企业，而不是其他强国或国际组织（比如 IMF）；二是本地政府对这些要求往往持欢迎和接纳的态度，因为这对企业和政府来说，是一种双赢的结果，至少短期内是这样的。比如华为等自主创新能力比较强的龙头企业，其对知识产权保护十分在意，它们已经适应了深圳良好的治理环境。当它们受邀在惠州、西安等外地开设制造中心、研究中心等分支机构时，自然会对知识产权保护给予较多关注，它们的诉求也容易得到当地政府的支持，从而迫使当地政府改善法治环境，进而吸引更多高技术企业入驻，最终促进了当地经济发展。然而，倒逼效应也可能是不利的，因为部分企业可能会以巨额投资为由，迫使本届地方政府在环境保护等方面放松监管，从而造成环境污染和居民上访等社会不稳定因素，进而给地方经济长期增长带来消极作用。只有当周边地区在治理的某些方面存在优势时，才会对本地区形成倒逼效应，故当周边地区的治理质量较高时，倒逼效应更容易出现。

2.4.3.2 直接效应

一般而言，治理质量较高的地区容易吸纳较多资本、劳动力等要素资源，治理质量低的地区往往会流失要素资源，故各省份治理质量会影响资源流动及资源的空间分布[128]。当周边地区的治理质量较低，可能会形成有利于本地区的资源分布格局（如果本地区的治理质量较高），从而促进本地区的经济增长，即直接效应为正数；也可能会形成不利于本地区的资源分布格局（如果本地区的治理质量较低），从而阻碍本地区的经济增长，即直接效应为负数。类似地，当周边地区的治理质量较高时，可能会形成有利于本地区的资源分布格局（如果本地区的治理质量较高），也可能会形成不利于本地区的资源分布格局（如果本地区的治理质量较低），从而促进或阻碍本地区的经济增长。

首先，当本地区和周边地区的治理质量相似时，如果是治理质量的高值集聚中心，高水平治理地区彼此邻接就会形成集群效应，可以避免单个地区资源、环境和经济等领域承载力的局限性，并在深化科技体制改革等方面形成显著的区域制度优势，对第三方 FDI、人才等经济资源产生强大吸引力，从而促进整个地区的经济发展。显然，治理质量高的周边地区与本地区互相支撑，推动内外部资源在更大空间内实现优化配置，从而促进整个地区的经济增长，即好邻居存在正外部性。如果本地区和周边地区都属于低值集聚中心，低水平治理地区彼此邻接也会形成集群效应，但与高值集聚中心不同的是，这种低水平治理的集群效应会对 FDI 等资源形成巨大的排斥作用，从而阻碍本地区与周边地区的整体经济增长。治理质量低的周边地区与本地区互相拖累，阻碍内外部资源的优化配置，进而对整个地区的经济增长带来负面冲击，即差邻居存在负外部性。

其次，当本地区和周边地区的治理质量差异较大时，如果本地区的治理质量较低，则治理质量高的周边地区容易在争夺科技人才、FDI 等资源中胜出，且会通过虹吸效应[132]吸纳本地区生产要素资源，从而对本地区经济发展带来负面效应。具体来说，治理质量高的周边地区往往拥有财政充裕、基础设施完善等优势，以及市场经济发达、法治环境良好和科技体制改革深化等制度红利，故其治理体系和治理能力的现代化程度较高，能够最大程度释放资源配置潜力、激发人们的积极性，从而帮助周边地区引进 FDI，并吸纳本地区的劳动力、资金等经济资源，最终阻碍本地区发展经济。可见，治理良好的周边地区会反衬出本地区的治理较差，推动资源空间分布形成不利于本地区的格局，从而阻碍本地经济增长，即好邻居存在负外部性。此外，如果本地区的治理质量较高，科技体制机制比较灵活，则本地区在争夺第三方高端人才、FDI 等资源中容易胜出，且会通过虹吸效应吸纳周边地区的资源，从而促进本地区经济发展。治理质量低的周边地区会衬托出本地区的高水平治理，促进要素资源形成有利于本地区的分布格局，进而促进本地区的经济发展，即差邻居存在正外部性。

2.4.3.3　间接效应

较高的市场潜力往往意味着较高的人均 GDP[133]、较大的市场需求和较多的发展机会，市场潜力扩大会提高长期经济增长率[35]，故市场潜力在区域经济发展中扮演重要角色。如果周边地区的治理质量较低，则市场潜力往往较小、发展机会较少，其对本地区经济增长的间接效应为负数；如果周边地区的治理质量较高，则市场潜力往往较大、发展机会较多，其对本地区经济增长的间接效应为正数。

首先，如果周边地区的治理质量较低，这会限制本地区的市场潜力和发展机会[134]，从而会对本地区的经济增长带来负面影响，即差的邻居存在负外部性。一般而言，治理质量低的周边地区往往意味着较低的贸易开放度[118]298-299、较低的经济发展水平、较低的需求水平和狭小的市场规模，且往往面临财政吃紧、基础设施不完善、市场经济落后和法治环境欠佳等问题，这些不仅会阻碍跨地区重大基础设施的顺利开展，延缓地区间专业化分工和区域经济一体化，限制本地区与周边地区的贸易活动，也会阻碍本地区（比如内陆地区）借助周边地区的交通设施接触海外市场，影响本地区的对外开放进程和开放水平，以及本地区与其他经济体的贸易规模，从而限制本地区的市场潜力，阻碍本地区提高产业专业化水平、规模经济水平，最终对本地区的产业升级和经济发展带来一定负面影响。在治理质量的高值孤立点和低值集聚中心，这种负面作用更为严重，因为周边都是治理质量较低的地区。

其次，如果周边地区的治理质量较高，这会扩大本地区的市场潜力，从而促进本地区的经济增长，即好的邻居存在正外部性。具体来说，高水平的治理往往意味着较高的贸易开放度、较高的经济发展水平、较高的需求水平和较大的市场规模，且往往拥有财政充裕、基础设施完善、市场经济发达和法治环境优良等优势，这些不仅会推动跨地区重大基础设施的顺利开展，加快地区间专业化分工和区域经济一体化，促进本地区与周边地区的贸易活动，也会促进本地区（比如内陆地区）借助周边地区的交通设施接触其他市场，提升本地区的对外开放水平，扩大本地区与类似地区、其他经济体的贸易规模[118]298-299，从而扩大本地区的市场潜力，有助于本地区提高产业专业化水平和规模经济水平，最终对本地区的产业升级和经济发展带来一定积极作用。在治理质量的高值集聚中心和低值孤立点，这种积极作用更加显著，因为周边都是治理质量较高的地区。

2.4.3.4 反馈效应

需要指出的是，除了区域间溢出效应，一个地区的经济发展也受到区域间反馈效应的影响[135]，即空间溢出效应是双向的，治理质量也是如此。从地方治理的视角来看，当本地区的经济增长受到周边地区的治理质量的影响时，本地区的治理质量也会影响周边地区的经济增长。具体来说，通过空间扩散效应（竞争效应、学习效应和倒逼效应），本地区的治理创新也会影响周边地区的治理改善，进而促进或阻碍周边地区的经济增长；通过直接空间效应，本地区的治理质量也会影响要素资源流动和空间布局，从而给周边地区的经济增长带来积极作用或消极作用；通过间接空间效应，本地区的治理质量也会影响周边地区的市场潜力，从而给周边地区的经济增长产生正向或负向冲击。

2.5　本章小结

本章以"诺斯悖论"为起点，探讨了中国省域环境下的"权力悖论"，分析了中国省域治理的主要特征，归纳总结了中国省域治理概念的外延，并从权力悖论、时间跨度、空间溢出三个维度入手，系统分析治理质量影响中国省域经济增长的作用机理，主要结论如下。

第一，改革开放以来，在中国省域经济增长过程中，普遍存在"权力悖论"现象。中国省域治理的主要特征包括：推动横向分权，优化治理结构；构建合作伙伴，改善治理关系；强化权力约束，提高法治水平。因此，从地方治理的视角入手，可以归纳出中国省域治理的外延特征：强政府、市场化、法治化。

第二，关于治理质量对中国省域经济增长的综合影响，可以从空间和时间两个维度来理解：从空间维度来看，治理质量不仅会通过影响权力的"扶持之手"和"掠夺之手"，进而影响本地区的经济增长；也会通过空间扩散效应、直接空间效应和间接空间效应，进而影响周边地区的经济增长。从时间维度来看，治理质量不仅会通过影响交易成本、资源配置效率和资源集聚水平，从而直接影响短期经济增长；也会通过影响技术进步、创新能力和产业升级，从而间接影响长期经济增长方式转型。

第3章 中国省域治理质量评估的指标体系与实证研究

3.1 评估体系构建

3.1.1 基本原则

本书评估中国省域治理质量，主要遵循以下五个基本原则。

第一，一般化原则。作为全球治理研究的重要组成部分，中国治理研究势必与其他国家治理研究存在一定共性，治理的内涵必然会体现人类共同的文明成果。类似的，作为治理质量评估研究的一部分，中国省域治理质量评估自然与国内外治理质量评估存在某些共性，评估的内容不会超出现有文献对治理内涵的界定，会体现国内外治理质量评估的最新趋势，比如：强政府、多个维度等。

第二，特殊化原则。治理概念的演进历史表明，治理的定义是存在特定指向性的，是为了描述具体实践而专门设定的。每个国家的政治制度、文化背景、历史沿革、宗教传统等方面都是不同的，因此对于治理内涵的实际理解，每个国家的侧重点都存在一定差异，中国省域治理质量评估就要充分体现本国的特色，不能照搬国外的所谓先进经验而迷失自我。

第三，理论化原则。治理质量评估应该在一定的理论指导下开展，而自从 1989 年世界银行首次使用“治理危机”（crisis in governance）一词以来，有关治理概念、治理质量的测度理论与实证的文献纷纷涌现，治理质量评估的理论基础已然比较雄厚。基于此，对于中国省域治理质量的评估，其每个评估内容和指标的选择上，都必须且可以建立在一定的理论基础之上[136]。

第四，客观化原则。正如前面第二条原则所指出的，治理是一个仁者见仁的概念，即便是业内专业人士，也会对同一概念存在理解分歧，更不用说一般的普通公民。因此，如果在评估指标的选择上采用主观指标，则采用调查问卷方式获得的信息，很可能因为受访者认知上的偏差而造成调查结果的无效。此外，本书采用中国省域面板数据（2001—2016），通过调查问卷获得主观指标的可行性较低。因此，本书全部选用客观指标，采用国家统计局、省市统计局的权威数据。

第五，操作化原则。治理是一个内涵十分丰富的概念，可评估的内容比较多，为了便于开展实际评估工作，本书只关注中国省域治理质量的关键特征。同时，治理质量的实际评估涉及大量数据搜集工作，在满足有关计量模型对样本数量的基本要求及确保研究结果有效性的的前提下，本书充分考虑数据的可得性及时间、资金等成本约束，高度重视研究工作的可操作性。

3.1.2 评估内容

依据前文论及的“权力悖论”的核心思想，本书既承认权力的“扶持之手”假说，也承认权力的“掠夺之手”假说。在中国省域经济增长实践中，要实现中国省域的良好治理，就要有效缓解“权力悖论”现象，即不仅要积极强化政府公权力和市场私权力的“扶持之手”，也要大力抑制政府公权力和市场私权力的“掠夺之手”，从而形成良好的激励约束机制。具体来说，一方面，要强化权力的“扶持之手”，就要提升权力行使主体的能力，不仅要提升政府公权力服务经济发展的能力，也要提升市场私权力优化资源配置的能力，还要为政府能力和市场能力的不断增强提供制度保障。另一方面，要抑制权力的“掠夺之手”，不仅要优化权力在政府、市场之间的横向配置，合理界定和调整政府、市场的边界，也要加强对公权力、私权力的有效约束，确保把权力关进笼子里。因此，结合中国省域治理概念的核心内涵（强政府、市场化、法治化），本书提出中国省域治理质量评估的三大主要内容：政府能力、市场能力、法治水平。其中，政府能力、市场能力不仅体现了行使权力的能力，也体现了权力的横向配置；法治水平不仅体现了对权力行使行为的有效约束，也体现了对权力行使能力的充分强化（见图 3-1）。

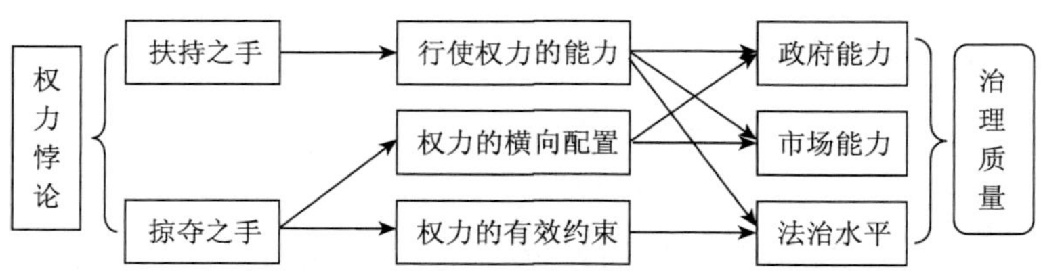

图 3-1　中国省域治理质量的评估框架

1. 政府能力

政府能力①也称政府治理能力②，由于专业背景和研究目的的差异，国内外学者对政府能力的概念界定也不尽相同，且始终没有一个统一的说法，主要观点包括：行政主体论、环境适应论、政府政策论、政府绩效论、资源获取论和政府职能论[137]。其中，行政主体论把政府能力界定为政府内化的某种特征，代表人物如 Gargan（1981）[138]；环境适应论强调政府对环境的反应及适应能力，代表人物如周平（2002）[139]；政府政策论把政府能力定义为政府制定和执行政策的能力，代表人物如 Honaldle（1981）[140]；政府绩效论认为政府能力是在实现目标过程中产生的结果与绩效，代表人物如刘世军（1997）[141]；资源获取论强调政府汲取资源的能力，代表人物如 Fukuyama（2013）[68]；政府职能论把政府能力界定为政府实现其职能目标而必备的本领，代表人物如施雪华（1996）[142]。理论与实践均表明，国家（地区）经济发展依赖于政府能力[143]，借鉴施雪华（1996）的政府职能论[142]、Fukuyama（2013）的资源获取论[68]和刘世军（1997）的政府绩效论[141]，结合本书的实际研究内容，围绕政府提供公共产品、服务经济增长的经济职能，本书认为

① 联合国可持续发展项目组（United Nations Development Programme，UNDP）定义能力为："组织或个体有效地、持续地和高效地执行其既定职能的本领"。

② 2013 年 11 月 12 日，党的十八届三中全会提到"推进国家治理体系和治理能力现代化"，这是"治理能力"首次在党的重大文件中被明确提出。2013 年 12 月 31 日，在党的十八届三中全会第二次全体会议上，习近平总书记发表了题为《切实把思想统一到党的十八届三中全会精神上来》的讲话，首次全面界定了"国家治理能力"的基本内涵，即国家治理能力是运用国家制度管理社会各方面事务的能力，包括改革发展稳定、内政外交国防、治党治国治军等各个方面。薛澜等（2015）认为，国家治理能力，是指国家通过制定、执行规则和提供服务而与社会实现"双赢"的能力，本质上是国家拥有的治理资源及对其进行合理配置和有效使用的能力。

政府能力从行使公权力的能力角度入手，描述政府机制在提供公共产品、服务经济增长中的作用，揭示治理质量中的政府角色与功能。

政府能力作为治理质量测度的重要内容，得到了国内外研究成果的充分肯定。Fukuyama（2013）最早正式提出从能力视角对治理质量进行测度，且推崇“强有力的政府”，认为政府的治理能力主要体现在：汲取能力、官员的教育水平和专业化水平；显然，他侧重政府（或官僚、国家）的治理能力，推崇迈克尔·曼的国家“基础权力”[68]，隐含了“扶持之手”的假设前提。从治理质量的实证文献来看，诸多国内外学者虽然没有像福山那样正式提出政府能力，但他们的治理评估内容也涉及了政府能力的某些方面，比如 Kaufmann（2011）的四个 WGI 分项指数强调国家能力（state capacity）：政府效能、监管质量、政治稳定性与无暴力、腐败控制[77]，马得勇（2013）强调“政策执行力”[53]，田国强（2018）强调政府的有能（政府执行力）、有效（行政效率）[103]。

2. 市场能力

市场能力也称市场治理能力或市场化水平，市场化贯穿中国改革开放 40 年，在中国经济增长实践中一直扮演着重要角色。樊纲等（2003）把市场化定义为“从计划经济向市场经济过渡的体制安排、一系列经济、社会、法律制度的变革”，换句话说，市场化意味着一系列的大规模制度变迁。需要指出的是，市场化是一个中国特色的概念[144]，国外学者更多使用经济自由度，但二者的本质是一致的，都描述了政府向市场的分权程度，体现了权力的横向配置。截至目前，关于市场化的内涵，国内外学者存在两类主要观点：一是指中国、东欧等转轨经济体，从计划经济向市场经济转型，逐步放弃或减少对各种产成品和投入要素的各项管制；二是指市场机制在资源配置中逐步发挥更大的作用。其中，前者属于转轨层面的市场化，后者属于发展层面的市场化。显而易见，无论是发展视角，还是转轨视角，市场化都意味着市场机制在资源配置中的作用不断增强，即市场能力（市场治理能力）逐步提高。从理论和实践都可以发现，在推动中国地方经济增长中，市场机制负责各类资源的优化配置，为了更好地履行这一职责，市场机制需要具备一定能力，本书把这种能力称为市场能力，也称市场治理能力或市场化水平。因此，结合中国经济体制改革的伟大实践，本书认为市场能力应从行使私权力的能力角度入手，描述市场机制在资源配置中的作用，揭示治理质量中的市场角色与功能。

市场化水平也是治理质量的重要测度内容，因为在中国地方经济治理实践中，市场化始终是经济体制改革的一项重要内容。事实上，无论是从国内外有关治理的文献来看，还是从国内外地方治理的实践来看，随着市场机制逐步参与治理活动，治理主体从政府机构扩展到企业集团，所以治理能力不仅包括政府维度的治理能力，也包括市场维度的治理能力。从国外学者和机构来看，构建经济自由度指数成为早期开展治理评估研究的重要做法，比如加拿大弗雷泽研究所（Fraser Institute）编制的世界经济自由度指数（economic freedom of the world index，EFW）、美国传统基金会发布的经济自由度指数、自由之家的自由指数。从国内学者和机构来看，构建市场化指数主要分为两类：一是全国角度的市场化进程研究，典型代表是北京师范大学团队测算的中国市场化指数（1978—2008）[145]；二是分区域角度的市场化进程研究，典型代表是樊纲等（2011）[79]的中国省域市场化指数（1997—2009）、王小鲁等（2017）[80]的中国分省份市场化指数（2008—2014）。

3. 法治水平

亚里士多德最早提出了法治概念的经典论述——“已成立的法律获得普遍的服从，而大家服从的法律又本身是制定的良好法律”[146]，该定义包含两层意思：一是法律是良法、善法，二是法律得到广泛遵守[147]。言外之意，法律不仅要制定良好，还要具有“改善民众生活”的能力，从而获得真正意义上的服从和权威[148]。目前，对法治至少有两种根本性不同的理解：“一种把法治看作实现国家秩序或社会治安的治理手段，另一种认为法治的核心内容是基于保障个人自由和权利的需要而对国家权力施加必要限制”[149]。虽然如上两种理解差别较大，但都是从不同视角对法治实践的一种描述。事实上，真正意义上的法治，不仅注重规范权力的行使，也注重保护权利的实现[150]。对于当下的中国而言，法律的实施比法律的制定更重要，特别是对中国各个省级地区而言，执法水平的差异性更能体现各地区的法治水平的差异性，因为各省级地区都是执行统一的国家法律体系。综上所述，结合中国法治建设的发展阶段及本书研究工作的实际内容，本书认为法治水平应从执法权力的有效行使和不同权利的充分实现入手，描述执法机构创造的法治环境质量、社会公众的法治意识和法治精神，以及促进不同权利实现的法治资源和法治条件，揭示治理质量中的法治角色与功能。

法治水平也是治理质量的重要测度内容，因为全面依法治国是国家治理的深刻革命[151]，一流的法治是治理现代化的重要内容，良好的治理离不开良好的法治，没有法律作为制度保障的治理，不是良好的治理[152]。从现有实证文献来看，众多学者和机构都把法治水平纳入治理质量的实际评估，比如 WGI 指数关注国别治理质量评估，法治水平是其关注的六大评估内容之一[73]；姜扬等（2017）借鉴 WGI 指数的思路，把法治水平纳入了中国省域政府的治理质量评估[83]。党的十八大以来，法治作为国家治理、地方治理的重要手段，越来越多地得到社会各界的普遍认可[153,154]。

3.1.3　指标体系

依据如上主要评估内容，在理论分析的基础上，借鉴现有国内外研究成果，结合中国的具体实践，考虑到数据可得性、有效性，本书提出中国省域治理质量的评估指标体系，包括三个二级指标、14 个三级指标。本书所建立的中国省域治理质量评价指标体系为三级指标体系，其中，一级指标为内生的抽象概念，即中国省域治理质量综合指数 G 为内生潜变量；二级指标包括政府能力分项指数 G_1、市场能力分项指数 G_2、法治水平分项指数 G_3，均为外生的抽象概念，即为外生潜变量；三级指标均为观测指标，属于外生显变量，主要包括如下指标：财力资源 X_1、基础设施 X_2、补贴创新 X_3、教育事业 X_4、医疗卫生 X_5、非国有就业 X_6、非国有投资 X_7、技术市场 X_8、非国有产出 X_9、外商投资 X_{10}、律师人才 X_{11}、诉讼业务 X_{12}、律师事务所 X_{13}、知识产权保护 X_{14}，具体内容如下。

1. 政府能力指标

在 Fukuyama（2013）看来，政府能力意味着资源，及官僚机构的专业化程度，故能力测度指标主要包括两个方面：第一，最常用的是汲取能力，主要表现为征税水平；第二，政府官员教育水平和专业化水平[68]。然而，福山的观点属于“治理投入”，除此之外，也要重视“治理产出”，因为一定的税收水平并不必然会转化为税收的有效使用，最终还是要看政府提供的医疗卫生等公共服务，这有助于理解政府是如何履行职责的[71]。林毅夫（2014）认为，在产业升级、经济增长过程中，政府的职责仅限于补偿创新外部性、完善基础设施和协调教育发展等公共服务领域[91]。韩秀丽（2015）根据中国现行制度结构所隐含的基本激励机制，认为可以从三个方面来衡量政府能力，即集体服务能力（体现在基本公共服务水平）、生产支持能力（体现在公共基础设施水平）、财政收入能力（体现在政府财政收入水平）[155]，形成了“治理投入+治理产出”的二维视角。

综上所述，在充分借鉴现有文献指标筛选思路的基础上，本研究兼顾“治理投入”与“治理产出”两个视角，考虑到数据可得性，总共选取五个指标：财力资源、补贴创新、教育事业、基础设施和医疗卫生（见表 3-1）。其中，财力资源、补贴创新和教育事业三个指标属于治理投入视角，基础设施和医疗卫生两个指标属于治理产出视角，各个指标的具体功能、科学依据和主要局限性具体如下。

第一，财力资源指标。财力资源是衡量政府能力的首要指标，因为无论财力资源如何获得，都需要政府能力[156-158]；此外，财力资源还可以为政府履行职责提供物质保障，从而影响政府能力，故财力资源指标不仅体现了政府拥有的资源规模，也体现了政府的能力。需要指出的是，财力资源一定程度上是区域经济增长的结果，即财力资源受到经济增长的影响；同时，作为衡量政府能力的重要指标，财力资源也会影响经济增长，二者之间存在双向因果关系，其他治理指标也存在类似的情况。关于财力资源指标选取，Fukuyama（2013）推崇“征税水平”，认为不仅能用税收占 GDP 的比重衡量，还能用税收的属性（所得税、财产税、间接税的征收难度不同）来测度[68]。考虑到中国公有制为主体的基本经济制度，省级地区都拥有一些国有资源（资产）和国有资本，单纯税收收入无法全面描述省级政府的财力资源；而地方公共财政预算收入不仅涵盖了税收收入，也涵盖了国有资本经营收入等非税收入，故属于一个比较合适的财力资源指标。此外，公共财政取之于民、用之于民，为了保证不同地区之间的可比性，本书采用地区常住人口规模来调节，财力资源指标采用“地方公共财政预算收入①/常住人口”替代。需要指出的是，财力资源与政府能力之间的关系并不是简单的线性正相关关系，不能离开特定的历史条件和市场化发展阶段，简单说就是“财力资源越雄厚，政府能力就越强”。如果政府征税过高，或对非国有经济进行国有化，大大超过了政府履行职责所需财力资源，或阻碍了市场化改革进程，会造成资源配置效率低下，从而给经济增长带来负面影响。但在本研究时段内，财力资源与政府能力之间的正向关系还普遍存在，故本书选用该指标近似反映政府能力还是可行的。未来，在数据许可或情况变化时，需要对该指标进行调整。

第二，补贴创新指标。在地区经济增长中，往往需要一些先驱企业发挥创新先锋的角色，但创新活动不仅具有较高的风险，也具有显著的正向外部性，这就需要政府给予一定的创新补贴，故补贴创新指标反映了政府激励创新、补偿正外部性的职责履行情况。从现有文献来看[159-162]，学者们主要采用“各地区大中型企业科技经费筹集中来自政府的资金”“R&D 内部经费支出中政府资金的占比”“政府补贴与营业收入比重”“企业政府补贴收入/企业销售额”。但是，创新企业不是仅限于大中型企业，创新活动也不是仅限于R&D，而是涉及所有企业、所有环节的创新活动，故本书采用“科技经费中的政府资金”。同时，创新活动是资金与人的高效结合，本应该采用地区科技人员数量调节，但无法获得该指标的 2001—2016 年间的数据，考虑到数据的可比性，本书采用地区常住人口规模调节，最终的补贴创新指标采用“科技经费中的政府资金/常住人口”替代。一般而言，北京、上海等经济发达地区更多依赖创新驱动，科技人员占常住人口比重往往较高，而河南、江西等经济欠发达地区更多依赖要素驱动，科技人员比重往往较低，故相对于欠发达地区而言，该补贴创新指标可能会造成发达地区被高估。如果未来科技人员规模数据可以获取，则应考虑采用科技人员数量进行调节。

第三，教育事业指标。地区经济的长期、稳定增长需要各个行业的高效配合，教育领域关系到劳动力的多元供给和人力资本的有效积累，故协调教

① 地方公共财政预算收入也称一般预算收入，主要包括：税收收入、非税收收入。其中，非税收收入包括：国有资本经营收入、国有资源（资产）有偿使用收入、专项收入、行政性事业收费收入、罚没收入、其他收入。

育事业发展成为地方政府公共服务职责的重要内容。从国内外研究成果来看，反映各省份教育事业发展水平的指标主要包括[163,164]：人均教育经费、人均受教育年限、教育经费占地区 GDP 的比例、政府或非政府教育投入增长率。对中国各个省份而言，人口流动比较频繁，“人均教育年限”难以剔除外地政府的教育投入，“教育投入增长率”受到基数影响较大，“教育经费占地区 GDP 的比例”受地区经济规模影响，而“人均教育经费”很好地体现了教育经费对人的投入强度，且兼顾数据的可比性，故本书采用“财政支出中的教育经费/常住人口”替代。需要指出的是，该教育事业指标属于财力投入视角，但教育事业发展不仅要看财力资源投入水平，也要看人力资源投入水平；不仅要看资源投入水平，也要看实际产出水平。同时，该指标更多是一个流量概念。事实上，不仅教育事业的当年财力投入贡献于经济增长，以前的存量财力投入也会通过转化为人力资本等方式在经济增长中发挥重要作用。如果以后有更好的数据可以获得，则可以考虑存量层面的实际产出水平。

第四，基础设施指标。政府能力不仅意味着强大的财力资源掌控能力，也意味着履行公共服务等职责的实际结果[71]，比如基础设施发展水平。从交通基础设施方面来看，在省级及以上地理范围层面，现有文献采用路网密度来度量，主要指标包括[33,146-168]：每平方公里公路和铁路里程数总和、每平方公里标准公路①里程数、每万人标准公路②里程。考虑到基础设施指标测度本地区物流成本、交易成本的高低，中国部分省级地区（比如湖北、江苏、广东等）河流众多、河网密集，内河航道在促进地区经济增长中发挥重要作用，故本书同时关注公路、铁路和水路里程。同时，地区物流成本、交易成本与区域面积密切相关，单位土地面积的重大交通基础设施网络越密集，地区物流成本和交易成本就越低，经济发展水平往往就越高，故本研究剔除土地面

---

① 由于公路、铁路和水路的运输能力是不一样的，有必要将铁路和水路的公里数转化成相应的标准公路里程数，转化比率为 1∶4.27∶1.06（姚树洁和韦开蕾，2007；代中强，2014；李锴和齐绍洲，2016），采用“本省区公路、铁路和水路里程之和/本省区面积”来衡量该省区的基础设施水平（李锴和齐绍洲，2016）。

② 为使数据可比，根据运输能力把不同等级的公路里程分别折算为相当于二级公路的标准公路里程，并以 14.7 的换算系数将铁路里程与标准公路里程合并为标准道路里程，然后计算后者与人口的比率（樊纲、王小鲁、马光荣，2011；彭宜钟、童健、吴敏，2014）。

积对交通里程的影响，选用“标准公路里程/地区面积”替代。但是，该指标难以剔除地形地貌和纬度气候等因素的影响，因为平原地带的交通基础设施建设成本低于山区地带，淮河以南的河流通航期长于淮河以北的河流。此外，沿海地区都有近海航道，由于数据和方法匮乏，本书没有纳入海运里程，如果以后数据允许的话，应该对沿海地区的交通基础设施数据进行调整。

第五，医疗卫生指标。医疗卫生事业也是经济增长的重要支撑，因为医疗卫生水平关系到劳动力和人力资本的潜能释放，会直接影响劳动生产率和经济产出，故协调医疗卫生事业发展也是地方政府公共服务职责的重要内容。从现有文献来看，衡量医疗卫生服务的主要指标包括[169-174]：每千（或每万）人口的卫生技术人员数、每千人口的执业医师数、每千人口的注册护士数、每千（或每万）人口的医疗卫生机构床位数、人均卫生医生数、人均卫生机构数。其中，人均卫生机构数、人均卫生医生数、每千人口的执业医师、每千人口的注册护士、每千人口医疗卫生机构床位数都只是描述医疗卫生服务的一个方面，无法体现医疗卫生的整体水平。而卫生技术人员包括执业医师和注册护士，与居民的关系更加紧密，考虑到数据的代表性、可比性，本书采用“卫生技术人员数/常住人口”替代。然而，执业医师和注册护士对医疗卫生事业发展的意义是不同的，该指标没有对此进行有效区分；此外，卫生技术人员规模仅体现了医疗卫生事业发展的一个方面，为了全面描述医疗卫生事业发展的整体情况，还需要考虑医疗卫生床位数、机构数等方面。未来，如果有学者开发出相应的医疗卫生综合指数，则可以考虑调整该指标。

2. 市场能力指标

在中国省域市场化定量研究方面，比较典型的是樊纲等（2011）[79]、王小鲁等（2017）[80]构建的中国分省份市场化指数。其中，樊纲等（2011）[79]从市场体系建设的视角入手，构建了中国各省级地区市场化的指标体系，总共涵盖了市场化的 5 个方面①、23 个指标，并采用算术平均法得到了中国分省份市场化指数（1997—2009）。在此基础上，王小鲁等（2017）[80]考虑到数

① 市场化的 5 个方面：政府与市场的关系、非国有经济的发展、产品市场的发育程度、要素市场的发育程度、市场中介组织发育和法律制度环境。

据的可得性和有效性，删除了5个细分指标，对剩余的18个指标进行分析，采用算术平均法得到新的中国分省份市场化指数（2008—2014），但与前一个指数不可比。因此，基于特定研究时段的实际需要，一些学者尝试重新构建中国分省份市场化指数，比如顾雪松和韩立岩（2018）将政府对市场的干预程度和非国有经济比重作为市场化的衡量指标，采用主成分分析法把5个细分指标合成市场化指数（2003—2012）[175]。然而，需要指出的是，市场体系的内涵十分丰富，很多指标难以定量化，市场化指数也无法解决这个难题。

在地方经济增长过程中，市场机制主要负责劳动力、资本、技术等要素资源的优化配置[91]。考虑到中国转轨经济的实际情况，国有企业从计划经济向市场经济逐步转型，其资源配置水平处于逐渐上升过程之中，而私营企业等非国有经济一开始就按照市场规则运作、资源配置水平高，故非国有经济的发展水平就在某种程度上反映了市场化水平。同时，为了提高技术要素的优化配置水平，各个地区的技术市场逐步建立和完善，技术市场交易额不断扩大，故技术市场交易水平从技术资源配置视角体现了市场化水平。此外，随着中国市场化改革的逐步推进，对外开放水平得到持续提升，参与全球大市场的范围不断扩大，劳动力等要素成本的比较优势得以彰显，资源配置水平得到进一步提高，从而吸引外商直接投资持续流入，故外商投资也在一定程度上刻画了市场化水平。基于此，考虑到数据的有效性和可得性，本书选用5个市场化指标：非国有产出、非国有就业、非国有投资、技术市场和外商投资（见表3-1），各个指标的具体功能、科学依据和主要局限性具体如下。

第一，非国有产出指标。非国有产出指标是从产出角度来衡量非国有经济发展水平，这是描述地区市场化进程和水平的常用指标。有的文献采用非国有部门的相对经济产出指标[79,80,85,176,177]，比如非公有工业企业工业产值占比、非国有企业在经济中的比重；有的采用国有部门的相对经济产出指标[178]，比如规模以上国有工业产值与规模以上工业产值之比。显然，现有指标都存在一个倾向，即假定国有经济完全是非市场化的，这种假定在改革开放初期基本合理，但随着改革开放进程的不断深化，该假定的局限性就逐步凸显出来；特别是2001年中国加入WTO以来，随着中国市场化改革的加速推进，国有企业逐步建立现代企业制度，这种局限性就进一步放大。由于无法准确描述国有经济的市场化水平，故本书借鉴现有研究成果，考虑到数据的可比性和可得性，只关注工业中非国有经济的产出水平。此外，经济活动都是在特定的地理范围内展开，土地面积的大小或多或少影响着地区经济规模，故本书采用各个省级地区的土地面积进行调整，最终采用“非国有工业总产值/地区面积”替代。然而，按照全国主体功能区的规划，限制开发区域和禁止开发区域涉及基本农田、生态保护区和自然保护区等土地类型，其资源环境承载能力低于重点开发区域和优先开发区域。因此，如果数据和方法允许，未来研究应该更精确一些，扣减相关类型的土地面积，采用有效土地面积进行调节。此外，非国有产出不仅包括非国有工业产出，也包括非国有农业和服务业产出，由于后者的数据可得性受限，本书仅采用非国有工业产出数据，如果未来数据允许，应予以调整。

第二，非国有就业指标。与如上指标的产出视角不同，非国有就业指标不仅从劳动力投入方面反映了非国有经济发展水平，也一定程度上体现了劳动力资源的优化配置水平，即从就业视角反映了市场化水平。从国内外研究成果来看，有的文献[179]采用“非国有经济单位职工占总就业人数的比重”“私营部门就业比重”，有的文献[79,80,85]采用“非国有经济就业人数占城镇总就业人数的比重”“国有单位职工占就业人数的比重”。显然，与前一个指标类似，现有研究成果也存在类似的误区，即假定国有企业的人员招聘完全是非市场化的；诚然，在国有企业人员招聘中，关系户往往在一定程度上存在，但越来越多的职员来自校园招聘和社会招聘，公开、透明的市场机制发挥着越来越重要的角色。由于无法准确描述国有企业人员招聘的市场化水平，本书借鉴现有研究成果，考虑到数据的可得性、可比性，只关注非国有经济机构的就业情况。此外，非国有经济机构的员工总是在一定空间范围内集聚，土地面积会影响吸纳人口的潜力和规模，故本书采用用各个省级地区的土地面积进行调整，最终采用“私营企业和个体从业人员数/地区面积”替代。类似地，对于各个省份的限制开发区域和禁止开发区域，未来研究应该考虑扣减该类型土地面积，采用有效土地面积进行调整；此外，由于数据可得性限制，本书仅采用私营企业和个体从业人员数，如果未来数据和方法允许，则可以考虑纳入外商独资企业从业人员数和股份制企业从业人员数等资料，以精确描述非国有就业人数。

第三，非国有投资指标。该指标不仅从资本投入方面反映了非国有经济发展水平，也一定程度上体现了资本资源的优化配置水平，即从投资视角反映了市场化水平。从现有实证研究成果来看，采用的指标主要包括[79,80,85,180-182]："非国有固定资产投资比重""资本配置效率""国有固定资产投资比重"等。显然，与前两个指标类似，现有部分研究成果也存在类似的误区，即，假定国有企业投资是完全非市场化的，这与国有企业市场主体地位逐步增强的趋势不相符。但由于无法准确描述国有企业投资的市场化水平，本书借鉴现有研究成果，考虑到数据的可得性、可比性，只关注非国有企业的投资情况。此外，非国有企业的投资是在特定地理范围内完成的，需要相应面积的土地资源作支撑，故本书采用各个省级地区的土地面积进行调整，采用"非国有经济固定资产投资/地区面积"指标。一方面，在限制开发区域和禁止开发区域，固定资产投资活动受到一定程度限制，其土地面积应在未来研究中予以适当扣减；另一方面，非国有投资不仅包括固定资产投资，也包括非固定资产投资，比如股权投资、债券投资和股票投资等类型，如果数据和方法允许，未来研究应纳入这些数据，以全面反映非国有投资实际状况。

第四，技术市场指标。除了劳动力、资本以外，技术也是一种非常重要的资源投入，在长期经济增长中发挥重要作用，技术市场的交易情况在某种程度上也可以描述市场化水平。樊纲等（2011）、王小鲁等（2017）、樊纲等（2003）采用"技术市场交易额/本地科技人员数"指标，以此来反映技术成果市场化[79,80,85]；但中国省域科技人员年度数据残缺不齐，在后续的年度研究中，他们采用"国有企事业单位的科技人员数"。然而，在广东等市场经济发达省份，大量科技人员往往集中在非国有企事业单位；而在吉林等市场经济落后省份，科技人员则集中在国有企业事业单位，所以"国有企事业单位的科技人员数"容易造成省域数据的不可比。考虑到数据的可比性、可得性，本书采用"技术市场交易额/常住人口"替代，以此体现技术要素的优化配置水平。需要指出的是，北京、上海等经济发达地区更多依赖创新驱动，科技人员数量占常住人口比重一般较高，而河南、江西等经济欠发达地区更多依赖要素驱动，科技人员规模所占比重较低，故相对于发达地区而言，该指标可能会造成欠发达地区被低估。未来，如果各省份科技人员规模数据可以获取，则应考虑用科技人员数量进行调整，以更好地反映技术市场发展水平。

第五，外商投资指标。对中国大陆而言，过去十几年来，吸引的外商直接投资基本都来自于发达国家和地区，这些地区市场经济发达、市场环境完善。外商直接投资一般都对市场环境比较敏感，故较低的外商直接投资就体现了较差的市场环境，也从某些方面反映了要素市场的发育程度较低[85]。樊纲等（2011）、王小鲁等（2017）、樊纲等（2003）提出，为了剔除经济发展水平（硬件环境）对吸引外商直接投资的作用，采用了地区外商及港澳台商投资与地区生产总值之比[79,80,85]。从中国各个省份地区生产总值的排名来看，2016 年后 10 名的省份①都是经济比较落后的地区，故樊纲等人的指标相对高估了落后地区的市场化水平；同时，该指标忽视了外资青睐中国丰富廉价土地，以及资本与土地组合参与实际生产的事实。故本书考虑到数据的可得性、可比性，采用“外商实际直接投资②/地区面积”替代，然而，地理区位优势差异也会带来地区对外商直接投资的吸引力差异，这是一个需要未来深入思考的议题[85]。而且，除了外商实际直接投资，外商投资还包括并购、设立外商投资企业和 BOT 等新方式，但因数据可得性限制，本书只考虑外商实际直接投资，如果以后数据允许，应纳入其他方式的外商投资。此外，在限制开发区域和禁止开发区域，外商投资活动受到某种程度约束，该类型土地面积应在未来研究中予以适当扣减，以精确反映有效地区面积。

3. 法治水平指标

法治水平的评估研究在中国兴起的历史仅仅十几年[183]，截至目前，学术界尚没有一种被广泛接受的法治水平测度指标，以及公开、权威的统计数据。按照法治评估视角的不同，现有文献可以分为三类：

第一类，关注公权力机构的立法或执法水平，侧重于立法或执法机构的

---

① 依次为：吉林、云南、山西、贵州、新疆、甘肃、海南、宁夏、青海、西藏。

② 外商实际直接投资，即外商及港澳台商实际直接投资。

权力行使，提供了法治供给侧的相关信息，体现了“自上而下”的思路。黄健梅（2010）从立法角度入手，将中国法律法规、管制项目存量作为法律变量[184]。但 Berkowitz 等（2003）发现，对于转型经济中的国家而言，法律的实施比法律条文更重要[185]。故卢峰和姚洋（2004）从执法角度入手，用经济案件结案率来替代中国省域法治水平[37]，然而，经济案件结案率指标只体现了法院的执行效率，没有体现法院的公平程度，且指标的缺失情况①十分严重[186]。此外，部分项目尝试构建法治综合指数，代表性项目有“浙江余杭法治指数”[187]、中国政法大学法治政府研究院[188]的“中国法治政府评估”②，以及四川、湖北等地的多个地方法治评估项目等。

第二类，关注社会公众的法治意识和法治精神，侧重于不同当事人的权利实现，提供了法治需求侧的鲜活信息，体现了“自下而上”的思路，也体现了“以人民为中心”的法治改革方向。皮天雷（2010）在地方司法水准的基础上，首次关注律师的工作水准，首次纳入一个新指标：万人律师数[189]。在此基础上，皮天雷（2010）研究中国省域经济转型中的法治水平（1995—2005），则纳入了另一个新指标：万人律师事务所数[190]。此外，姜扬等（2017）[83]、宋丽华（2017）[186]都关注中国省域法治水平，都选用两个指标：平均每万人中律师所数、平均每万人律师人数。同时，也有机构尝试构建法治综合指数，典型代表有中国政法大学法治政府研究院的“司法文明指数”[191]、中国人民大学法治评估中心的“中国法治评估”[192]等项目。

第三类，关注公权力机构的执法水平和社会公众的法治意识，侧重于执法权力的有效行使和不同权利的充分实现，提供了法治供给侧与法治需求侧的综合信息，体现了“自上而下+自下而上”的综合思路。樊纲等（2003）用三个方面、六个指标来描述中国省域法治水平[85]：一是对生产者合法权益的保护（市场秩序、执法效率），二是知识产权保护（专利申请受理量、专利

---

① 比如在中国各省公布的 2006 年、2008 年、2009 年、2012 年、2013 年的“结案率”指标中，有超过一半的省份数据缺失。

② 评估对象共计 100 个地方政府，包括 4 个直辖市、27 个省府所在地市、23 个国务院批准的较大市和 46 个其他城市。

申请批准量），三是消费者权益保护（消费市场秩序、对消费者保护的程度）。① 樊纲等（2011）在新报告中只保留了四个②指标[79]，陈克兢（2017）据此分析了法治水平对上市公司盈余管理的治理作用[193]。王小鲁等（2017）[80]则保留两个指标③，计算了省级地区的法治水平（2008—2014），但与樊纲等（2011）[79]的结果（1997—2009）不可比。此外，张德淼和李朝（2016）[194]提出了中国法治评估的八个维度④，但仅限于理论探讨。

综上所述，参照樊纲等（2011）[79]、王小鲁等（2017）[80]、姜扬等（2017）[83]、樊纲等（2003）[85]、张德淼和李朝（2016）[194]的做法，本书采用“自上而下+自下而上”的综合思路，不仅关注执法机构创造的法治环境、执法权力行使的实际效果，也关注个人和组织的法治意识和法治精神，以及支撑不同权利实现的法治条件和法治资源[150]。因为，法治省市的高效建设，不仅需要各省市有效执行统一的国家法律体系，也需要普通居民、各类机构具备良好的法治意识、法治精神，还需要支撑不同权利实现的法治条件和法治资源[195]。基于此，考虑到指标的有效性和数据的可得性，本书选用四个法治指标：律师人才、律师事务所、诉讼业务和知识产权保护（见表3-1）。其中，律师人才、律师事务所和诉讼业务三个指标描述个人和组织的法治意识和法治精神，关注法治在多大程度上为权利实现提供了可用资源和条件[150]，体现了“自下而上”的思路；知识产权保护指标则关注执法机构创造的良好法治环境，描述了执法权力行使的有效性[150]，体现了“自上而下”的思路，各个指标的具体功能、科学依据和主要局限性具体如下。

---

① 其中，市场秩序（经济案件发生数/GDP）、消费市场秩序（消费者投诉案件数/GDP）关注法治的需求侧，体现了“自下而上”的思路；其他指标关注法治的供给侧，体现了“自上而下”的思路。

② 一方面，对生产者合法权益的保护采用一个新指标——企业抽样调查所提供的各地企业对当地司法和行政执法机关公正执法和执法效率的评价；另一方面，消费者权益保护只保留消费市场秩序指标。

③ “对生产者合法权益的保护”更名为“维护市场的法制环境”，知识产权保护只保留“专利申请受理量”，剔除了“消费者权益保护”。

④ 中国法治评估的八个维度即民主与科学的立法、依法行政与法治政府、司法的公平正义、法律监督的完备与有效、权利依法保障、市场经济规范与有序、社会秩序和谐稳定、公众法治意识与法治信仰。

第一，律师人才指标。一般而言，按照服务对象和工作身份，律师分为社会律师、公司律师和公职律师。总体来说，在法治水平较高的国家或地区，个人和组织的法治意识和法治精神比较强，善于运用法律武器来捍卫自身的合法权益，且确保依法经营、依法管理、依法行政，从而对律师人才的需求就比较大，比如美国万人律师拥有量是 37 人，而中国仅为 2. 17 人。此外，对于中国这样一个拥有较长人治传统的国家来说，法治化建设是一个渐进的长期的复杂过程。按照党的十九大报告提出的，到 2035 年，法治国家、法治政府、法治社会基本建成。故在现阶段的中国，如果一个省份的律师人才较多，一定程度上就体现了当地民众和机构的法治需求较强，体现了民众和机构的法治意识和法治精神较强[189]，体现了促进不同权利实现的法律专才资源比较充分，也就一定程度上反映了当地的法治水平较高。因此，借鉴皮天雷（2010）[189]、宋丽华（2017）[186]、姜扬等（2017）[83]的做法，考虑到数据的可比性，本书采用律师人才数量指标；同时，在人口规模大的地区，对律师人才的需求往往也比较大，为了剔除当地人口规模的影响，本书采用“律师人数/常住人口”替代。需要指出的是，法治水平不仅与律师的数量有关，也与律师队伍的质量（专业化水平）有关；但本书无法获得有关律师质量的有关数据，故律师人才指标只考虑了律师的数量，忽略了律师的专业化水平。未来，如果有进一步数据支撑，则可以从数量和质量两个维度进行考察，以精确反映律师队伍的实际发展水平。

第二，律师事务所指标。在中国大陆，律师提供法律专业服务，大部分以律师事务所的形式开展业务，涉及的细分专业领域较多。此外，同一类业务分布在不同地区和城市，考虑到律师个人精力和时间的约束，单个律师事务所难以覆盖全国所有业务，这给熟悉当地情况的律师事务所提供了生存空间；同时，即使在本省范围内，由于术业有专攻，以及市场比较庞大，单个事务所难以垄断所有市场，往往形成多个事务所竞争的良好局面，从而推动了不同规模、不同特色的律师事务所迅速成长。因此，在中国各个省级地区，如果律师事务所的数量较多，则某种程度上体现了民众和机构的法治意识和法治精神启蒙较早[190]，体现了有助于权利实现的法律专业支持机构资源较充分，也就一定程度上反映了当地的法治水平较高。因此，借鉴皮天雷

(2010)[190]、宋丽华（2017）[186]和姜扬等（2017）[83]的指标选取思路，本书采用律师事务所数量指标；同时，在人口规模大的省级地区，对律师事务所的需求往往也较大，为了剔除人口规模的影响，本书采用“律师事务所数/常住人口”替代。然而，律师事务所数量与法治水平之间并不是简单的线性正相关关系，在法治化发展的前期阶段，律师事务所从无到有、数量从少变多，单个律师事务所人数普遍不多、以小型化为主（比如中国平均每个律师事务所仅有约 10 人），律师事务所数量会随着法治化进程持续增加；但在法治化发展的后期，律师事务所可能逐渐走向大型化、超大型化（比如美国最大的律师事务所仅律师就有 2000 多个），律师事务所数量不一定会随着法治化水平提高而继续增加。当然，在目前阶段的中国，采用律师事务所数量指标还是基本可以的，但未来随着中国法治化水平的稳步提升，该阶段性指标就需要适时进行调整。

第三，诉讼业务指标。如上指标分别从律师人数、律师事务所数量角度来描述民众和机构的法治意识和法治精神，诉讼业务指标则是从业务数量角度来刻画民众和机构的法治意识和法治精神。因为中国经历了长期的人治文化熏陶，在法治建设的初期，民众和机构的法治意识和法治精神不强，诉讼意愿和诉讼能力往往也不强，则造成诉讼案件数量偏低的假象。而随着中国法治建设的逐步深入，民众和机构的法治意识和法治精神的提高，以前被隐藏的诉讼问题会逐步暴露出来，会造成诉讼案件数量在一定时期内逐步增加。从现有实证研究成果来看，樊纲等（2003）[85]、卢峰和姚洋（2004）[37]都只关注经济案件。在本书看来，法治水平不仅涉及到市场主体之间的经济纠纷，也涉及非经济类纠纷；特别是行政诉讼案件，其更能体现中国法治建设的伟大进步。故本书不仅考虑经济诉讼案件，也考虑行政案件、刑事案件等内容。因此，借鉴现有实证文献的做法，本书采用诉讼代理件数指标；同时，在人口规模大的省级地区，各类诉讼代理业务的数量往往较多，为了剔除人口规模的影响，本书用“诉讼代理件数①/常住人口”替代。但是，诉讼业务数与法治水平之间并不是简单的线性正相关关系，在中国从传统人治社会向现代

① 诉讼代理件数=刑事诉讼件数+民事诉讼件数+行政诉讼件数+经济诉讼件数。

法治社会转型过程中，由于法律法规体系不够健全，且相对于履行遵守法律的职责，民众和机构更愿意关注自身利益的保护，故法治化水平的提升更多体现在民众和机构利用法律武器来维护自身权利和利益；由于民众的法治意识和诉讼能力是一个逐步增强的渐进过程，因而在一定时期内，诉讼业务数会随着法治水平的提升而增加。但是，当现代法治社会转型基本成功以后，由于法律法规体系比较完善，且全社会的法治精神和诉讼能力普遍提升，迫使民众和机构更多关注履行遵守法律的职责，懂法、守法的良好社会风气基本形成，诉讼业务数量不一定会随着法治水平提升而增加。当然，在目前的中国，诉讼业务数与法治水平之间尚存在正相关关系，故该指标还是基本可行的。未来，当中国的法治社会、法治国家建设达到一个新的高度，则需要适时对该阶段性指标进行调整。

第四，知识产权保护指标。如上三个指标描述了民众和机构的法治意识和法治精神，关注不同权利的实现状况，以及促进权利实现的法治资源，体现了“自下而上”的思路。知识产权保护指标则描述执法机构创造的良好法治环境，关注执法权力的行使情况，体现了“自上而下”的思路。保护知识产权是保障技术进步和创新的重要条件[85]，一个地区拥有良好的知识产权保护环境，就会给科技人员和科技企业良好的预期，这容易吸引科技人员和科技企业集聚，也会激励科技人员和科技企业加大科技创新投入，从而带来更多的专利申请活动，故专利申请数量体现了一个地区的知识产权保护环境质量，也从一定视角上反映了该地区的法治水平。因此，借鉴樊纲等（2011）[79]、王小鲁等（2017）[80]、樊纲等（2003）[85]和陈克兢（2017）[193]的做法，本书采用专利申请数量指标，剔除了专利批准数量指标，因为专利批准数量还会受到其他因素的影响。同时，在科技人员多的地区，专利申请数量往往较多，本应该剔除科技人员数量的影响，但无法获得该指标的2001—2016年的数据，本书采用“专利申请量/常住人口”替代。事实上，上海等经济发达地区更多依赖创新驱动，科技人员数量占常住人口比重普遍较高，而江西等经济欠发达地区更多依赖要素驱动，科技人员规模所占比重往往较低，故相对于欠发达地区而言，该指标可能会造成发达地区被高估。未来，如果各省份科技人员规模数据可以获取，则应考虑用科技人员数量进行调整，以精确反映各地知识产权保护水平。

表 3-1　中国省域治理质量评估的指标体系

评估内容	主要指标（单位）	计算方法	借鉴文献
政府能力	财力资源（元/人）	地方公共财政预算收入/常住人口	Fukuyama（2013）、韩秀丽（2015）
	补贴创新（元/人）	科技经费中的政府资金/常住人口	顾元媛（2012）、刘小元和林嵩（2013）、张杰等（2013）、林毅夫（2014）、倪自银和张益明（2015）
	教育事业（元/人）	财政支出中的教育经费/常住人口	于凌云（2008）、孙玉环和季晓旭（2014）、林毅夫（2014）、韩秀丽（2015）
	基础设施①（米/平方公里）	标准公路里程/地区面积	樊纲等（2011）、代中强（2014）、彭宜钟等（2014）、林毅夫（2014）、李锴和齐绍洲（2016）
	医疗卫生（人/千人）	卫生技术人员数/常住人口	林毅夫（2014）、储德银等（2015）、曲卫华和颜志军（2015）、王波和杨林（2017）、常高峰（2017）
市场能力	非国有产出（千元/平方公里）	非国有工业总产值/地区面积	樊纲等（2003）、王小鲁（2009）、陈林和汤秀梅（2014）、王小鲁等（2017）、薛婧和张梅青（2018）
	非国有就业（人/十平方公里）	私营企业和个体从业人员数/地区面积	樊纲等（2003）、樊纲等（2011）、贺光烨和吴晓刚（2015）、王小鲁等（2017）、顾雪松和韩立岩（2018）
	非国有投资（万元/平方公里）	非国有经济固定资产投资/地区面积	樊纲等（2003）、刘发跃和周彬（2014）、李伟庆和聂献忠（2015）、韩永辉等（2017）、王小鲁等（2017）
	技术市场（元/十人）	技术市场交易额/常住人口	樊纲等（2003）、樊纲等（2011）、王小鲁等（2017）
	外商投资（百元/平方公里）	外商实际直接投资/地区面积	樊纲等（2003）、樊纲等（2011）、王小鲁等（2017）

① 本书先对原始数据取自然对数，然后进行无量纲化。为了确保无量纲化结果大于零，本书调整有关指标单位，确保自然对数值大于零，其他类似。

续表

评估内容	主要指标（单位）	计算方法	借鉴文献
法治水平	律师人才（人/千人）	律师人数/常住人口	皮天雷（2010）、张德淼和李朝（2016）、宋丽华（2017）、姜扬等（2017）、李朝（2019）
	律师事务所（个/百万人）	律师事务所数/常住人口	皮天雷（2010）、张德淼和李朝（2016）、宋丽华（2017）、姜扬等（2017）、李朝（2019）
	诉讼业务（件/万人）	诉讼代理件数/常住人口	樊纲等（2003）、卢峰和姚洋（2004）、张德淼和李朝（2016）、李朝（2019）
	知识产权保护（件/十万人）	专利申请量/常住人口	樊纲等（2011）、王小鲁等（2017）、陈克兢（2017）

3.1.4 指标筛选

在构建评价指标体系时，一个不可回避的难题是指标体系质量的评价方法，已有学者对此进行了大量探索，比如付允和刘怡君（2009）的 RST 评价方法[196]，邹燕（2012）的变差系数法[197]，高宁等（2016）的频度、效度、信度、区分度和难度检验[198]。借鉴现有文献的研究成果，本书选用变差系数法来研究指标体系的鉴别能力（见表 3-2），即评价指标区分评价对象的特征差异的能力，中国省域治理质量评价指标的鉴别能力是用来评价指标、区别不同省份治理质量高低差异的能力。如果大部分样本省份的某个指标数值比较相近，变差系数会比较小，可以认为该指标缺乏鉴别能力，就需要删除；反之，变差系数会比较大，就可以接受该指标。一般而言，变差系数的计算公式（3-1）如下：

$$CV=\frac{S}{\overline{X}} \tag{3-1}$$

其中，CV 为变差系数，S 为样本标准差，$\overline{X}$为样本均值。

基于此，本书选取中国 24 个省级地区为样本，计算 14 个指标的变差系数，其中，变差系数最大值为 3.46（技术市场），最小值为 0.40（医疗卫生）。从现有文献来看，邹燕（2012）把变差系数的临界值定为 0.3[197]，谢威等（2013）选择 0.2[199]。无论选择哪一个临界值，在表 3-2 中，本书指标的变差系数都能满足要求，均体现出良好的鉴别能力，故保留所有 14 个指标。此外，通过比较指标的中位数和平均值，发现 8 个指标的中位数小于平均值，比如财力资源、补贴创新、医疗卫生、非国有投资、律师人才、诉讼业务、律师事务所和知识产权保护，说明对大部分样本省级地区而言，这些领域都比较薄弱，亟待未来给予重点关注。

表 3-2　各个指标的变差系数

主要指标	样本数	中位数	平均值	标准差	变差系数
财力资源	384	7.54	7.55	8.38	1.11
基础设施	384	6.75	6.61	4.10	0.62
补贴创新	384	4.41	4.70	10.43	2.22
教育事业	384	6.53	6.42	5.33	0.83
医疗卫生	384	1.52	1.55	0.62	0.40
非国有就业	384	5.42	5.30	12.24	2.31
非国有投资	384	6.61	6.77	11.92	1.76
技术市场	384	8.25	8.11	28.06	3.46
非国有产出	384	5.61	5.60	13.50	2.41
外商投资	384	7.23	7.03	18.77	2.67
律师人才	384	2.42	2.51	2.81	1.12
诉讼业务	384	2.66	2.71	1.82	0.67
律师事务所	384	2.41	2.50	2.23	0.89
知识产权保护	384	3.32	3.46	5.33	1.54

3.2　数据与方法

3.2.1　样本数据

1. 样本说明

本书样本为中国大陆省级地区，因无法获得内蒙古、广西、西藏、甘肃“法治水平”指标的数据，且河北部分年份（2005—2014）、海南部分年份（2001—2004）、云南部分年份（2001—2004）的三大法治水平指标（律师人才、诉讼业务、律师事务所）的基础数据缺失，故有效地区为其他 24 个省、直辖市、自治区；其中，东部地区包括 8 个省市，中部地区包括 6 个省份，西部地区包括 7 个省份，东北地区包括 3 个省份。考虑到数据口径的一致性，以及数据本身的可得性，数据期限为 16 年（2001—2016），最终的有效样本为 384 个。本书所采用的数据来源于：《中国统计年鉴》（2002—2017）、《中国科技统计年鉴》（2002—2017）、各省（自治区、直辖市）统计年鉴（2002—2017）、各省级地区统计部门政府网站。

2. 数据处理

在政府能力方面，对于常住人口指标，2010 年数据为当年人口普查数据推算数，其余年份数据为年度人口抽样调查推算数据；其中，河南、广东部分数据（2001—2004）缺失，本书采用线性估算法得到。对于补贴创新指标，各个省份部分数据（2009—2016）只有“R&D 经费中的政府资金”，本书根据 2006—2008 年“R&D 经费中的政府资金/科技经费中的政府资金”指标的平均值，估算 2009—2016 年的“科技经费中的政府资金”指标，进而计算补贴创新指标。在市场能力方面，对于非国有产出指标（非国有工业总产值/地区面积），非国有工业总产值等于全部工业总产值减去国有工业总产值，全部工业总产值采用全部国有及规模以上非国有工业企业总产值，国有工业总产值采用国有及国有控股工业企业总产值。2012 年开始，中国统计年鉴只提供各地区规模以上工业企业主营业务收入、国有及国有控股工业企业主营业务收入，故本书采用这两个数据替代。对于外商投资指标（外商实际直接投资/地区面积），福建省 2013—2016 年的外商和港澳台商实际直接投资指标没有历史可比口径数据，“历史可比口径/全口径”在过去五年（2008—2012）稳定增长，故本书以 2012 年的“历史可比口径/全口径”来估算 2013—2016 年的历史可比口径数据。在法治水平方面，对于诉讼业务指标，山东省 2001—2016 年数据缺失，本书采用东部地区各省市的均值替代。

3.2.2 评估方法

1. 各个指数的计算方法

对于总指数的形成，主要方法包括：多准则决策分析法（multicriteria decision analysis，MCDA）[200]、加权平均法[58]、算术平均法[80]等①。考虑到本研究的实际需要，本书采用加权平均法，具体如表 3-3 所示。需要指出的是，这里的政府能力指数、市场能力指数、法治水平指数、治理质量综合指数，都仅仅是相对于基期的一个数值，即描述治理质量的相对水平。

表 3-3　治理质量各个指数的计算方法

主要指标	计算方法
治理质量	综合指数得分 G=所有单项指标的加权平均和
政府能力	分项指数得分 G_1=对应单项指标的加权平均和
市场能力	分项指数得分 G_2=对应单项指标的加权平均和
法治水平	分项指数得分 G_3=对应单项指标的加权平均和

2. 单项指标的无量纲化

本书选择的评价指标都是绝对数据，数据单位各不相同，数据绝对值之间相差很大，因此需要对数据进行无量纲化处理。从现有文献资料来看，常用的线性无量纲化方法包括 6 种[201]：一是标准化处理法，无量纲化值 =（实际值-均值）/标准差；二是极值处理法，无量纲化值 =（实际值-最小值）/（最大值-最小值）；三是线性比例法，无量纲化值 = 实际值/参照值，参照值可以是最大值、最小值或均值；四是归一化处理法，无量纲化值 = 实际值/各样本实际值之和；五是向量规范法，无量纲化值 = 实际值/各样本实际值平方和的平方根；六是功效系数法，无量纲化值 = 正常数 c+正常数 d *（实际值-最小值）/（最大值-最小值）。

从具体文献来看，樊纲等（2003）采用的是修正后的极值法，指标新的取值最大为 10[85]；Bontis（2004）的处理方法是每项指标新的取值为其原始取值与当期最高值之比，属于线性比例法[202]。本书为了更准确、动态地反映原始数据，采用修正后的线性比例法对原始数据进行无量纲化，设定 2001 年为单项指标基期年份，基期各单项指标评分的最大值为 100。对于基期年份的其他数据，以此为基准进行无量纲化处理，故其得分大于零，且在 0 和 100 之间。为了使

① 王小鲁等（2017）认为，当一个指标体系由较多的有用变量构成、所包含的信息量比较充分的情况下，不同变量之间有一定程度的可替代性，可以采用算术平均法。

指标跨年度可比，借鉴樊纲等（2003）有关中国市场化指数的无量纲化思路[85]，对于基期之后各个年份，也以基期年份的最大值为基准进行无量纲化处理，故其得分有可能超过或小于100。指标得分的计算公式（3-2）如下：

$$i\text{省份的}j\text{指标得分}=\frac{100*X_{ij}}{M_j} \tag{3-2}$$

其中，X_{ij}为原始数据，M_j为j指标在2001年的最大值。

3. 指标权重的计算方法

关于评价指标权重的确定，根据计算权重时原始数据的不同来源，现有研究成果主要采用了两大类①方法[203]。樊纲等（2003）在构建中国省域市场化指数时，采用了主成分分析法来确定权重[85]，该方法具有应用广泛、全面和客观的优势，体现了截面数据的简化和综合，然而，该方法属于静态综合评估的范畴，仅能用于某些特定年份的样本研究。验证性因子分析是结构方程模型的一种简单形式，也被一些学者用来确定指标权重，如果数据满足正态性检验，可以采用最大似然估计法；如果不满足，可以采用渐进自由分配法，但必须是大样本，即1000个以上[204]。经Amos软件检验，在本书的14个指标中，8个指标不满足正态性要求，且样本量只有384个，远低于1000，故无法采用验证性因子分析。时序全局因子分析法通过全局主成分公因子，可以将面板数据变换到统一平面上，并进行变换、组合和排序，反映分析系统的动态性，故本书选用时序全局因子分析法来确定权重。

3.3 时序全局因子分析

3.3.1 构建分析模型

1. 分析方法介绍

"因子分析"由Thurstone于1931年首次提出，其概念源于1904年Karl

① 两大类：一是客观赋值法，即评估者通过采集实际数据来确定权重，如验证性因子分析、时序全局因子分析法、均方差法、变异系数法和熵值法等；二是主观赋值法，即评估者借助经验主观判断来确定权重，如专家调查法、主观加权法、比较加权法、层次分析法、模糊统计法和多元分析法等。

Pearson 和 Charles Spearmen 等人对智力的研究[205]。在多元统计分析中，主成分分析和因子分析都是处理降维的统计方法，主成分分析是因子分析的一个特例，因子分析是主成分分析的推广和发展，二者既存在联系，又存在区别。一方面，主成分分析不能作为一个完整的模型进行描述，它只是变量的线性变换，而因子分析需要构造因子分析模型；另一方面，在主成分分析中，主成分的个数和变量个数相同，但因子分析要构造尽可能少的因子[205]。

经典主成分分析（principle component analysis）的基本思想：在众多存在相关性的指标之间，肯定有一些共同因子在发挥关键作用。根据这一重要特性，通过研究原始指标相关矩阵，分析其内部结构关系，对原始指标进行归类，识别影响某一经济过程的不同类别，形成几个互不相关的综合指标；这样一来，既确保指标之间没有关联，也尽可能提取了原始指标的关键信息，这就使指标拥有了更好的特性，有助于抓住复杂问题的关键方面[206]。然而，经典主成分分析（或因子分析）只关注某一时间截面上的指标和数据，属于静态综合评价，并未考虑到时间的动态变化[207]。省域治理质量是具有显著动态特性的多维复杂系统，在政府、市场和法治的影响下，治理质量随时间的变化呈现动态的演进趋势，数据样本按时间纵向顺序构成平面数据表序列，可以称为时序立体数据表；若对立体数据表内每一张平面数据表独立进行主成分分析，就会形成差异明显的简化空间，也就难以确保时序分析省域治理质量最终结论的可比性[208]。

时序全局主成分分析（或因子分析）以经典主成分为基础，是时序分析和主成分分析（或因子分析）的结合，可以用来了解系统的总体水平随时间的变化轨迹[206]，涉及的数据类型包括时间序列数据[209]、面板数据[207]。时序全局因子分析通过构造时序全局主公因子，将多维动态系统的时序立体数据变换到统一平面上，使得各年份的主公因子具有相同的结构，并把统一平面上的数据进行变换、计算，根据时序对因子得分进行排列，这就体现出系统的动态特性[208]。

2. 时序立体数据表

假定 u 个地区作为治理质量的样本，单个地区包含 m 个指标，对于每一个年份，会形成一个u ∗ m 阶的矩阵[208]，时间跨度为 s 年，整体而言，构建了一个时序全局立体数据表 R （u ∗ m ∗ s），具体如式（3-3）所示：

$$R=\{X^{t},\ t=1,\ 2,\ \cdots,\ s\} \tag{3-3}$$

以 X_1，X_2，…，X_m 为变量的指标，在 t 时刻的数据表中，X^t 可表示为如下公式（3-4）：

$$X^t=\begin{bmatrix} x^t_{11} & x^t_{12} & \cdots & x^t_{1m} \\ x^t_{21} & x^t_{22} & \cdots & x^t_{2m} \\ \vdots & \vdots & \ddots & \vdots \\ x^t_{u1} & x^t_{u2} & \cdots & x^t_{um} \end{bmatrix} \quad t=1,\ 2\cdots,\ s \tag{3-4}$$

本研究的数据类型为面板数据，包括 24 个省级地区、14 个指标变量、16 个年份，对于每一年而言，都会形成一个截面数据表（24 ∗ 14），16 个年份的截面数据表顺次排列，就形成了一个时序全局立体数据表（24 ∗ 14 ∗ 16），采用该立体数据表，对中国省域治理质量进行分析。

3. 权重的计算步骤

采用时序全局因子分析法，确定指标变量的权重，主要步骤如下[208]：

第一步，求得全局主公因子表达式，具体如公式（3-5）、（3-6）、（3-7）所示：

$$F_1=K_{11}*X_1+K_{21}*X_2+\cdots+K_{m1}*X_m \tag{3-5}$$

$$F_2=K_{12}*X_1+K_{22}*X_2+\cdots+K_{m2}*X_m \tag{3-6}$$

$$\cdots$$

$$F_n=K_{1n}*X_1+K_{2n}*X_2+\cdots+K_{mn}*X_m \tag{3-7}$$

其中，F_n 表示为第 n 个全局主公因子，X_m 表示第 m 个观测变量的无量纲化值①，K_{mn} 表示第 m 个观测变量在第 n 个全局主公因子中的得分系数；一般而言，$n<m$，即体现了因子分析的降维思想。

第二步，构造综合评价得分表达式，具体如式（3-8）所示：

$$\begin{aligned} ZF&=(\lambda_1*F_1+\lambda_2*F_2+\cdots+\lambda_n*F_n)/(\lambda_1+\lambda_2+\cdots+\lambda_n) \\ &=\beta_1*X_1+\beta_2*X_2+\cdots+\beta_m*X_m \end{aligned} \tag{3-8}$$

① 考虑到原始数据不服从正态分布，而取自然对数之后的数值服从正态分布，故本书对取自然对数之后的数值进行无量纲化操作。

其中，ZF 为治理质量综合评价得分，λ_n为第 n 个全局主公因子的方差贡献率，$\beta_m=(\lambda_1*K_{m1}+\lambda_2*K_{m2}+\cdots+\lambda_n*K_{mn})/(\lambda_1+\lambda_2+\cdots+\lambda_n)$。

第三步，计算指标变量 X_i的权重，具体如公式（3-9）所示：

$$W_i=|\beta_i|/(|\beta_1|+|\beta_2|+\cdots+|\beta_m|) \tag{3-9}$$

3.3.2　检验前提条件

从现有文献资料来看，采用主成分分析和因子分析，处理多变量之间的关系时，需要满足一些前提条件[210]：第一，要有较大的样本含量；第二，数据资料服从正态分布；第三，变量之间必须相关。

1. 样本量

Gorsuch（1983）认为，因子分析的样本量与变量数的比值应在 5 以上，理想的样本量应为变量数的 10~25 倍；另外，样本量不得少于 100，而且原则上越大越好[211]。Maccallum 等（1999）探讨了样本量和公因子方差的不同组合下所得的因子载荷的精确程度，认为如果观测变量的公因子方差较大（≥0.60），则即使研究样本数量较少（60 个），因子载荷的数值依然是基本一致的；如果公因子方差较小（约 0.50），那么 100~200 个样本量将比较合理[212]。在本研究中，最终的有效样本为 384 个，远超过 100；变量数为 14，样本数与变量数的比值约为 27.4；从后文的公因子方差表可以发现，除了“诉讼业务”（0.595）观测变量以外，其他 13 个观测变量的公因子方差都大于 0.6（见表 3-9）。综合如上不同视角，可以得出结论，本书的样本量满足因子分析的要求。

2. 正态性

一般而言，正态性检验的常用方法包括两类[205]：第一类是图形工具，即 Q-Q 图和 P-P 图①；第二类是假设检验方法，即 Kolmogorov-Smirno 检验、Jarque-Bera 检验、Shapiro-Wilk 检验、Anderson-Darling 检验、Cramér-von-Mises 检验、Pearson's chi-square test、D 检验、偏度、峰度等。参照现有文献

① 如果数据点落在一条直线上，或者紧贴直线附近，且没有呈现任何模式，就可以认为数据服从正态分布。

的通常做法，本书采用假设检验方法来检验原始数据的正态性，即偏度检验和峰度检验，当偏度系数、峰度系数接近0，说明原始数据服从正态分布；当偏度系数绝对值若大于3、峰度系数绝对值若大于10（较严格标准为8），则数据分布可能不是正态；如果峰度系数绝对值大于20，则偏离正态的情形可能较为严重[204]。从表3-4可以看出，本书对原始数据取自然对数，偏度统计量的绝对值都小于2，峰度统计量的绝对值都小于3，所有指标均近似服从正态分布。

表3-4 偏度和峰度检验

主要指标	样本数	偏度		峰度	
		统计量	标准误差	统计量	标准误差
财力资源	384	0. 15	0. 12	-0. 75	0. 25
基础设施	384	-1. 22	0. 12	1. 70	0. 25
补贴创新	384	0. 82	0. 12	0. 57	0. 25
教育事业	384	-0. 07	0. 12	-1. 13	0. 25
医疗卫生	384	0. 65	0. 12	1. 07	0. 25
非国有就业	384	-0. 20	0. 12	0. 80	0. 25
非国有投资	384	-0. 35	0. 12	-0. 19	0. 25
技术市场	384	0. 49	0. 12	1. 10	0. 25
非国有产出	384	-0. 35	0. 12	-0. 10	0. 25
外商投资	384	-0. 31	0. 12	-0. 10	0. 25
律师人才	384	1. 04	0. 13	2. 19	0. 26
诉讼业务	384	0. 33	0. 13	0. 05	0. 26
律师事务所	384	1. 33	0. 13	2. 08	0. 26
知识产权保护	384	0. 33	0. 12	-0. 74	0. 25

3. 相关性

根据现有文献，在对变量进行因子分析之前，要进行KMO（kaiser-meyer-olkin）检验及巴氏球形检验（bartlett test of sphericity），以确定数据的分析效果，以及是否适合进行因子分析。一般而言，KMO值越大，表明指标变量所含信息越可能有较多共同因素，越适合进行因子分析；Bartlett球度检验的显著性越小，表明相关矩阵为单位矩阵的可能性越小，原始变量之间越有可能存在线性关系[213]。按照 Kaiser 的观点，当 KMO>0.9 时，非常适合做主成分（因子）分析；0.9>KMO>0.8 时，适合做因子分析；0.8>KMO>0.7 时，效果一般；0.7>KMO>0.6 时，不太适合做因子分析；KMO<0.6 时，不适合做因子分析[205]。也有观点认为，KMO 统计量大于 0.9 时效果最佳，0.7 以上可以接受，0.5 以下不宜做因子分析①。本书采用 SPSS23 分析软件，进行 KMO 和 Bartlett 球度检验，结果如表 3-5 所示，KMO 值为 0.92，超过 0.9，说明指标变量容易降维，做因子分析的效果很好；Bartlett 球度检验的显著性为 0.000，小于 0.01，结果拒绝相关矩阵为单位阵（变量间全部相互独立）的零假设，即认为初始变量之间至少有两个变量存在显著的线性相关性，非常适合进行因子分析。

表 3-5　KMO 和巴特利特检验

KMO 检验		0.92
巴特利特球形度检验	近似卡方	9296
	自由度	91
	显著性	0.000

此外，从初始变量之间的相关系数矩阵来看，假设相关系数为 r，当 $|r| \geq 0.7$ 时，说明变量间高度相关；当 $0.7 > |r| \geq 0.5$ 时，说明变量间中度相关；当 $0.5 > |r| \geq 0.3$ 时，说明变量间低度相关②。根据 SPSS23 分析软件的输出结果表 3-6、表 3-7，14 个初始变量之间形成了 91 个相关系数，其中，40 个相关系数大于 0.7，即高度相关，所占比重约为 44%；76 个相关系数达到及超过 0.5，即中度相关，占比约为 84%；只有 1 个相关系数小于 0.3（0.24），仅占总数的 1%左右。同时，初始变量对应的显著性水平普遍较小，全都小于 0.01，说明这些变量之间存在十分显著的相关性，这与 Bartlett 球度检验的结论相符。

---

① 朱红兵. 应用统计与 SPSS 应用［M］. 北京：电子工业出版社，2011：33-79.

② 同上。

表 3-6　相关性矩阵

主要指标	财力资源	基础设施	补贴创新	教育事业	医疗卫生	非国有就业	非国有投资	技术市场	非国有产出	外商投资	律师人才	诉讼业务	律师事务所	知识产权保护
财力资源	1.00	0.56	0.82	0.93	0.76	0.61	0.78	0.75	0.68	0.63	0.81	0.65	0.78	0.89
基础设施	0.56	1.00	0.49	0.38	0.24	0.90	0.92	0.49	0.91	0.85	0.46	0.39	0.30	0.68
补贴创新	0.82	0.49	1.00	0.71	0.79	0.60	0.68	0.86	0.58	0.60	0.83	0.60	0.82	0.81
教育事业	0.93	0.38	0.71	1.00	0.68	0.35	0.60	0.58	0.45	0.37	0.64	0.50	0.64	0.74
医疗卫生	0.76	0.24	0.79	0.68	1.00	0.41	0.49	0.73	0.39	0.41	0.83	0.62	0.85	0.68
非国有就业	0.61	0.90	0.60	0.35	0.41	1.00	0.92	0.63	0.94	0.94	0.64	0.59	0.50	0.76
非国有投资	0.78	0.92	0.68	0.60	0.49	0.92	1.00	0.66	0.96	0.90	0.67	0.58	0.53	0.86
技术市场	0.75	0.49	0.86	0.58	0.73	0.63	0.66	1.00	0.60	0.66	0.83	0.63	0.81	0.80
非国有产出	0.68	0.91	0.58	0.45	0.39	0.94	0.96	0.60	1.00	0.94	0.60	0.55	0.46	0.80
外商投资	0.63	0.85	0.60	0.37	0.41	0.94	0.90	0.66	0.94	1.00	0.61	0.56	0.50	0.77
律师人才	0.81	0.46	0.83	0.64	0.83	0.64	0.67	0.83	0.60	0.61	1.00	0.77	0.92	0.80
诉讼业务	0.65	0.39	0.60	0.50	0.62	0.59	0.58	0.63	0.55	0.56	0.77	1.00	0.69	0.70
律师事务所	0.78	0.30	0.82	0.64	0.85	0.50	0.53	0.81	0.46	0.50	0.92	0.69	1.00	0.72
知识产权保护	0.89	0.68	0.81	0.74	0.68	0.76	0.86	0.80	0.80	0.77	0.80	0.70	0.72	1.00

表 3-7　显著性矩阵（单尾）

主要指标	财力资源	基础设施	补贴创新	教育事业	医疗卫生	非国有就业	非国有投资	技术市场	非国有产出	外商投资	律师人才	诉讼业务	律师事务所	知识产权保护
财力资源		0.00	0.00	0.00	0.00	0.00	0.00	0.00	0.00	0.00	0.00	0.00	0.00	0.00
基础设施	0.00		0.00	0.00	0.00	0.00	0.00	0.00	0.00	0.00	0.00	0.00	0.00	0.00
补贴创新	0.00	0.00		0.00	0.00	0.00	0.00	0.00	0.00	0.00	0.00	0.00	0.00	0.00
教育事业	0.00	0.00	0.00		0.00	0.00	0.00	0.00	0.00	0.00	0.00	0.00	0.00	0.00
医疗卫生	0.00	0.00	0.00	0.00		0.00	0.00	0.00	0.00	0.00	0.00	0.00	0.00	0.00
非国有就业	0.00	0.00	0.00	0.00	0.00		0.00	0.00	0.00	0.00	0.00	0.00	0.00	0.00
非国有投资	0.00	0.00	0.00	0.00	0.00	0.00		0.00	0.00	0.00	0.00	0.00	0.00	0.00
技术市场	0.00	0.00	0.00	0.00	0.00	0.00	0.00		0.00	0.00	0.00	0.00	0.00	0.00
非国有产出	0.00	0.00	0.00	0.00	0.00	0.00	0.00	0.00		0.00	0.00	0.00	0.00	0.00
外商投资	0.00	0.00	0.00	0.00	0.00	0.00	0.00	0.00	0.00		0.00	0.00	0.00	0.00
律师人才	0.00	0.00	0.00	0.00	0.00	0.00	0.00	0.00	0.00	0.00		0.00	0.00	0.00
诉讼业务	0.00	0.00	0.00	0.00	0.00	0.00	0.00	0.00	0.00	0.00	0.00		0.00	0.00
律师事务所	0.00	0.00	0.00	0.00	0.00	0.00	0.00	0.00	0.00	0.00	0.00	0.00		0.00
知识产权保护	0.00	0.00	0.00	0.00	0.00	0.00	0.00	0.00	0.00	0.00	0.00	0.00	0.00	

3.3.3 确定指标权重

1. 提取全局主公因子

在时序全局因子分析中，对全局因子的提取有两个原则[208]：一是特征根大于 1，二是累计方差贡献率大于 80%。根据表 3-8，特征根值大于 1 的因子有两个，且它们的累积方差贡献率约为 85%，故提取这 2 个因子为全局主因子。此外，从碎石图可以发现，第 3 个公因子后的特征值变化趋缓，故选取前 2 个公因子是比较恰当的。此外，有的文献认为，观测变量的数量应该是公因子数量的 3~5 倍[214]，也有的提出至少应为 4 倍[215]。在本研究中，观测变量数为 14，提取的公因子数为 2，二者的比值为 7，均满足相关要求。

表 3-8 时序全局因子的特征根值和方差贡献率

全局因子	初始因子解			因子解情况			最终因子解		
	特征根值	方差贡献率	累积（%）	特征根值	方差贡献率	累积（%）	特征根值	方差贡献率	累积（%）
1	9. 82	70. 16	70. 16	9. 82	70. 16	70. 16	6. 51	46. 52	46. 52
2	2. 12	15. 13	85. 29	2. 12	15. 13	85. 29	5. 43	38. 76	85. 29
3	0. 73	5. 23	90. 52						

2. 全局主公因子方差

对因子分析（主成分分析）而言，每个原始变量的方差都可以划分为两部分，即公因子方差（也称共同度，communalities）和特殊因子方差，且公因子方差越大，则分析中的信息保留量越大。由于对各变量都进行了均值为 0、方差为 1 的标准化，故公因子的方差值相当于公因子对变量的解释程度[216]。根据表 3-9 所示，在 14 个观测变量中，11 个变量的公因子方差超过 0. 8，占比约为 78. 6%，即在降维之后，大部分原始指标的信息量保留较多，说明指标体系是基本可行的。其中，财力资源的公因子方差为 0. 873，意味着 2 个公因子能够解释财力资源的方差的 87. 3%，其他观测变量的公因子的解释类似。

表 3-9　公因子方差

主要指标	初始	提取
财力资源	1. 000	0. 873
基础设施	1. 000	0. 924
补贴创新	1. 000	0. 839
教育事业	1. 000	0. 660
医疗卫生	1. 000	0. 847
非国有就业	1. 000	0. 940
非国有投资	1. 000	0. 963
技术市场	1. 000	0. 781
非国有产出	1. 000	0. 961
外商投资	1. 000	0. 914
律师人才	1. 000	0. 882
诉讼业务	1. 000	0. 595
律师事务所	1. 000	0. 871
知识产权保护	1. 000	0. 891

3. 全局主公因子表达式

本书采用最大方差法进行因子旋转，根据因子得分系数矩阵表 3-10 所示，构建时序全局主公因子的得分函数 F_1、F_2，具体函数表达式如公式（3-10）、（3-11）所示：

$$F_1 = 0.135 * X_1 - 0.136 * X_2 + 0.153 * X_3 + 0.165 * X_4 + 0.220 * X_5 - 0.087 * X_6 - 0.049 * X_7 + 0.129 * X_8 - 0.089 * X_9 - 0.080 * X_{10} + 0.160 * X_{11} + 0.110 * X_{12} + 0.204 * X_{13} + 0.071 * X_{14} \tag{3-10}$$

$$F_2 = -0.014 * X_1 + 0.270 * X_2 - 0.040 * X_3 - 0.077 * X_4 - 0.136 * X_5 + 0.230 * X_6 + 0.197 * X_7 - 0.015 * X_8 + 0.233 * X_9 + 0.222 * X_{10} - 0.046 * X_{11} - 0.010 * X_{12} - 0.108 * X_{13} + 0.065 * X_{14} \tag{3-11}$$

表 3-10　因子得分系数矩阵

初始变量	全局主公因子	
	因子 1	因子 2
财力资源	0. 135	-0. 014
基础设施	-0. 136	0. 270
补贴创新	0. 153	-0. 040
教育事业	0. 165	-0. 077
医疗卫生	0. 220	-0. 136
非国有就业	-0. 087	0. 230
非国有投资	-0. 049	0. 197
技术市场	0. 129	-0. 015
非国有产出	-0. 089	0. 233
外商投资	-0. 080	0. 222
律师人才	0. 160	-0. 046
诉讼业务	0. 110	-0. 010
律师事务所	0. 204	-0. 108
知识产权保护	0. 071	0. 065

4. 治理质量权重方程表达式

根据前文选择的 2 个全局主公因子的方差贡献率、表达式，可以得到综合评价得分表达式，具体如式（3-12）所示：

$$ZF = (0.4652 * F_1 + 0.3876 * F_2) / (0.4652 + 0.3876)$$
$$= 0.0672 * X_1 + 0.0489 * X_2 + 0.0650 * X_3 + 0.0552 * X_4 + 0.0582 * X_5 + 0.0573 * X_6 + 0.0627 * X_7 + 0.0635 * X_8 + 0.0578 * X_9 + 0.0572 * X_{10} + 0.0664 * X_{11} + 0.0555 * X_{12} + 0.0619 * X_{13} + 0.0682 * X_{14} \quad (3-12)$$

对上述最终表达式的系数进行归一化处理，可以得到治理质量 14 个初始变量的权重。在此基础上，对政府能力、市场能力、法治水平所对应的初始变量分别进行归一化处理，依次得到其对应初始变量的相对权重。比如财力资源指标相对政府能力的权重＝0. 0795/（0. 0795+0. 0578+0. 0769+0. 0654+0. 0689）＝0. 2282，其他依此类推，具体如表 3-11 所示。基于此，可以得到

治理质量综合指数 G、政府能力分项指数 G_1、市场能力分项指数 G_2、法治水平分项指数 G_3 的权重方程表达式，具体如式（3-13）、（3-14）、（3-15）、（3-16）所示：

$$G=0.0795*X_1+0.0578*X_2+0.0769*X_3+0.0654*X_4+0.0689*X_5+0.0678*X_6+0.0742*X_7+0.0752*X_8+0.0684*X_9+0.0677*X_{10}+0.0786*X_{11}+0.0657*X_{12}+0.0733*X_{13}+0.0807*X_{14} \quad (3-13)$$

$$G_1=0.2282*X_1+0.1660*X_2+0.2206*X_3+0.1875*X_4+0.1978*X_5 \quad (3-14)$$

$$G_2=0.1918*X_6+0.2100*X_7+0.2129*X_8+0.1936*X_9+0.1917*X_{10} \quad (3-15)$$

$$G_3=0.2635*X_{11}+0.2203*X_{12}+0.2458*X_{13}+0.2706*X_{14} \quad (3-16)$$

表 3-11　各个变量的权重

初始变量	治理质量	政府能力	市场能力	法治水平
财力资源	0.0795	0.2282		
基础设施	0.0578	0.1660		
补贴创新	0.0769	0.2206		
教育事业	0.0654	0.1875		
医疗卫生	0.0689	0.1978		
非国有就业	0.0678		0.1918	
非国有投资	0.0742		0.2100	
技术市场	0.0752		0.2129	
非国有产出	0.0684		0.1936	
外商投资	0.0677		0.1917	
律师人才	0.0786			0.2635
诉讼业务	0.0657			0.2203
律师事务所	0.0733			0.2458
知识产权保护	0.0807			0.2706
合计	1.0000	1.0000	1.0000	1.0000

3.4 治理质量评估结果

3.4.1 指数有效性

从总体趋势来看，2001—2016 年，中国各个省级地区治理质量的综合指数（见附表 1、附表 2）、分项指数（见附表 3—附表 8）均呈现“逐步上升”态势，说明每一个省份的治理质量不断改善，治理质量逐步提升。然而，需要指出的是，本书的省域治理质量综合指数仅仅是一个研究视角的分析结果，要考察该指标测度治理质量的有效性，需要与现有省域治理指数进行深入比较。因此，参照现有文献的一般做法[42]，本书通过相关性分析，发现本书的治理指数与其他类型的省域治理指数的相关系数较大（见表 3-12），说明指数之间存在较高的相关性，即本书的省域治理指数可以刻画省域治理质量的重要特征，该指数是基本有效的，可信度较高。

表 3-12 治理质量综合指数与其他省域治理指数的相关系数

主要指数	年份期限	相关系数（显著性）
中国市场化指数——各地区市场化相对进程 2011 年报告[79]	1997—2009①	0.823（0.01）
中国分省份市场化指数报告（2016）[80]	2008—2014	0.846（0.01）
中国区域政府管理竞争力指数[217]	1985—2004	0.887（0.01）
政府效率指数[218]	1998—2003	0.816（0.01）

3.4.2 省域排名

从排名情况来看（见表 3-13），2016 年，排名前 50%的省份中，湖北、安徽属于中部地区，占本地区被考察省份的 1/3；重庆、陕西属于西部地区，占本地区被考察省份的 2/7；其他 8 个省份属于东部地区，占本地区被考察省份的 100%。显然，东部地区所有被考察省份的治理质量都比较高，而中部地

① 截取 2001—2009 年 24 个省级地区数据进行相关分析，其他指数类似。

区 2/3、西部地区 5/7、东北地区 100%的被考察省份的治理质量都比较低。中国区域治理质量从高到低形成了一个梯次分布格局：东部地区—非东部地区。

表 3-13　中国省域治理质量的排名情况

地区	2001 年	2016 年	排名变化
上海	1	2	-1
北京	2	1	1
天津	3	3	0
浙江	4	5	-1
江苏	5	4	1
广东	6	6	0
辽宁	7	13	-6
山东	8	7	1
福建	9	9	0
重庆	10	8	2
湖北	11	10	1
吉林	12	20	-8
黑龙江	13	21	-8
陕西	14	11	3
山西	15	18	-3
宁夏	16	16	0
湖南	17	17	0
河南	18	14	4
安徽	19	12	7
四川	20	15	5
江西	21	19	2
新疆	22	23	-1
青海	23	24	-1
贵州	24	22	2

可以这样来理解该梯次分布格局：首先，地理区位条件存在地区差异，

东部沿海地区往往地势平坦，容易兴建机场、铁路、公路等基础设施，临海兴建港口容易融入全球贸易体系，从而更加容易吸纳国外投资，学习国外的市场经济和法治建设理念。其次，中央政府的政策支持存在空间差异，中国的改革开放政策最早始于东部沿海地区，随后逐步向内陆地区扩散，使得东部地区获得了发展的先机，更早获得中央政府的资源支持，更早接触到国外的先进理念，更早改善地区治理质量。再次，经济发展水平存在地区差异，东部地区的人均 GDP 比较高，2016 年 8 个样本省级地区的人均 GDP 均超过 1 万美元，发达的经济水平使得政府拥有充分的资源来提升政府能力，也使得居民、企业对法治环境的需求增加。最后，民营经济发展存在地区差异，东部沿海地区拥有大量的民营企业，比如广东、福建、浙江等，导致市场经济发展水平较高；而中西部地区和东北地区则拥有大量的国有企业，它们往往是计划经济的代表，阻碍了民营经济的快速发展。

从排名变化来看，2001—2016 年，11 个省份排名上升，约占省份总数的 46%，其中，北京、江苏、山东属于东部地区，接近本地区被考察省份的 40%；重庆、陕西、四川、贵州属于西部地区，接近本地区被考察省份的 60%；湖北、河南、安徽、江西属于中部地区，占本地区被考察省份的 2/3。同期，8 个省份排名下降，占省份总数的 1/3，其中，上海、浙江属于东部地区，约占本地区被考察省份的 1/4；辽宁、吉林、黑龙江属于东北地区，占本地区被考察省份的 100%；山西属于中部地区，占本地区省份的 1/6；新疆、青海属于西部地区，约占本地区被考察省份的 29%。

由此可见，东部地区被考察省份的治理质量排名变化差异不大，中西部地区大部分被考察省份的治理质量排名上升，而东北地区所有省份的治理质量排名下降。可以这样来理解四大经济区域的差异：首先，中央政府的支持效果存在差异，虽然，2000 年以来，中央先后提出了西部大开发战略（2000 年）、中部崛起战略（2004 年 3 月）、振兴东北战略（2004 年 8 月），但前两个的效果明显优于第三个，导致中西部地区治理质量提升较快。其次，地方政府的工作成效存在差异，2001 年以来，中西部地区政府发掘地方特色，大力吸引东部地区企业和国外投资，积极改善法治环境，有效促进了本地的市场经济发展和法治环境改善，而东北地区则不然。

3.4.3　改善幅度

2001—2016 年，中国省域治理质量的改善幅度不同，可以从两个方面来考察（见表 3-14）：首先，绝对改善幅度=2016 年的综合指数-2001 年的综合指数；其次，相对改善幅度=绝对改善幅度/2001 年的综合指数。

表 3-14　中国省域治理质量的改善幅度

地区	绝对改善（%）	排名	相对改善（%）	排名
贵州	39.9	1	101.14	1
安徽	36.12	2	67.11	2
陕西	34.05	3	59.61	6
四川	33.35	4	63.08	4
重庆	33.1	5	54.67	8
江西	33.08	6	63.90	3
河南	32.18	7	58.88	7
江苏	31.76	8	45.12	15
湖北	31.39	9	52.21	10
山东	31.33	10	48.63	13
湖南	29.86	11	54.10	9
浙江	29.43	12	40.67	18
广东	29.32	13	42.46	17
宁夏	28.98	14	51.64	11
福建	28.91	15	44.96	16
青海	27.88	16	62.68	5
山西	27.58	17	48.86	12
北京	26.4	18	28.72	22
天津	24.64	19	29.83	21
新疆	23.51	20	47.36	14
吉林	22.12	21	37.37	19
黑龙江	21.31	22	36.55	20
上海	19.97	23	20.96	24
辽宁	19.64	24	28.65	23

从绝对改善幅度来看，排名前50%的省份中，贵州、重庆、陕西、四川属于西部地区，约占本地区被考察省份的60%；安徽、河南、江西、湖南、湖北属于中部地区，约占本地区被考察省份的80%；江苏、山东、浙江属于东部地区，约占本地区被考察省份的40%。可见，中西部地区大部分被考察省份的治理质量的绝对改善幅度较大，东部地区大部分被考察省份、东北地区所有被考察省份的治理质量的绝对改善幅度较小。

从相对改善幅度来看，排名前50%的省份中，安徽、江西、河南、湖南、湖北、山西属于中部地区，占本地被考察省份的100%；贵州、四川、陕西、青海、重庆、宁夏属于西部地区，占本地被考察省份的6/7。可见，中西部地区绝大部分被考察省份的治理质量的相对改善幅度较大，东部地区所有被考察省份、东北地区所有被考察省份的治理质量的相对改善幅度较小。

从改善幅度来看，中国省际治理质量存在较大差异，主要原因在于：中西部地区被考察省份初始（2001 年）治理质量较低，后发优势比较明显，在西部大开发（2000 年）、中部崛起（2004 年）政策的刺激下，被考察省份的治理质量得到显著提升；东部地区被考察省份初始治理质量较高，治理质量改善空间不大；虽然东北地区被考察省份的初始治理质量较低，但 2001 年以来，受制于朝核问题的地缘政治影响，东北地区外部安全环境不容乐观，东北振兴政策的实际效果大打折扣，导致东北地区治理质量改善不大。

3.4.4　变异水平

变异水平可以从两个方面来考察：一是绝对变异水平，即标准差；二是相对变异水平，即当分析两个或多个样本的变异程度时，采用标准差与平均数的比值（相对值）来比较，即为变异系数，变异系数又称“标准差率”，是衡量各观测值变异程度的统计量[208]。2001—2016 年，治理质量的变异系数呈现持续下降的基本态势，表明中国省域治理质量的空间分异特征相对有所弱化，中国省份之间的治理质量相对差异缩小，具体如图 3-2 所示。此外，最大值与最小值之间的差值，也从 2001 年的 55.83 降至 2016 年的 45.95，表明中国省域治理质量存在趋同特征，这也支持了上面的观点。同期，绝对变异水平呈现“先上升、后下降”的趋势，形成明显的“倒√”曲线。其中，

2001—2005 年，标准差持续上升，2005 年达到最高值，表明中国省域治理质量的空间分异特征有所强化，中国省份之间的治理质量绝对差异扩大；2005—2016 年，标准差快速下降，并明显低于 2001 年的初始值，表明空间分异特征有所弱化，中国省份之间的治理质量绝对差异缩小。

关于中国省域治理质量绝对差距的“倒√”曲线，可以这样来理解：改革开放以来，东部沿海地区获得“先行先试”的政策红利，在对外开放、市场化改革等方面拥有先发优势，制度变迁和治理改善步伐快于中西部地区；2001 年中国加入 WTO 以后，东部沿海地区利用区位优势、制度优势，再次成为制度创新和治理改善的排头兵，东部沿海地区与中西部内陆地区的制度差异继续拉大，导致治理质量的省际绝对差异持续变大。2005 年之后，随着中国逐步落实加入 WTO 承诺，中国与 WTO 制度体系接轨基本完成，特别是中国通过连续实施两个五年发展规划，深入贯彻西部大开发战略、中部崛起战略和振兴东北战略，强力推动区域协调发展和制度变迁，努力提升中西部地区的治理质量，从而实现了省域治理绝对变异水平的持续下降，说明中国的区域协调发展战略十分有效。

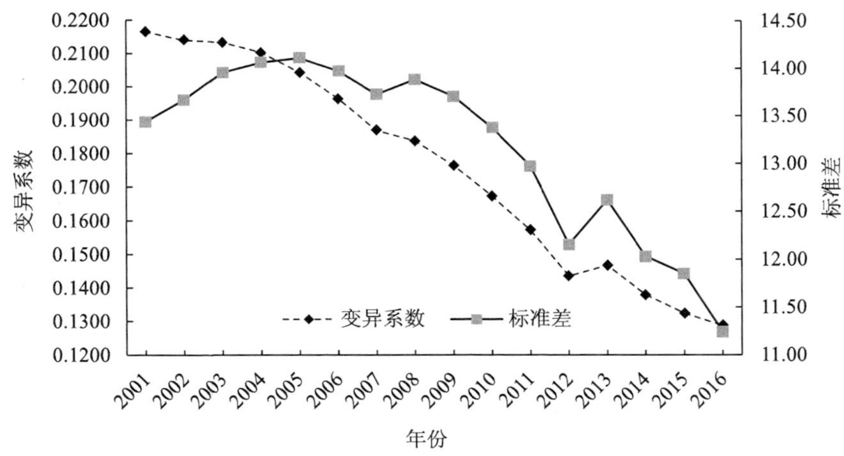

图 3-2　中国省域治理质量的变异水平

3.4.5 聚类分析

为了更好地研究中国省域治理质量的分级特征，本书把各省份治理质量综合指数进行系统聚类。通过运用组间平均数联结法生成的聚类树状族谱，本书把中国省域治理质量综合指数分别划分为 3、4、5 个层次，依次刻画各省份治理质量综合指数由大到小的种群特征，具体结果参见表 3-15、表 3-16。

以划分四个层次为例，2001 年，第一层次包括北京、上海、天津 3 个直辖市，第二层次包括福建、山东、辽宁、广东、江苏、浙江 6 个省份，第三层次包括四川、江西、新疆、湖北、安徽、重庆、吉林、黑龙江、河南、湖南、山西、宁夏、陕西等 13 个省级地区，第四层次包括贵州、青海 2 个省份。2016 年，第一层次包括北京、上海 2 个直辖市，第二层次包括天津、江苏、浙江 3 个省级地区，第三层次包括山西、宁夏、河南、四川、湖南、黑龙江、江西、吉林、贵州、山东、重庆、广东、辽宁、福建、湖北、陕西、安徽等 17 个省级地区，第四层次包括青海、新疆 2 个省级地区。

由此可见，2001—2016 年，中国省域治理质量变迁存在如下特征：第一，省域治理质量呈现菱形分布，大量省份治理质量位于中间层次，少数省份治理质量位于较高、较低层次；第二，部分省份治理质量提升较快，层次靠前的省份数量增多，层次靠后的省份数量减少；第三，沿海地区省域治理质量遥遥领先，中西部地区省域治理质量相对较低。

综上所述，本书的中国省域治理质量的评估体系是有效的，主要体现在三个方面、六个维度：首先，从评估内容来看，政府能力、市场能力和法治水平三大评估内容均来源于国内外最新研究成果，且拥有坚实的理论基础，体现了全球视野；同时，每个评估内容都与中国省域实际情况相吻合，体现了中国特色。其次，从指标体系来看，本书以近 40 篇国内外一流文献为基础，通过详细的比较、归纳和汇总，定性筛选出 14 个指标；同时，采用变差系数法，本书对这些指标进行定量筛选和评价，结果全部予以保留。最后，从综合指数来看，本书的中国省域治理质量综合指数与现有的治理指数相关性较高，一致性比较好；同时，本书综合指数的实证分析结果与实际情况基本吻合，不存在较大偏差。

表 3-15　中国省域治理质量的聚类分析结果（2001）

聚类数量	各层次的地区
3个聚类	第一层次：北京、天津、上海 第二层次：山西、辽宁、吉林、黑龙江、江苏、浙江、安徽、福建、江西、山东、河南、湖北、湖南、广东、重庆、四川、陕西、宁夏、新疆 第三层次：青海、贵州
4个聚类	第一层次：北京、天津、上海 第二层次：辽宁、江苏、浙江、福建、山东、广东 第三层次：山西、吉林、黑龙江、安徽、江西、河南、湖北、湖南、重庆、四川、陕西、宁夏、新疆 第四层次：青海、贵州
5个聚类	第一层次：北京、上海 第二层次：天津 第三层次：辽宁、江苏、浙江、福建、山东、广东 第四层次：山西、吉林、黑龙江、安徽、江西、河南、湖北、湖南、重庆、四川、陕西、宁夏、新疆 第五层次：青海、贵州

表 3-16　中国省域治理质量的聚类分析结果（2016）

聚类数量	各层次的地区
3个聚类	第一层次：北京、天津、上海、江苏、浙江 第二层次：山西、辽宁、吉林、黑龙江、安徽、福建、江西、山东、河南、湖北、湖南、广东、重庆、四川、陕西、宁夏、贵州 第三层次：青海、新疆
4个聚类	第一层次：北京、上海 第二层次：天津、江苏、浙江 第三层次：辽宁、山西、吉林、黑龙江、安徽、福建、山东、广东、江西、河南、湖北、湖南、重庆、四川、陕西、贵州、宁夏 第四层次：青海、新疆
5个聚类	第一层次：北京、上海 第二层次：天津、江苏、浙江 第三层次：辽宁、安徽、福建、湖北、山东、广东、陕西、重庆 第四层次：山西、吉林、黑龙江、江西、河南、湖南、四川、宁夏、贵州 第五层次：青海、新疆

3.5 本章小结

本书以“权力悖论”为逻辑起点，经过详细的理论分析和论证，提出中国省域治理质量的评估框架，设计三级评估指标体系；选用时序全局因子分析法，对中国省域面板数据进行分析，确定各个评价指标的权重；实证评估中国省域治理质量，分析综合指数变化趋势和空间分异特征，主要结论如下。

第一，中国省域治理质量的评估内容主要包括：政府能力、市场能力、法治水平，这体现了“权力横向配置+治理能力+权力约束”多维视角。其中，政府能力、市场能力不仅体现了行使权力的能力，也体现了权力的横向配置；法治水平不仅体现了对权力行使行为的有效约束，也体现了对权力行使能力的充分强化。

第二，总体而言，中国省域治理质量综合指数均呈现“逐步上升”态势，各个省份的治理质量不断改善。此外，在财力资源、补贴创新、医疗卫生、非国有投资、律师人才、诉讼业务、律师事务所和知识产权保护等八个领域，大部分样本省级地区都比较薄弱，需要未来给予重点关注。

第三，2016 年，东部地区样本省份的治理质量都比较高，东北地区 100%、西部地区 5/7、中部地区 2/3 样本省份的治理质量比较低。2001—2016 年，中西部地区大部分被考察省份的治理质量的改善幅度比较大，东部地区大部分、东北地区所有省份的改善幅度都比较小，中国省域治理质量的相对差异和绝对差异均明显缩小。

根据本章主要研究结论，本书可以提出如下政策建议。

第一，加快改善地方治理的薄弱领域。中国省域治理应该更多关注财税资源、创新补贴、医疗卫生、非国有投资、律师人才、诉讼业务、律师事务所和知识产权保护等八个领域，集中体现在政府能力和法治水平。具体来说，中央政府应该加强转移支付力度，优化地区之间的对口帮扶制度，推动央地之间的财税分配体制改革，增强地方政府的财政实力，完善省级地区之间、央地之间的干部交流制度，帮助地方政府更好履行职责；各级政府应该持续解放思想，推进医疗卫生事业分类改革，充分发挥社会资本、社会组织的重要作用，积极鼓励非政府非盈利性医疗卫生机构快速发展；各级政府应该为律师行业大发展扫清障碍，强化知识产权保护法规和政策体系，加大全民普法教育广度和力度，加快培育居民和机构的法治意识和法治精神；各级政府应该强化私有产权保护，确保依法执政、依法监督和依法服务，积极打造良好的营商环境，大力鼓励民营企业快速发展，引导非国有投资有序增长。

第二，积极提升落后地区的治理质量。与东部地区样本省市相比，西部、中部和东北地区样本省级地区的治理质量都比较低，故应该更多关注这些落后地区的治理改善，特别是东北地区。具体来说，在中部地区，尤其是山西、河南、江西和湖南，应该充分利用“中部崛起”的政策红利，积极争取来自中央的政策支持，在提升市场化水平的同时，更多关注政府能力和法治水平的改善；同时，充分利用邻接东部沿海发达地区的区位优势，通过干部交流、参观学习和专题研究等多种方式，大力向东部省市学习先进治理经验。在西部地区，特别是贵州、青海、新疆、四川和宁夏，应该抓住“西部大开发”的历史机遇，在持续提升政府能力、法治水平的同时，更多关注市场化水平的改善；同时，努力克服区位地理等方面的客观劣势，积极借鉴周边中部地区、东部沿海地区的治理措施。在东北地区，特别是黑龙江和吉林，应该珍惜国家有关“振兴东北”的重要契机，以壮士断腕、刮骨疗伤的勇气，全面提升法治水平、市场化水平和政府能力，并注重向环渤海发达地区取经。

第 4 章 治理质量影响中国省域经济增长的实证分析：基于权力悖论视角

4.1 理论假说

4.1.1 良好治理对本地区经济增长存在显著正向影响

Keefer 和 Knack （1995） 研究发现，治理质量是解释投资率的重要变量[43]，即良好治理提高经济绩效的一个途径是：改善资本市场和投资环境[16]。同时，也存在其他途径，比如[42]官僚职业化鼓励公共设施投资，稳定的官僚体系促进私人部门的长期投资，官僚职业化降低腐败、鼓励生产性投资，支持投资和创新的公正治理体系的有效执行为经济增长提供了有利环境。此外，良好的经济权力结构会促进资源的优化配置[44]，政治权力结构影响经济制度、经济政策[45,46]，中央与省级地区之间的财政分权促进官员激励、地区竞争、资源配置优化、产权保护[34]。而且，市场化促进资源优化配置，通过提供税收、商品和服务等方式来支持政府积极作用的发挥，并通过迫使政府改革来弱化政府的消极影响；法治约束市场主体和政府机构的消极影响，且鼓励它们发挥积极作用，保护私有产权和知识产权，支持投资和创新。即如上作用途径集中体现了治理可以被当作社会基础设施，通过制度和政府政策构成的经济环境，抑制权力的“掠夺之手”，或者鼓励权力的“扶持之手”，对本地区经济增长具有重要作用[47]。基于此，本书提出如下假说。

假说 1：良好治理会显著、正向影响本地区经济增长。

4.1.2 良好治理对本地区经济增长的正向影响边际递减

Murrell 和 Olson（1991）最早提出，更好的治理使得后发国家能够发挥后发优势，比发达国家更快地实现经济增长[18]。从理论和现实来看，后发国家不仅意味着较低的经济发展水平，也往往意味着较低的治理质量。按照张弘和王有强（2013）采用局部回归法拟合的趋势线，可以直观发现：对全球 150 多个国家（1996—2010）而言，当治理质量（WGI 指数）较低的时候，伴随一个单位的治理质量改善，人均 GDP 的增幅较大；当治理质量较高的时候，伴随一个单位的治理质量改善，人均 GDP 增幅较小[8]。因此，一些学者认为，治理质量和经济增长之间的互动关系十分复杂，不一定正相关，或许是非单调的[10,48]。新古典经济增长理论假设，给定资源（劳动、资本）和技术的情况下，人均产出存在最大值，该理论隐含了最优治理的概念[16]。2001 年，中国大部分样本省份都属于中低、低收入组别（北京和上海属于中高收入组别）；2016 年，中国大陆人均 GDP 超过 8000 美元，有 9 个省份人均 GDP 突破 1 万美元，北京、上海等地已逐步向人均 2 万美元逼近，甘肃等地仍处于人均 4000 美元左右。由此可见，中国各个省份的经济发展水平涵盖了从低收入到高收入的各个阶段。基于此，本书提出如下假说。

假说 2：随着治理质量的逐步提升，伴随一个单位的治理质量改善，人均 GDP 的增幅会逐步下降，即良好治理对本地区经济增长的正向影响边际递减。

4.2 模型与方法

4.2.1 模型设定

1. 理论归纳

根据 Seldadyo 等（2010）[51]、张弘和王有强（2013）[8]、刘明兴等（2013）[46]、李飞跃等（2014）[45]等学者的研究成果，治理质量与经济增长之间存在非线性关系，本书沿用这一重要观点。一方面，Seldadyo 等（2010）采用人均 GDP 的自然对数、WGI 综合指数[51]，张弘和王有强（2013）采用 4

个 WGI 分项指数、人均 GDP 的自然对数[8]，故本书纳入治理质量综合指数、人均实际 GDP 的自然对数，并预期治理质量综合指数的系数为正。另一方面，根据假说 2，治理的经济增长效应可能存在边际递减现象，故本书也考虑纳入治理质量综合指数的平方项，并预期平方项的系数为负，拟定如下两个备选计量模型，具体模型如公式（4-1）、（4-2）所示：

$$lnGDP_{it} = \alpha_0 + \alpha_1 Gov_{it} \tag{4-1}$$

$$lnGDP_{it} = \alpha_0 + \alpha_1 Gov_{it} + \alpha_2 Gov_{it}^2 \tag{4-2}$$

2. 趋势拟合

本书借鉴张弘和王有强（2013）[8]的思路，采用局部回归法，分别对如上两个模型进行估计，并得到各自的散点图、拟合曲线，具体结果如图 4-1、图 4-2 所示。

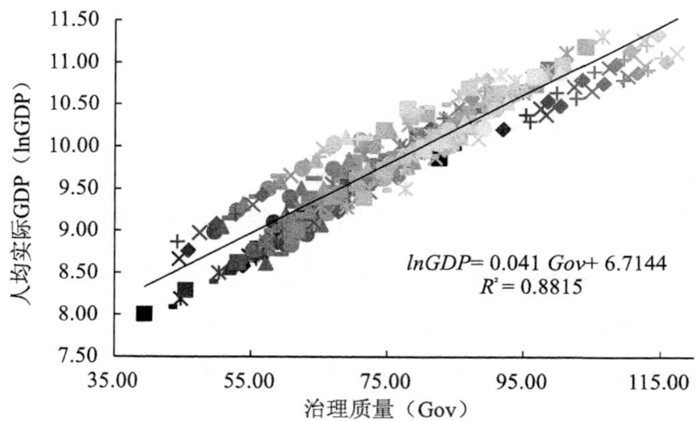

图 4-1 模型（4-1）的散点描述和拟合曲线

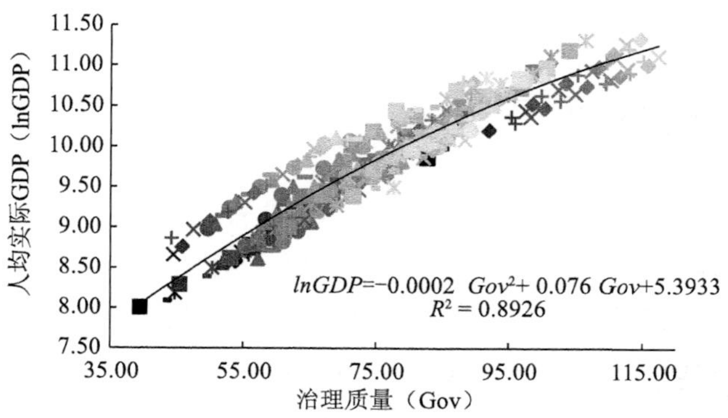

图 4-2 模型（4-2）的散点描述和拟合曲线

3. 模型比选

从 F 统计量来看，两个模型的显著性都小于 0.01，说明模型在统计意义上都非常显著；从回归系数来看，变量 *Gov* 的系数都大于零，变量 Gov^2 的系数则小于零，这都符合预期，且都在 1%水平下显著。然而，无论是直接观察散点图和拟合曲线，还是定量比较调整之后的 R^2 统计量，模型（2）显然更胜一筹。基于此，本书借鉴 Seldadyo 等（2010）[51]、李飞跃等（2014）[45]、邵传林（2016）[34]的做法，提出本书的计量模型，具体如式（4-3）所示：

$$lnGDP_{it}=\alpha_0+\alpha_1 Gov_{it}+\alpha_2 Gov_{it}^2+\beta C_{it}+\mu_i+\lambda_t+\varepsilon_{it} \tag{4-3}$$

其中，$\ln GDP_{it}$为 i 省份 t 年的人均 GDP（i 省份 2001 年价格）的自然对数，Gov_{it}为 i 省份 t 年的治理质量综合指数，C_{it}为控制变量集①，α_0为截距项，α_1、α_2为待估系数，β 为待估系数矩阵，μ_i为地区效应，λ_t为时间效应②，ε_{it}为服从独立同分布的误差项，其均值为 0，方差为 σ。

4.2.2 变量选择

1. 经济增长

经济增长是本书的核心被解释变量，萨缪尔森和诺德豪斯（2013）认为，经济增长就是“一国潜在的地区生产总值的增加”③。而刘易斯（2015）则指出，如果考虑到人口和价格因素，经济增长就是“人均实际产出的增加”[219]。从现有研究成果来看，有的学者采用人均 GDP 指标，比如：李飞跃等（2014）[45]、张弘和王有强（2013）[8]、邵传林（2016）[34]；有的学者采用人均 GDP 增长率指标，比如：Seldadyo 等（2007）[58]、Kurtz 和 Schrank（2007）[52]；有的学者采用其他指标，比如生产率的增长率[16]、GDP[9]、人均工业总产值指数增长率[46]。参照国内外学者的做法，本书采用人均实际

① 变量集包括：开放程度（*Open*）、教育水平（*Edu*）、城市化（*Urban*）、投资占比（*Inv*）、人力资本（*Hum*）。

② Wilson（2016）指出，鉴于中国快速的经济发展、经济结构变化和治理改革，治理与增长之间的关系可能存在时间效应；同时，由于产业结构差异、私人部门发展历史、私人—国家互动，治理与增长之间的关系也可能存在省际异质性，即地区效应。

③ ［美］保罗·萨缪尔森，威廉·诺德豪斯．宏观经济学（第 19 版）［M］．北京：人民邮电出版社，2012：37-79.

GDP 指标，剔除了通胀因素，统一换算成 2001 年可比价格，具体如表 4-1 所示。

表 4-1 主要变量及计算方法

主要变量	代码	含义和计算方法（单位）	数据来源
治理质量	*Gov*	治理质量综合指数	本书计算得到
经济增长	ln*GDP*	ln（人均实际 GDP）	中国统计年鉴（2002—2017）
开放程度	*Open*	（进出口总额 * 汇率）/GDP（%）	
教育水平	*Edu*	高校在校学生数/常住人口（人/万人）	
城市化	*Urban*	年末城镇人口比重（%）	
投资占比	*Inv*	全社会固定资产投资/GDP（%）	
人力资本	*Hum*	大专及以上人口比重①（%）	

2. 治理质量

治理质量是本书的核心解释变量，有的学者选用治理质量综合指数，比如 Olson（2000）采用同期 ICRG 算术平均综合指数[19]，Seldadyo 等（2007）把 ICRG 数据库的五项治理指标合成一个治理指数[58]；有的学者选用治理质量分项指数，比如 Kurtz 和 Schrank（2007）采用 WGI 指数中的政府效能分项指标[52]，张弘和王有强（2013）采用 WGI 分项指数——政府效能、腐败控制、法治水平、监管质量[8]。根据国内外研究的最新特征，本书注重多维视角和综合性，采用前文计算得到的中国省域治理质量的综合指数（2001—2016），计算过程见第 3 章，综合指数见附表 1、附表 2。

3. 控制变量

除了治理质量之外，还存在影响经济增长的其他变量，为了剔除这些变量对经济增长的影响，需要把它们纳入控制变量集。从现有经济增长的实证文献来看，Mankiw 等（1992）把初始收入、入学率、投资占比三个指标纳入控制变量集[220]，Beugelsdijk 等（2004）的控制变量包括：初始人均 GDP、入学率、投资价格水平[221]，Olson 等（2000）的控制变量包括：初始初中入学率、初始人均 GDP[19]，Seldadyo 等（2007）纳入四个控制变量：初始收入、

① 大专及以上人口样本数/六岁及以上人口样本数。

入学率、投资占比、投资价格水平[58]，邵传林（2016）的控制变量集纳入了十个指标：宏观税负（财政收入/GDP）、投资占比（固定资产投资/GDP）、国有经济（国有单位就业/总就业人数）、教育水平（高等学校在校生总人数/总人口）、产业结构（第二产业/GDP）、人口增长（人口自然增长率%）、外商直接投资（外商直接投资总额乘汇率/GDP）、地区开放程度（进出口总额乘汇率/GDP）、基础设施状况（每万人公路里程-公里-的自然对数）、城市化水平（非农业人口在总人口中的占比）[34]。基于此，结合本课题的实际需要，以及数据资料的可得性，本书选择如下控制变量：开放程度（*Open*）、教育水平（*Edu*）、城市化（*Urban*）、投资占比（*Inv*）、人力资本（*Hum*）。

4.2.3 研究方法

1. 面板单位根检验

对于面板数据，如果不进行平稳性检验，就会出现“伪回归”现象。一般而言，面板单位根检验方法有[222]：Lev、Lin 和 Chu 提出的 LLC 检验，Im、Per 和 Shin 提出的 IPS 检验，这两种方法均为左侧单边检验，其原假设均为存在面板单位根。在 ADF 检验的基础上，可以构造得到 LLC 检验统计量，其序列具体如公式（4-4）所示：

$$\Delta y_{it} = \rho y_{i,\ t-1} + \sum_{j=1}^{ki} \gamma_{it} \Delta y_{i,\ t-j} + z_{it}\varphi + \varepsilon_{it} \tag{4-4}$$

其中，z_{it}表示外生变量，当 LLC 统计量大于临界值，说明面板数据不平稳。然而，LLC 方法要求所有个体拥有相同的效应，即不能进行异质面板数据的平稳性检验。而 IPS 方法允许不同个体拥有不一样的效应，即可以进行异质面板数据的平稳性检验，IPS 检验的统计量如公式（4-5）所示：

$$\Delta y_{it} = \rho y_{i,\ t-1} + \sum_{j=1}^{ki} \gamma_{it} \Delta y_{i,\ t-j} + X_{it}\alpha + \varepsilon_{it} \tag{4-5}$$

2. 面板协整检验

协整检验主要研究非平稳变量的长期、稳定关联，如果不同变量之间存在平稳性，就可以认为具有协整关系。总体而言，面板协整检验可划分为三种[222]：第一种，比较典型的是 Westerlund，假定具有面板协整关系，关注同质面板数据分析，综合纳入了协整和非协整的检验①。第二种，比较典型的是 Pedroni，假定没有协整关系，用于异质面板数据分析，常用统计量主要有7个。② 第三种，以 Engle 和 Granger 提出的协整技术为代表，简称 E-G 两步法，先对回归方程进行 OLS 估计，得到它的残差序列，然后检验残差的平稳性。

3. 面板模型的估计

一般而言，面板数据模型主要包括③：混合效应模型、固定效应模型和随机效应模型。面板数据模型的优点在于，可以捕捉个体效应和时间效应，如果可以检验（F 统计量）出个体效应的话，那就要排除混合效应模型，然后通过检验（Hausman 统计量）随机效应模型的假设前提来筛选模型形式。其中，F 检验的原假设是不存在个体效应，Hausman 检验的原假设是个体效应和随机干扰项不相关。具体而言，模型估计过程可以分两步：首先，采用 F 检验来判断是否存在个体效应，如果 F 统计量的 P 值显著大于 10%，则认为不存在显著的个体效应，应该选择混合效应模型；否则，认为存在显著的个体效应，混合效应模型不合适。其次，采用 Hausman 统计量来判断是固定效应模型还是随机效应模型更合适一些，如果 Hausman 统计量的 P 值显著小于 10%，则认为个体效应与随机干扰项相关，应该选择固定效应模型；否则，应该选择随机效应模型。

4.3 实证分析结果

4.3.1 描述性统计

本书采用中国大陆 24 个省、直辖市、自治区的面板数据（2001—2016），

① 统计量主要包括 $G\alpha$、$G\tau$、$P\alpha$、$P\tau$，它们都属于右侧单边检验，如果统计量属于比较大的正数，就说明协整关系显著存在。

② 其中，3 个组间统计量——Group PP、Group Rho 和 Group ADF，4 个组内统计量——Panel Rho、Panel V、Panel ADF 和 Panel PP。

③ 在混合效应模型里，截距项和斜率项都是常数；在随机效应模型和固定效应模型里，可以选择变截距模型，也可以选择变系数模型；随机效应模型和固定效应模型的区别在于，随机效应模型假定个体效应和随机干扰项不相关，而固定效应模型放宽了该假定。

运用 Excel 对主要变量进行描述性统计分析，从经济增长变量来看，平均值和中位数相同，表明 50%观测样本的人均 GDP 达到平均水平；偏度和峰度的绝对值都小于 1，表明该变量近似服从正态分布。从治理质量变量来看，平均值大于中位数，表明超过 50%的观测样本达不到治理质量的平均水平；偏度和峰度的绝对值都小于 1，表明该变量近似服从正态分布；最大值是最小值的 3 倍左右，表明治理质量的时空差异较大，具体如表 4-2 所示。

表 4-2　描述性统计

	lnGDP	*Gov*	*Open*	*Edu*	*Urban*	*Inv*	*Hum*
平均值	9.75	75.10	33.54	148.32	48.71	55.63	8.89
中位数	9.75	73.28	13.71	147.57	46.57	51.43	7.28
标准差	0.68	15.25	41.97	71.17	16.01	19.77	6.02
峰度	-0.61	-0.05	1.94	0.31	0.41	-0.34	6.75
偏度	0.12	0.57	1.75	0.69	0.72	0.56	2.31
最小值	8.01	39.45	3.57	27.92	14.90	23.98	1.83
最大值	11.68	118.31	172.15	356.48	89.60	137.15	45.46
观测数	384	384	384	384	384	384	384

从开放程度变量来看，平均值明显大于中位数，表明超过 50%的观测样本低于平均开放程度；偏度和峰度都小于 2，表明该变量近似服从正态分布；最大值约是最小值的 48 倍，表明开放程度的时空差异非常大。从教育水平变量来看，平均值略大于中位数，表明超过 50%的观测样本低于平均教育水平；偏度和峰度都小于 1，表明该变量近似服从正态分布；最大值约是最小值的 12.8 倍，表明教育水平的时空差异非常大。从城市化变量来看，平均值略大于中位数，表明超过 50%的观测样本低于平均城市化水平；偏度和峰度都小于 1，表明该变量近似服从正态分布；最大值是最小值的 6 倍左右，表明城市化水平的时空差异较大。从投资占比变量来看，平均值大于中位数，表明超过 50%的观测样本低于平均投资占比水平；偏度和峰度的绝对值都小于 1，表明该变量近似服从正态分布；最大值约是最小值的 5.7 倍，表明投资占比水平的时空差异较大。从人力资本变量来看，平均值

大于中位数，表明超过50%的观测样本低于平均人力资本水平；偏度小于3、峰度小于8，表明该变量近似服从正态分布；最大值约是最小值的24.8倍，表明人力资本水平的时空差异非常大。

4.3.2 模型假设检验

1. 残差的独立性和方差齐次性检验

从回归残差的散点图来看，在横轴的上下，无法明显看到残差的趋势性或周期性的变动态势，可以认为残差基本服从独立性的假设条件，从而认为不存在显著的内生性问题；同时，标准化残差大多分布在-2与2之间，随机分布在横轴的周围，可以认为残差近似服从同方差的假设条件，即没有发现显著的异方差现象[205]。

2. 残差的正态性检验

由回归残差的直方图可以看出，标准化残差分布比较均匀，且没有奇异值，故可以认为残差基本符合正态分布；同时，由回归残差的P-P图可以发现，所有散点都基本分布于45度对角线的附近，也可以认为残差是近似服从正态分布的[205]。

3. 多重共线性检验

考虑到本模型涉及较多自变量，为避免自变量间的相关性导致模型失真，需要对自变量间的多重共线性进行检验。从现有文献来看，主要检验指标包括：方差膨胀因子（VIF）[223]、相关系数[224]。一般而言，如果方差膨胀因子小于10[223]，或者相关系数绝对值小于0.4[224]，则认为不存在显著的多重共线性。此外，假设相关系数为r，当$|r| \geq 0.7$时，说明变量间高度相关；当$0.7 > |r| \geq 0.5$时，说明变量间中度相关；当$0.5 > |r| \geq 0.3$时，说明变量间低度相关[225]。从方差膨胀因子来看，所有变量的统计量都小于8。从Pearson相关系数矩阵来看，只有1个相关系数（0.601）大于0.5，仅占总数的6.67%；只有3个相关系数大于0.4，仅占总数的20%；而且协方差也都非常小，故可以认为本书的自变量之间不存在显著的多重共线性，具体如表4-3、表4-4所示。

表 4-3　各自变量之间相关系数矩阵

		Hum	*Inv*	*Edu*	*Open*	*Urban*	*Gov*
相关性	*Hum*	1. 000	-0. 059	-0. 201	-0. 112	-0. 279	-0. 142
	Inv	-0. 059	1. 000	-0. 071	0. 601	0. 004	-0. 270
	Edu	-0. 201	-0. 071	1. 000	0. 313	-0. 313	-0. 434
	Open	-0. 112	0. 601	0. 313	1. 000	-0. 309	-0. 435
	Urban	-0. 279	0. 004	-0. 313	-0. 309	1. 000	-0. 313
	Gov	-0. 142	-0. 270	-0. 434	-0. 435	-0. 313	1. 000
协方差	*Hum*	1. 023E-05	-1. 328E-07	-1. 941E-07	-1. 796E-07	-1. 469E-06	-8. 265E-07
	Inv	-1. 328E-07	4. 895E-07	-1. 509E-08	2. 115E-07	4. 733E-09	-3. 443E-07
	Edu	-1. 941E-07	-1. 509E-08	9. 151E-08	4. 766E-08	-1. 554E-07	-2. 398E-07
	Open	-1. 796E-07	2. 115E-07	4. 766E-08	2. 527E-07	-2. 556E-07	-3. 992E-07
	Urban	-1. 469E-06	4. 733E-09	-1. 554E-07	-2. 556E-07	2. 703E-06	-9. 397E-07
	Gov	-8. 265E-07	-3. 443E-07	-2. 398E-07	-3. 992E-07	-9. 397E-07	3. 331E-06

表 4-4　各自变量的方差膨胀因子

变量	容差	方差膨胀因子
Gov	0. 135	7. 398
Open	0. 227	4. 406
Edu	0. 226	4. 419
Urban	0. 150	6. 667
Inv	0. 544	1. 840
Hum	0. 277	3. 615

4. 3. 3　初步计量结果

1. 面板单位根检验

用不平稳的面板数据构建计量模型，获得的结论容易存在错误，因此需要事先进行平稳性检验，即单位根检验。但是，随着计量经济学的持续发展，越来越多的文献表明，ADF、PP 等时间序列单位根检验在小样本的条件下往往表现出偏低的检验能力[225]，加之宏观数据的时间跨度往往偏小，故传统时间序列单位根检验方法在具体使用中往往存在显著的偏差[226]。因此，许多新的单位根检验纷纷涌现，在面板数据的基本框架下，它们利用截面信息设计统计量，这有助于改善检验能力。基于此，本书采用 LLC 检验和 IPS 检验方法，前者适用于同质面板，后者适用于异质面板[227]，具体如表 4-5 所示。

表 4-5 各变量单位根检验

变量	LLC 检验（P 值）		IPS 检验（P 值）	
lnGDP	0.0000	平稳	0.0000	平稳
Gov	0.0015	平稳	0.9442	有单位根
Gov^2	0.6293	有单位根	1.0000	有单位根
Open	0.0011	平稳	0.3938	有单位根
Edu	0.0000	平稳	0.0000	平稳
Urban	0.0159	平稳	0.6477	有单位根
Inv	0.9932	有单位根	1.0000	有单位根
Hum	0.6866	有单位根	1.0000	有单位根

经 LLC 检验、IPS 检验，对于存在单位根的变量进行一阶差分，然后继续做单位根检验，结果发现，这些变量的一阶差分均为平稳序列，因此可能存在协整关系，可以进行面板协整分析，具体结果如表 4-6 所示。

表 4-6 变量一阶差分单位根检验

变量	LLC 检验（P 值）		IPS 检验（P 值）	
D（*Gov*）	0.0000	平稳	0.0000	平稳
D（Gov^2）	0.0000	平稳	0.0000	平稳
D（*Open*）	0.0000	平稳	0.0000	平稳
D（*Urban*）	0.0000	平稳	0.0000	平稳
D（*Inv*）	0.0000	平稳	0.0000	平稳
D（*Hum*）	0.0000	平稳	0.0000	平稳

2. 面板协整检验

治理质量与经济增长是否存在长期均衡稳定的关系，要回答这一问题，需要通过协整检验来确定。本书采用 stata11 软件，使用 E-G（engle-grange）两步法，将所有变量放入回归方程进行 OLS 估计，检验回归生成的残差序列，LLC 检验（*P* 值为 0.0011）表明模型的残差是平稳的，因此可以认为，治理质量与经济增长之间具有协整关系，不会产生伪回归问题。需要指出的是，回归元中的变量都是 I（1）序列（即，1 阶单整，或 1 阶差分平稳序列），LLC 检验是不带截距、不带时间趋势项的形式，残差的 LLC 检验用协整临界值。

3. 面板模型估计

由于产业结构差异、私人部门发展历史、私人—国家互动等因素的影响，治理质量与经济增长之间的关系可能存在省际异质性[42]，如果采用混合回归计量模型，往往难以涵盖个体的差异性，这就会造成参数估计的不一致[228]。因此，本书模型估计过程可以分两步：首先，用 F 检验来判断是否存在个体效应，由检验结果可以看到，F 统计量为 156.5，对应的 P 值（0.0000）明显小于 1%，故强烈拒绝原假设（个体效应 $u_i=0$），认为存在显著的个体效应，即混合效应模型不合适。其次，采用 Hausman 统计量来判断是固定效应模型还是随机效应模型更合适一些，由结果可以看到，Hausman 统计量为 16.1，对应的 P 值（0.0246）明显小于 5%，故强烈拒绝原假设（个体效应和随机干扰项不相关），认为随机效应模型的假设前提在本研究中不成立，即随机效应模型也不合适。综上所述，本书选择固定效应模型作为最终模型形式，具体估计结果如表 4-7 所示。

表 4-7　面板模型估计结果

变量	固定效应模型（FE）	随机效应模型（RE）
C	6.322455***	6.306723***
Gov	0.044531***	0.044852***
Gov^2	−0.000062***	−0.000063***
$Open$	−0.001201***	−0.001138***
Edu	0.002038***	0.001875***
$Urban$	0.000046	0.000502
Inv	0.001739***	0.001975***
Hum	0.012750***	0.012097***
调整 R^2	0.8865	0.8761
样本量	384	384
F 统计量	156.5（P=0.0000）	
Hausman 统计量	16.1（P=0.0246）	

注：*** 代表在 1%水平下显著。

在表 4-7 中，固定效应模型采用 OLS 估计法，随机效应模型采用 GLS 估计法。从固定效应模型的估计结果来看，首先是模型整体拟合情况，F 值为 3436.45，对应的 P 值为 0.0000，远远小于 1%，故强烈拒绝原假设（所有解释变量的系数都为零），认为至少一个解释变量的系数显著不为零；拟合优度 R^2 为 0.8865，说明回归模型可以解释因变量 88.65%的变化，即固定效应模型整体对观测样本的拟合度良好。由此可见，固定效应模型整体拟合情况较好，结果比较令人满意。其次是核心解释变量的参数估计情况，治理质量 Gov 的系数显著大于零，二次项 Gov^2 的系数显著小于零，故可以得到曲线的对称轴为 $Gov=359.12$，明显大于所有样本省份的 Gov 值。这清楚表明，在考察期内（2001—2016），中国大陆省份的治理质量与经济增长（实际人均 GDP）显著正相关，且本地区的治理质量显著、正向影响本地区的经济增长，验证了假说 1。关于良好治理对经济增长的正向影响，可以这样来理解：省域治理质量的持续改善，意味着科技等领域的制度不断创新和改革进一步深化，意味着政府治理能力提升、市场的资源配置能力改善、法治水平的提升，意味着政府机制与市场机制、政府机构与企业和行业协会之间治理关系的改善，也就意味着权力的“扶持之手”得到鼓励，或者权力的“掠夺之手”受到抑制，这有助于中国各个省级地区降低交易成本、促进资源优化配置，充分发挥后发优势、释放经济增长潜力，从而给省域经济增长带来正面冲击。虽然，有关中国省级地区的一些研究成果也支持良好治理对本地区经济增长的正向影响，但大部分仅侧重治理质量的某一方面，比如权力纵向配置[30-32,34]、权力横向配置（市场化、行政区划）[33-36]、权力约束（法治）[37,38]，只有少量文献关注二维治理视角，比如治理能力+权力约束[41]；而本书则关注多维治理视角，即“权力横向配置+治理能力+权力约束”，且选用了跨年度可比的治理质量综合指数。

此外，随着中国大陆各省份治理质量的逐步提升，伴随本地区一个单位的治理质量改善，本地区人均 GDP 的增幅逐步下降，即良好治理对本地区经济增长的正向影响存在边际递减现象，验证了假说 2。关于良好治理的边际经济增长效应存在递减现象，可以这样来理解：在考察期内（2001—2016），较低的治理质量意味着较低的人均 GDP 和较大的经济增长潜力，意味着制度的整体性框架成熟度较低和改革红利较大，意味着新增一个单位经济增长所需的边际治理成本较低和新增一个单位治理改善所产生的边际经济增长较高，从而意味着治理质量的边际经济增长效应较强（后发优势）。此外，本书的中国省域治理质量评价指标体系纳入了三个指标：补贴创新、技术市场和知识产权保护，这些都与技术创新能力、科技体制改革效果有关，故较低的治理质量也意味着科技体制改革效果较差，以及科技创新能力较弱，从而意味着较弱的创新驱动效应（后发劣势）。因此，较低的治理质量不仅意味着较强的边际经济增长效应，也意味着较弱的创新驱动效应，本书把该特征界定为高速度经济增长效应，即经济增长主要依赖于投资等要素驱动。相反，较高的治理质量意味着较高的人均 GDP 和较小的经济增长潜力，意味着制度的整体性框架成熟度较高和改革红利较小，意味着新增一个单位经济增长所需的边际治理成本较高和新增一个单位治理改善所产生的边际经济增长较低，从而意味着治理质量的边际经济增长效应较弱（先发劣势）；同时，较高的治理质量也意味着科技体制改革效果较好，以及科技创新能力较强，从而意味着较强的创新驱动效应（先发优势）。因此，较高的治理质量，不仅意味着较弱的边际经济增长效应，也意味着较强的创新驱动效应，本书把该特征界定为高质量经济发展效应，即经济增长主要依赖于创新驱动。显然，治理质量的边际效应呈现递减现象，这意味着随着治理质量的持续改善，高速度经济增长效应越来越弱，而高质量经济发展效应越来越强，经济增长从要素驱动逐渐转变为创新驱动，本书把这种动态变化定义为良好治理的经济增长方式转型效应。

除了上一段的理论解释外，还有很多典型事实可以支撑本书观点。可以观察到的事实是，2008 年前后，随着中国全面落实加入 WTO 的各项承诺，WTO 制度框架在中国大陆初步形成，中国已基本完成与全球贸易体系的接轨工作，改革红利开始由大变小。此外，美国次债危机引发了欧债危机，并引发了全球经济危机，经济危机迅速转变为社会危机、政治危机，美国等主要发达国家贸易政策逐步趋于保守，全球自由贸易体制受到极大冲击，制度红利也逐步由大变小。故 2007 年以来，中国经济增长速度持续下滑，从 14.2% 下降到 2017 年的 6.9%（见图 4-3），表明高速度经济增长效应越来越弱。同

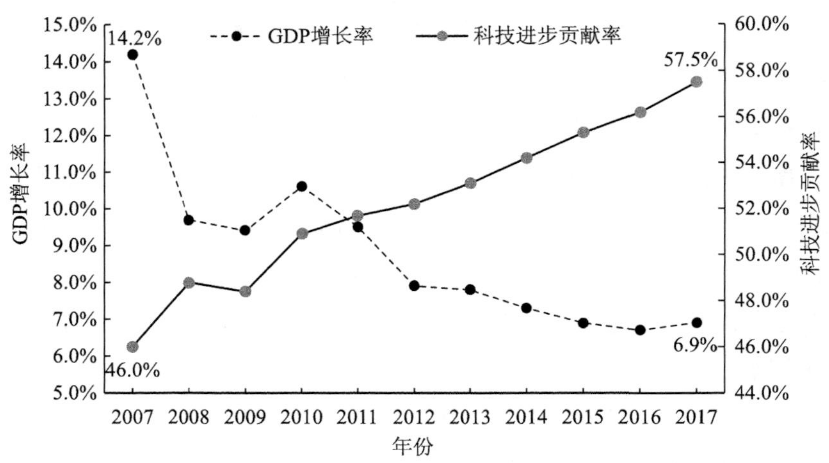

图 4-3　中国 GDP 增长率和科技进步贡献率（2007—2017）

时，始于世纪之交的中国科技体制改革的效果逐步显现，比如自 2003 年以来，中国 PCT 国际专利申请的年增长率都高于 10%；2010 年，中国 PCT 申请量达到 12301 件，首次超过韩国（9604 件）；2017 年飙升至 48882 件，首次力压日本（48208 件），仅次于美国（56624 件），正在从知识产权大国加速向知识产权强国过渡转变。至此，中国科技综合水平正在从数量的扩张向质量的跃升转型，已经快速进入"以跟踪为主转向跟踪与并跑、领跑共存"的新时代，2017 年中国全社会研发经费投入达 1.75 万亿元（仅次于美国），研发投入强度（2.12%）超过欧盟 15 个初创国家的平均水平①（2.08%）；国际科技论文总量和被引用量都仅次于美国，全球排名第二；发明专利申请量和授权量位居全球首位，有效发明专利保有量位居全球第三，近 200 位中国科学家担任重要国际科技组织领导职务，全国技术合同成交额达 1.3 万亿元②。伴随国家深入推进创新驱动战略，创新型发展成绩喜人，墨子、天眼、蛟龙、悟空和大飞机等关键成果纷纷涌现，科技创新能力显著增强，数字经济等新兴产业蓬勃发展，新动能、新产业、新业态加快成型。2017 年，全国高技术制造业和装备制造业增加值均实现两位数增长，占规模以上工业增加值的比

① 数据来源：http：//finance. sina. com. cn/roll/2017-10-10/doc-ifymrcmm9820091. shtml。
② 数据来源：http：//www. gov. cn/shuju/2018-01/10/content_ 5254969. htm。

重为 45.4%；新能源汽车产量 69 万辆，比上年增长 51.2%；工业机器人产量 13 万台（套），增长 81.0%；民用无人机产量 290 万架，增长 67.0%；第二、三产业比重为 40.5%、51.6%①，而 2008 年为 48.6%、40.1%，三次产业结构进一步优化；经济增长的创新驱动特征比较明显，科技进步贡献率为 57.5%②，远高于 2007 年的 46.0%，表明高质量经济发展效应越来越强。

需要指出的是，国内外大部分文献[18-40]都忽略了良好治理对经济增长的正向影响的边际递减现象。从跨国（经济体）层面的研究成果来看，仅有 Seldadyo 等（2007）认为与治理质量较高的经济体相比，治理质量较低的经济体拥有更大、更显著的正向经济增长效应，但他们选用人均 GDP 的长期平均增长率（1984—2004）的截面数据，且只是基于递归回归分析所得系数大小的直观比较[58]。从中国层面的研究成果来看，只有张梁梁和杨俊（2018）通过数值模拟指出，中国省域政府治理质量对人均 GDP 具有边际递减的促进作用，但没有对边际递减现象进行理论解释，且侧重“治理能力+权力约束”的二维治理视角[41]。此外，国内外文献[18-41]都没有讨论良好治理的高质量经济发展效应和经济增长方式转型效应。

最后是控制变量的参数估计情况，开放程度（*Open*）的系数显著小于零，与邵传林（2016）[34]的发现一致，这是可以理解的，因为 2001—2016 年中国大陆 8 个省份的开放程度（进出口贸易/地区生产总值）呈现下降趋势，这与同期实际人均 GDP 的上升趋势形成鲜明对比。教育水平（*Edu*）的系数显著大于零，这符合本书预期，与邵传林（2016）[34]的发现一致，说明 2001—2016 年高等教育显著、正向影响样本省份的经济发展水平。城市化（*Urban*）的系数大于零，但并不显著，与邵传林（2016）[34]的发现一致，说明 2001—2016 年样本省份的城市化扩张，更多侧重数量而不是质量。投资占比（*Inv*）的系数显著大于零，说明 2001—2016 年投资依然是样本省份经济发展水平提高的重要手段，这与邵传林（2016）[34]的发现不一致，可能是他的样本（1994—2011 年，30 个省份）与本书不同。人力资本

① 数据来源：http：//www.stats.gov.cn/tjsj/zxfb/201802/t20180228_ 1585631.html。

② 数据来源：http：//www.gov.cn/shuju/2018-01/10/content_ 5254969.htm。

（*Hum*）的系数显著大于零，且超过投资占比（*Inv*）的系数的7倍，仅次于核心解释变量 *Gov*，说明2001—2016年人力资本（*Hum*）已取代传统的固定资产投资，在样本省份经济发展中发挥着重要作用，成为过去十多年中国经济腾飞的重要引擎，这与现有文献的主要结论一致[228,229]。人力资本的重要作用是可以理解的：20世纪90年代末，中国大陆开启了高校扩招的重要步伐，招生规模从1998年的108万（录取率为34%）飙升到2014年的698万（录取率为74.3%），虽然高校扩招导致大学生质量在一定时期有所下降，但大规模受过高等教育的劳动者供给，显著降低了中国高科技企业的人工成本，帮助中国企业充分利用加入WTO的战略机遇，有效承接发达国家产业链转移，快速完成“模仿创新——自主创新”的成功升级，这正是华为、比亚迪等高科技企业曾经走过的路，从而保证中国经济长期、稳定、高速发展。因此，当初基于“扩内需、缓就业”的高校扩招政策出台，也兼顾了中国经济转型等长远目标的实现。

4.3.4 地区差异性

在中国大陆三大经济区（东部地区、中部地区、西部地区）①，不仅地理、文化、历史等因素差异较大，政府公共服务水平、市场化水平、法治水平、经济发展水平等方面也差异较大，这些可能会对治理质量与本地经济增长的关系产生显著影响。因此，本书借鉴吕朝凤和朱丹丹（2016）[35]的思路，纳入地区虚拟变量，以东部地区为基准，分别设定 Z、X 两个虚拟变量，重新采用OLS估计固定效应模型。其中，当样本属于中部地区，则 $Z=1$，否则 $Z=0$；当样本属于西部地区，则 $X=1$，否则 $X=0$，具体估计结果如表4-8所示。

首先是核心解释变量的参数估计情况，变量 *Gov* 的系数大于零，且在1%水平上显著；二次项 Gov^2 的系数小于零，但不显著。说明对东部地区样本省份而言，治理质量对本地区经济增长存在显著、正向影响，但良好治理的边

① 根据中国统计年鉴的划分标准，东部地区包括9个样本省份：辽宁、广东、上海、北京、山东、浙江、江苏、福建和天津，中部地区包括8个样本省份：河南、吉林、湖北、安徽、江西、湖南、黑龙江和山西，西部地区包括7个样本省份：四川、贵州、陕西、青海、宁夏、新疆和重庆。

际效应不存在显著的递减现象。交互项 $Z * Gov$、$Z * Gov^2$ 的系数均不显著，说明对中部地区样本省份而言，治理质量对本地区经济增长存在显著、正向影响，但良好治理的边际效应不存在显著的递减现象，即都与东部地区样本不存在显著的差异。交互项 $X * Gov$ 的系数显著大于零，说明对西部地区样本而言，治理质量对本地区经济增长的正向影响显著大于东部地区，即良好治理对本地区经济增长的正向影响存在显著的地区差异性。

表 4-8　地区差异性的估计结果

变量	系数	P 值
C	6.468188***	0.000
Gov	0.037354***	0.000
$Z * Gov$	−0.005830	0.605
$X * Gov$	0.017099*	0.061
Gov^2	−0.000021	0.672
$Z * Gov^2$	0.000047	0.551
$X * Gov^2$	−0.000129**	0.031
$Open$	−0.001078***	0.000
Edu	0.002179***	0.000
$Urban$	0.000129	0.875
Inv	0.001989***	0.000
Hum	0.011155***	0.000
F 统计量	2222.6（P=0.0000）	
调整 R^2	0.8870	
样本量	384	

注：*、**、*** 代表在 10%、5%、1%水平下显著。

关于良好治理的正向影响存在地区差异性，可以这样来理解：1978 年以来，中国的改革开放始于沿海地区的四大经济特区，逐步形成了“经济特区—沿海开放城市—沿海经济开放区—内地”的对外开放格局，具有“先试点后推广、由东向西、由沿海到内陆”的鲜明阶梯特征，改革开放的空间次序差异内生地导致了治理质量的区域差异性，造成科技体制改革的效果存在显著区域差异性，从而造成自主创新能力、经济增长动力和产业结构升级的区域差异性；同时，改革开放的空间次序差异也内生地导致了经济发展水平的区域差异性，带来后发优势、潜在经济增长率的区域差异性。因此，西部地区的治理改善会更多带来高速度经济增长效应，而东部地区的治理改善会更多带来高质量经济发展效应，即治理质量的区域差异会带来经济增长方式转型效应的区域差异。

一方面，相对于东部地区样本，西部地区的改革开放起步较晚，制度创新和治理质量相对更低一些，比如 2016 年，西部样本治理质量综合指数范围在 72.36~93.65，而东部样本范围在 88.2~118.31，则西部样本的改革红利更大一些；同时，西部地区样本的人均 GDP 较低，比如 2016 年，西部样本人均 GDP 在 5007 美元~8811 美元，而东部样本在 7649 美元~17801 美元，则西部样本的后发优势更加明显一些，人们更多关注经济规模的迅速扩大。因此，对西部样本而言，只要持续推动制度创新和治理改善，后发优势和经济增长潜力就会得到充分释放，更大的改革红利就会转化为更快的经济增长。但是，中国特色的渐进式改革给西部地区带来了后发劣势，科技体制改革的效果尚不显著，自主创新能力较弱。因此，在西部地区，治理改善会容易带来高速度经济增长效应，经济增长更多依赖于投资（要素驱动效应）。可以观察到的事实是，西部地区自主创新投入规模小、强度低，2016 年研发经费为 1944.3 亿元，占全国全社会研发经费的比重仅为 12.4%；除了陕西（2.19%）之外，其他样本省级地区的研发投入强度都低于全国平均水平（2.11%），重庆、四川、宁夏、贵州、新疆、青海的研发投入强度依次为 1.72%、1.72%、0.95%、0.63%、0.59%、0.54%。同时，西部地区全社会固定资产投资率较高，投资驱动特征比较明显[230]，比如 2016 年重庆、贵州的投资率分别为 98.87%、112.12%，明显高于全国平均水平（81.50%），从而带动两地 GDP 增速明显快于全国平均水平（见图 4-4）；新技术、新产业发展缓慢，产业结构调整滞后，比如 2016 年重庆、贵州的第三产业比重依次为 48.4%、44.6%，也都低于全国平均水平（51.6%）。显然，在重庆、贵州等西部地区，研发投入强度较低、产业结构调整滞后、人均 GDP 较低、投资率较高、经济增速较高，这意味着创新驱动效应较弱、治理质量的边际效应较高、要素驱动特征明显，即良好治理的高速度经济增长效应比较显著。

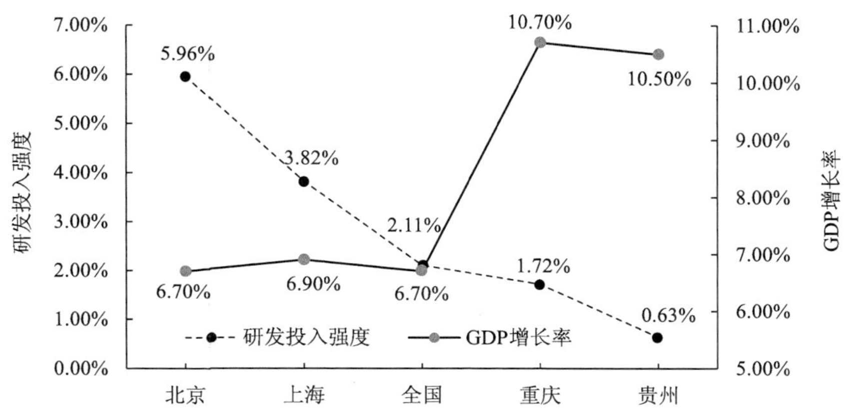

图4-4 2016年中国部分省市GDP增长率和研发投入强度

另一方面，相对西部地区样本，东部地区样本长期享受先行先试的改革红利，一直扮演着改革开放攻坚力量的重要角色，制度创新和治理质量相对较高、改革红利较少，经济发展水平较高、后发优势较小，新增一个单位治理改善所产生的经济增长较少，经济增长速度逐步回落。此外，东部地区科技体制改革的效果较早显现，科技创新能力较强，人们更多关注经济发展的质量和效益。因此，在东部地区，治理改善会容易带来高质量经济发展效应，经济增长更多依赖于创新。可以观察到的事实是，东部地区自主创新投入规模大、强度高，比如2016年研发经费为10689.4亿元，占全国全社会研发经费的比重为68.2%，比上年增加0.2个百分点①；研发经费投入超过千亿元的6个省（市）都属于东部地区，依次为广东（2035.1亿元）、江苏（2026.9亿元）、山东（1566.1亿元）、北京（1484.6亿元）、浙江（1130.6亿元）、上海（1049.3亿元）；除了陕西之外，研发投入强度高于全国平均水平的其他7个省级样本都属于东部沿海地区；北京、深圳、上海的研发投入强度分别为5.96%、4.1%、3.82%②，比肩或领跑于全球研发投入强度最高的发达经济体（以色列、韩国、日本的研发投入强度依次为4.25%、4.23%、

① 数据来源：http：//finance.sina.com.cn/roll/2017-10-10/doc-ifymrcmm9820091.shtml。
② 数据来源：http：//finance.sina.com.cn/roll/2017-10-10/doc-ifymrcmm9820088.shtml。

3.49%)①，厦门（3.11%）、杭州（3.10%）、南京（3.05%）、天津（3.00%）② 等沿海城市的研发强度也紧紧跟上。同时，东部地区投资率持续走低，新动能、新产业和新业态蓬勃发展，产业结构持续优化。比如 2016 年，北京、上海的投资率分别仅为 33.98%、24.60%，远低于全国平均投资率；北京、上海的第三产业比重依次高达 80.3%、69.8%，已经进入服务经济主导阶段，大大高于全国平均发展水平。此外，东部地区涌现出了华为、阿里巴巴、华大基因、腾讯、大疆、滴滴等一大批创新型企业巨头，“北上杭深”的独角兽企业占比达 80%成以上。③ 在北京、上海等东部沿海发达地区，研发投入强度较高、产业结构持续优化、人均 GDP 较高、投资率较低、经济增速较低，这意味着创新驱动效应较强、治理质量的边际效应较低，也就意味着良好治理的高质量经济发展效应比较明显，即良好治理的经济增长方式转型效应比较显著。

其次是控制变量的参数估计情况，与前文的估计结果相比，开放程度（*Open*）的系数符号相同、显著性水平相同、系数绝对值有所下降，教育水平（*Edu*）的系数符号相同、显著性水平相同、系数值略有上升，城市化（*Urban*）的系数符号相同、显著性水平相似，投资占比（*Inv*）的系数符号相同、显著性水平相同、系数值有所上升，人力资本（*Hum*）的系数符号相同、显著性水平相同、系数值有所下降，且其系数值是投资占比（*Inv*）的 5 倍以上，仅次于核心解释变量 *Gov*。

4.3.5 时期差异性

2007 年，美国次债危机爆发，进而引发全球经济危机，这一重大外部经济冲击可能会对中国省域治理质量的经济增长效应产生一定影响。基于此，本书把中国省域样本划分为 2001—2007 年、2008—2016 年两个时期，纳入时期虚拟变量 P，重新采用 OLS 估计固定效应模型。其中，当样本属于 2008—2016 年，则 $P=1$，否则 $P=0$，具体估计结果如表 4-9 所示。

① 数据来源：http：//finance. sina. com. cn/roll/2017-10-10/doc-ifymrcmm9820091. shtml。

② 数据来源：http：//finance. sina. com. cn/roll/2017-09-08/doc-ifyktzim8889480. shtml。

③ 数据来源：http：//money. 163. com/18/0410/17/DF21EGH9002580S6. html。

表 4-9　时期差异性的估计结果

变量	系数	P 值
C	6.327792 * * *	0.000
Gov	0.046204 * * *	0.000
P * *Gov*	0.000185	0.811
Gov^2	-0.000097 * * *	0.003
P * Gov^2	4.98e-06	0.593
Open	-0.000886 * * *	0.003
Edu	0.002125 * * *	0.000
Urban	0.000431	0.595
Inv	0.001766 * * *	0.000
Hum	0.013395 * * *	0.000
F 统计量	2771.2（P=0.0000）	
调整 R^2	0.8872	
样本量	384	

注：*、**、*** 代表在 10%、5%、1%水平下显著。

首先是核心解释变量的参数估计情况，治理质量 *Gov* 的系数显著大于零，二次项 Gov^2的系数显著小于零，且 *Gov* 的临界值为 238.16，远远大于 2001—2007 年的省域样本的治理指数，说明在 2001—2007 年，样本省份的治理质量对本地区经济增长存在显著、正向影响，且良好治理的边际效应存在显著的递减现象。交互项 *P* * *Gov*、*P* * Gov^2的系数均不显著，说明在 2008—2016 年，治理质量对本地区经济增长的正向影响、边际效应都与 2001—2007 年不存在显著差异，即治理质量的经济增长效应不存在显著的时期差异性。换句话说，在全球经济危机爆发时点附近，中国省域人均 GDP 序列不存在结构断点，这与现有文献的观点类似[228]。

其次是控制变量的参数估计情况，与前文的估计结果相比，开放程度（*Open*）的系数符号相同、显著性水平相同、系数绝对值有所下降，教育水平（*Edu*）的系数符号相同、显著性水平相同、系数值略有上升，城市化（*Urban*）的系数符号相同、显著性水平相似，投资占比（*Inv*）的系数符号相同、显著性水平相同、系数值略有上升，人力资本（*Hum*）的系数符号相同、显著性水平相同、系数值略有上升，且其系数值是投资占比系数的 7 倍以上，仅次于核心解释变量 *Gov*。

4.4 稳健性检验

4.4.1 内生性问题

大量文献研究表明，经济增长也会影响治理质量[42,51,55]，即治理质量与经济增长可能会相互影响，进而导致内生性问题；其他变量也存在类似的问题，内生性会造成估计偏倚（有偏且不一致），导致估计结果失效。因此，本书借鉴 Ward 和 Dorussen（2015）[55]、邵传林（2016）[34]的思路，把所有解释变量滞后一期，重新进行固定效应模型估计。本书使用 2SLS（两阶段最小二乘法）进行估计，在第一阶段估计过程中，所有解释变量取滞后一期值，以此作为工具变量，代替原解释变量进行估计。从逻辑分析来看，相对于本期的解释变量，滞后一期值是已经发生的事实，因而这个滞后一期值是前定的（predetermined），当期解释变量与前定解释变量相关，但前定解释变量与随机干扰项不相关，因此，作为工具变量的前定解释变量是外生的强工具变量[35,227]。从统计检验来看，F 检验的原假设是 F 值为零，F 值的估计结果显著（F=3.97，P=0.0000），说明工具变量与内生解释变量相关，即选取的工具变量是有效的，具体估计结果如表 4-10 所示。

首先是核心解释变量的参数估计情况，与前文的初步计量结果相比，治理质量 *Gov* 的系数符号相同、显著性水平相同、系数值略有下降，二次项 Gov^2的系数符号相同、显著性水平略有下降、系数值显著下降。显然，剔除了内生性之后，样本省份的治理质量依然对经济增长存在显著的正向影响，且良好治理的边际效应依然存在显著的递减现象，即模型的主要结论是可靠的、稳健的；但是，对于治理质量而言，治理质量的内生性导致最小二乘估计产生向上偏移，从而倾向于高估良好治理对本地区经济增长的正向影响和边际效应，即经济增长对治理质量存在显著影响。从国内外文献来看，Wilson

(2016)[42]、Seldadyo 等（2010）[51]、Ward 和 Dorussen（2015）[55]的实证研究都支持经济增长对治理质量的反馈效应。

本地区经济增长也会影响本地区治理质量，可能的原因主要包括五个方面：一是收入效应，即经济增长推动收入水平的提升，人们对良好治理的需求就会增多[48]，会更加注重维护自身的表达权、参与权，也会更加关注法治水平和公共服务质量；二是复杂性效应，即经济增长会增加交易复杂性，强化正式治理机制的相对效率[49]，这会激励人们持续改善治理体系；三是实践效应，即经济增长的巨大成功会促使政治领导人采用那些被实践证明可以有效支持经济增长的非正式做法[50]；四是支持者效应，即经济增长会形成一批支持者，涵盖企业和消费者，他们有兴趣和能力来推动改善治理质量[42]；五是供给效应，即经济增长会带来资本、人才等资源积累，这为治理改善提供了良好保障。

表 4-10　2SLS 第二阶段估计结果

变量	系数	P 值
C	6.391386***	0.000
Gov	0.043191***	0.000
Gov^2	-0.000084**	0.037
$Open$	-0.000971**	0.025
Edu	0.002215***	0.000
$Urban$	-0.000131	0.923
Inv	0.002188***	0.000
Hum	0.024233***	0.000
Wald 统计量	1.2e+07（P=0.0000）	
调整 R^2	0.8846	
样本量	360	

注：**、*** 代表在 5%、1%水平下显著。

其次是控制变量的参数估计情况，与前文的初步计量结果相比，开放程度（*Open*）的系数符号相同、显著性水平略有下降、系数绝对值显著下降，教育水平（*Edu*）的系数符号相同、显著性水平相同、系数值略有上升，城市化（*Urban*）的系数符号相反、显著性水平相似，投资占比（*Inv*）的系数符号相同、显著性水平相同、系数值显著上升，人力资本（*Hum*）的系数符号相同、显著性水平相同、系数值显著上升，且其系数值是投资占比的11倍左右，仅次于核心解释变量 *Gov*。剔除了内生性之后，控制变量的参数估计结果都是稳健的，但内生性低估了大部分控制变量（教育水平、投资占比、人力资本）对本地经济发展的影响，本书选用的工具变量有效地处理了回归模型中的内生性问题。

4.4.2 样本类型选择

现有文献研究表明，政治权力结构影响经济制度、经济政策[45,46]，进而影响地区经济增长。因此，本书通过剔除拥有较多高层政治资源的6个省份①，对剩余样本省份重新进行模型估计。本部分先用固定效应模型估计，发现随机干扰项与个体效应的相关系数很小（趋近于零），随机效应模型的适用条件已经满足，故采用随机效应模型。为了解决异方差和自相关问题，确保估计量的有效性，本部分采用 GLS 估计法，具体估计结果如表 4-11 所示。

首先是核心解释变量的参数估计情况，与前文的初步计量结果相比，治理质量 *Gov* 的系数符号相同、显著性水平相同、系数值几乎没变，二次项 Gov^2 的系数符号相同、显著性水平略有下降、系数值基本没变。剔除拥有较多高层政治资源的6个省份后，剩余样本省份的治理质量依然对本地区经济增长存在显著、正向作用，且其良好治理对经济增长的边际效应依然存在显著的递减现象。因此，本书计量模型的主要结论是可靠的、稳健的。

其次是控制变量的参数估计情况，与前文的初步计量结果相比，开放程度（*Open*）的系数符号相同、但系数不再显著、系数绝对值大幅下降，教育水平（*Edu*）的系数符号相同、显著性水平相同、系数值略有上升，城市化（*Urban*）的系数符号相反、显著性水平相似，投资占比（*Inv*）的系数符号相同、显著性水平相同、系数值明显下降，人力资本（*Hum*）的系数符号相同、

① 2001—2016年，北京、上海、天津、重庆、广东和新疆的省级党委书记兼任中央政治局委员。

显著性水平相同、系数值明显上升，且其系数值是投资占比的 11 倍以上，仅次于核心解释变量 *Gov*。除了开放程度变量，其他控制变量的参数估计结果都不受样本类型选择的显著影响。

表 4-11　样本类型选择的估计结果

变量	系数	P 值
C	6. 345588 * * *	0. 000
Gov	0. 044607 * * *	0. 000
Gov^2	−0. 000067 * *	0. 010
Open	−0. 000175	0. 763
Edu	0. 002234 * * *	0. 000
Urban	−0. 000960	0. 363
Inv	0. 001408 * * *	0. 002
Hum	0. 016503 * * *	0. 000
Wald 统计量	17480. 2（P=0. 0000）	
调整 R^2	0. 8881	
样本量	288	

注：* * 、* * * 代表在 5%、1%水平下显著。

4. 4. 3　模型形式选择

在前文的初步计量结果中，本书采用半对数模型，为了考察研究结论的稳健性，本部分采用双对数模型，即对解释变量、被解释变量都取自然对数，重新采用 OLS 估计固定效应模型，以及各个省区的个体截距，具体估计结果如表 4-12 所示。

表 4-12 模型形式选择的估计结果

变量	系数	P 值
lnGov	2.478117***	0.000
lnOpen	-0.056622***	0.004
lnEdu	0.050098*	0.097
lnUrban	0.032989	0.475
lnInv	0.128508***	0.000
lnHum	0.243589***	0.000
上海	-0.158141	0.127
北京	-0.470785***	0.000
吉林	-0.187442***	0.000
四川	-0.374075***	0.000
天津	-0.144679*	0.076
宁夏	-0.518536***	0.000
安徽	-0.493375***	0.000
山东	-0.112756	0.123
山西	-0.381716***	0.000
广东	0.137892	0.157
新疆	0.008154	0.851
江苏	-0.098706	0.253
江西	-0.413557***	0.000
河南	-0.342925***	0.000
浙江	-0.098886	0.243
湖北	-0.463752***	0.000
湖南	-0.380377***	0.000
福建	0.108286	0.145
贵州	-0.520925***	0.000
辽宁	-0.178333***	0.004
重庆	-0.400388***	0.000
陕西	-0.620613***	0.000
青海	-1.823088***	0.000
黑龙江	-0.041371	0.413
F 统计量	741.3（P=0.0000）	
调整 R^2	0.9856	
样本量	384	

注：*、**、***代表在10%、5%、1%水平下显著。

首先是核心解释变量的参数估计情况，与前文的初步计量结果相比，变量 *lnGov* 的系数约为2.48，且在1%水平上显著，即治理质量每上升1%，人均实际GDP增长2.48%；说明治理质量存在显著的经济增长效应，即治理质量越高，人均实际GDP越高。同时，由于治理质量越来越大，人均实际GDP每增长2.48%，治理质量需要增长的绝对量在增加。换句话说，随着治理质量越来越大，治理质量每增长1个单位，人均实际GDP的增幅下降。即随着治理质量的上升，治理质量对本地区经济增长的正向影响存在边际递减现象。此外，各省份的个体截距与2016年各省份的人均实际GDP正相关，且与2016年各省份的相对人均GDP（2016年人均实际GDP/2001年人均实际GDP）负相关，这都佐证了上述的正向影响及其边际递减现象，说明本书的主要结论是可靠的。

其次是控制变量的参数估计情况，与前文的初步计量结果相比，开放程度（*lnOpen*）的系数符号相同、显著性水平相同，教育水平（*lnEdu*）的系数符号相同、显著性水平有所下降，城市化（*lnUrban*）的系数符号相同、显著性水平相似，投资占比（*lnInv*）的系数符号相同、显著性水平相同，人力资本（*lnHum*）的系数符号相同、显著性水平相同，且系数值是投资占比系数值的2倍左右，仅次于核心解释变量 *lnGov*。所有控制变量的参数估计结果都不受模型形式的显著影响。

4.4.4　变量形式选择

在前文的初步计量结果中，本书采用年度人均实际GDP作为被解释变量，年度治理质量综合指数作为核心解释变量，其他解释变量也采用年度数值，这属于静态分析视角。为了考察研究结论的稳健性，本部分选用人均实际GDP的10年相对改善幅度作为被解释变量①，治理质量综合指数的10年相对改善幅度作为核心解释变量，其他解释变量也采用10年相对改善幅度，这属于动态分析视角，最终获得144个新样本，重新采用OLS估计固定效应

① 被解释变量即期初人均实际GDP的相对增幅=（2011年的人均实际GDP/2001年的人均实际GDP-1）＊100，期末人均实际GDP的相对增幅=（2016年的人均实际GDP/2006年的人均实际GDP-1）＊100，其他依此类推。

模型，具体结果如表 4-13 所示。

首先是核心解释变量的参数估计情况，治理质量 *Gov* 的估计系数显著大于零，二次项 Gov^2的估计系数显著小于零，且变量 *Gov* 的临界值为 63.82，仅有两个样本高于该临界值，占比约 1.4%。显然，治理质量的 10 年相对改善幅度越大，人均实际 GDP 的 10 年相对改善幅度就越大，中国省域经济增长存在相对均衡趋势。同时，长期内，随着中国大陆各省份治理质量的相对改善幅度的逐步提升，伴随本地区一个单位的治理质量改善，本地区人均实际 GDP 的增幅逐步下降，即良好治理对本地区经济增长的正向影响存在边际递减现象，与前文主要结论类似。

表 4-13　变量形式选择的估计结果

变量	系数	t 值
C	13.1501	0.54
Gov	7.1991***	5.43
Gov^2	-0.0564**	-3.30
Open	0.0583	1.76
Edu	0.1191***	5.39
Urban	0.0862	1.68
Inv	-0.0818	-1.85
Hum	0.0526**	2.66
调整 R^2	0.7250	
样本量	144	

注：*、**、***代表在 10%、5%、1%水平下显著。

其次是控制变量的参数估计情况，与前文的初步计量结果相比，开放程度（*Open*）的系数符号不同、且系数不再显著，教育水平（*Edu*）的系数符号相同、显著性水平相同，城市化（*Urban*）的系数符号相同、显著性水平相同，投资占比（*Inv*）的系数符号不同、且不再显著，人力资本（*Hum*）的系数符号相同、显著性水平略有下降。由此可见，教育水平、人力资本均与人均 GDP 存在长期关系。

4.5 本章小结

本章通过梳理现有国内外文献，提出治理质量影响经济增长的若干理论假说；通过理论归纳和趋势拟合，设定本章计量模型的初步形式；采用面板单位根检验、面板协整检验、面板计量模型等分析方法，对中国大陆省区的面板数据（2001—2016）进行实证分析，并从内生性等方面进行稳健性检验，主要结论如下。

第一，良好治理对本地区经济增长存在显著、正向影响。中国内地样本省份的治理质量与经济增长（实际人均 GDP）显著正相关，且本地区的治理质量显著、正向影响本地区的经济增长。该结论具有良好的稳健性，既不受内生性和样本选择的显著影响，也不受模型形式和变量形式的显著影响。

第二，良好治理对本地区经济增长的正向影响存在边际递减现象。随着样本省份治理质量的逐步提升，人均 GDP 升高、后发优势变小、体制改革红利变少，高速度经济增长效应持续减弱。该结论具有良好的稳健性，不受内生性、样本选择、时期差异、模型形式和变量形式的显著影响。

第三，地区治理质量差异会带来地区经济绩效差异。一方面，治理质量较高省级地区的人均实际 GDP 会比较高，治理质量较低省区的人均实际 GDP 会比较低，即省际治理质量差异会带来省际经济发展水平差异。另一方面，治理质量较高的东部地区的治理改善更多会带来高质量经济发展效应，治理质量较低的西部地区的治理改善更多会带来高速度经济增长效应，即治理质量的地区差异会带来经济增长方式转型效应的地区差异。

第四，人力资本成为人均实际 GDP 增长的重要动力。如果不考虑治理质量的影响，仅从五个控制变量来看，按照估计系数大小排序，经济发展水平的三大决定因素依次为①：人力资本、教育水平、投资占比。该发现具有良好的稳健性，不受内生性和样本选择的显著影响，也不受地区差异和时期差异

① 在本书中，人力资本是指大专及以上人口比重，教育水平是指高校在校学生数占常住人口比重，二者都属于高素质劳动力范畴，可以统称为广义人力资本。

的显著影响。

第五，人均实际 GDP 对治理质量存在正向反馈效应。内生性导致治理质量的经济增长效应和边际经济增长效应被高估，说明经济增长对治理质量存在正向反馈效应，故治理质量与经济增长之间存在显著的双向因果关系[231]。

2016 年，中国人均 GDP 刚刚超过 8000 美元，距离高收入国家的平均水平①还有很长的路要走。因此，在未来 10 多年内，持续提升省级地区的治理质量，大力推动省级地区的经济发展，这将是一个十分重要的长期历史任务。基于此，结合如上本章主要研究结论，本书可以提出如下政策建议。

第一，不断提升省区市治理质量，充分发挥良好治理对经济增长的积极作用。一方面，通过持续的制度创新和制度变迁，全面提升发达省区市的治理质量，重点强化市场化、法治化、民营经济和服务型政府等比较优势，促进发达地区率先实现治理体系和治理能力的现代化，继续发挥中国经济可持续发展的龙头引领作用。另一方面，着力消除中西部落后地区的治理短板，重点构建良好的政商关系，加快科技等领域的体制机制改革，加强高速铁路、高速公路等重大基础设施建设，推动国有企业深化改革和民营企业发展，打造以知识产权保护为核心的良好法治环境，大力释放后发地区的经济增长潜力，以良好治理保障尽快达到高收入发展水平。

第二，有效促进优质人力资本积累，大力强化中国经济持续腾飞的重要引擎。一方面，积极推动大专以及部分本科院校向高等职业教育转型，着力培养大量高尖端的高级技术工人，弥补高级技工人才市场的巨大缺口②；高度重视博士研究生培养，研究逐步扩大博士生招生规模，加强博士生筛选、考核、分流、答辩等各环节质量控制，完善博士研究生国家助学金增长机制，鼓励博士研究生安心投入科研活动。另一方面，解放思想，广辟渠道，创造良好的制度环境、生活环境等，继续大力引进国内外高层次智力资源，比如院士、千人计划学者和长江学者等，有效促进中国优质人力资本的快速积累，

① 高收入国家的平均收入水平在 3 万美元以上（蔡昉，2016）。

② 社会科学文献出版社发布的 2017 年人才蓝皮书《中国人才发展报告（NO.4）》指出，中国高级技工缺口高达上千万人。中华全国总工会党组成员李守镇委员在全国政协十二届五次会议第二次全体会议上发言时指出，在日本，整个产业工人队伍的高级技工占比 40%，德国则达到 50%，而中国仅为 5%左右。

推动中国从劳动力密集型向智力密集、知识密集型国家转型，通过升级要素禀赋结构来实现产品结构、产业结构升级。

第三，注重发挥经济增长对治理质量的反馈效应，努力形成良性循环发展态势。在充分释放良好治理的经济增长效应的同时，高度重视经济增长对治理质量改善的牵引作用，在动态发展中形成良性循环态势。随着居民收入水平的提升，加强治理质量的供给侧改革，积极回应居民的治理改善要求，满足其表达权、参与权和知情权等方面的客观需求，注重治理质量与收入水平的精准匹配；因应经济规模的扩大，以及交易活动的复杂和频繁，积极推动政府简政放权，动态调整政府与市场的关系，动态划分政府、市场的边界；充分利用经济增长带来的财税、人才和信息等资源，大力改善地区软硬件基础设施，积极提升地区公共服务水平。

第5章 治理质量影响中国省域经济增长的实证分析：基于时间跨度视角

5.1 理论假说

5.1.1 治理质量与人均GDP增长率的“倒U型”曲线关系

从全球各国治理质量和经济增长的具体实践来看。首先，部分经验分析表明，治理质量与经济发展水平之间会存在正相关关系，后发国家较低的经济发展水平往往意味着较低的治理质量，发达国家较高的经济发展水平也意味着较高的治理质量[26]。其次，对欠发达经济体而言，更好的治理会带来更快的经济增长。来自8个欠发达伊斯兰国家的面板数据（2005—2014）分析表明，法治水平、腐败控制、表达和问责三个分项治理指数均显著、正向影响经济增长率，且这种正向影响在治理质量高的国家更强一些[24]。撒哈拉以南地区47个经济体①的面板数据（1996—2012）实证结果显示，WGI治理指数、IIAG治理指数都对人均实际GDP增长率存在显著、正向作用[25]。再次，更好的治理使得后发国家能够发挥后发优势，可能实现对发达国家经济增长的追赶[18]。与治理质量较高的国家相比，在治理质量较低的国家，治理质量对经济增长（长期人均GDP的平均增长率）的正向作用更大、更显著一些[58]。比如中国的市场经济成熟程度、法治化完备程度明显低于发达国家，

① 除了塞舌尔2004年开始成为高收入经济体，其他46个经济体在1996—2012年属于欠发达水平。

但拥有全球最高的经济增长率[11]。有关29个亚洲经济体的研究也发现，治理良好的经济体（比如中国香港、新加坡）的经济增长率低于治理不好的经济体（比如中国内地、越南、印度尼西亚）的经济增长率[12]。最后，全球68个经济体①的经验分析显示，治理差异能够部分解释"为什么大部分发展中地区经济增长不如发达地区，而少数发展中地区经济增长快于发达地区"，即治理质量能够解释地区之间经济增长率差异的一大部分[16]。此外，我们可以看到：虽然在2001年，中国大部分样本省区市属于中低、低收入组别（只有北京和上海属于中高收入）；但到2016年，中国所有样本省区市达到中高收入组别，部分样本省区市人均GDP甚至达到高收入水平。2001—2016年，中国样本省区市的经济发展水平涵盖了从低收入、中等收入到高收入的各个阶段。基于此，可以得到如下假说。

假说1：治理质量与人均GDP增速之间存在"倒U型"曲线关系。随着治理质量的逐步提升，人均GDP增长率会呈现"先升后降"的变化趋势。

假说2：治理质量与人均GDP增速之间的关系受到经济发展水平（或地区差异）的显著影响。在经济发展水平较低地区，治理质量与人均GDP增速会存在更多正相关关系；在经济发展水平较高地区，治理质量与人均GDP增速会存在更多负相关关系。

5.1.2 良好治理具有显著的经济增长方式转型效应

从中国加入WTO以来的治理改善和经济增长实践来看，在中国融入WTO制度体系的第一阶段，伴随中国国内制度创新的逐步推进，整体制度架构或主制度逐步形成，中国与全球经济的接轨程度越来越高，制度的适应性效率持续提高，进而带来制度变迁的边际收益递增、改革红利不断放大，加之贸易自由化骤然打开了中国的外需市场空间，中国人均GDP增长率稳步攀升；但由于治理质量较低，科技体制改革效果尚不明显，自主创新能力不强，经济增长的要素驱动特征显著，良好治理的高速度经济增长效应更加明显。在

① 既包括日本、韩国、新加坡等发达经济体，也包括中国、印度、乌干达、贝宁等欠发达地区。

中国融入 WTO 的第二阶段，随着国内逐步落实加入 WTO 的各项承诺，WTO 框架下的中国与全球经济的接轨工作基本完成，WTO 带来的改革红利开始遭遇制度边界约束，制度创新更多是整体制度框架内的修修补补，制度变迁的边际收益递减，在国外贸易保护主义的限制下，外需市场需求增长疲软，中国人均 GDP 增长率逐步下滑。但随着治理质量达到一定水平，科技体制改革成效逐步体现出来，科技创新成果开始涌现，新技术、新产业加快形成，创新驱动特征越来越显著，即良好治理的高质量经济发展效应凸显。因此，结合假说 1，可以得到如下假说。

假说 3：良好治理具有显著的经济增长方式转型效应。随着治理质量的不断上升，良好治理的高速度经济增长效应先升后降，良好治理的高质量经济发展效应持续增强，从而逐步实现经济增长方式的成功转型。

假说 4：良好治理的经济增长方式转型效应受到经济发展水平（或地区差异）的显著影响。在经济发展水平较低地区，良好治理的高速度经济增长效应更加明显；在经济发展水平较高地区，良好治理的高质量经济发展效应更加突出。

5.1.3 治理质量对人均 GDP 增长率的短期效应和长期效应

从全球各国的治理改善与经济增长的具体实践来看，首先，治理质量会影响短期经济增长，比如全球 68 个经济体的经验分析显示，ICRG 单项治理指标或综合治理指数都能正向解释生产率的当年增长率[16]；基于中国地级市数据（2000—2009）的实证结果认为，项目制经济治理模式显著促进了地区当年经济增长[40]。其次，治理质量也会影响长期经济增长，比如全球 106 个国家的截面分析结果表明，1984 年的 ICRG 治理指数对长期（1984—2004）平均增长率指标具有显著的促进作用[58]；中华人民共和国成立以来，中国 29 个省级地区（1952—2008）的经济增长历程显示，在 1969 年之后，随着中央名义政治制度（中央高层实际政治权力）逐步弱化，地方实际政治权力结构（权力纵向配置）对经济绩效存在长期影响[45]。最后，治理质量会影响短期效应和长期经济增长，来自全球 50 个石油输出经济体的面板数据（1980—2012）分析显示，差的治理对人均 GDP 具有显著、负向的短期效应和长期效应，良好的治理对人均 GDP 具有显著、正向的短期效应和长期效应，且长期效应都比短期效应更大一些[26]。特别是中国加入 WTO，一系列制度创新快速推动，资源配置效率提升、市场交易成本下降，短期经济增长绩效改善；良好的经济绩效强化了人们对相关制度体系的认同，在政府和市场的共同作用下，强制性制度变迁和诱致性制度变迁并存，且推动制度变迁沿着 WTO 制度体系的目标持续演进，市场化水平提高促进了资源优化配置，高铁、核电、4G/5G 等重大技术创新出现井喷，长期经济绩效不断得到改进。综上所述，本书可以得到如下假说。

假说 5：治理质量对经济增长具有短期效应和长期效应。治理质量不仅会显著影响当年经济增长，也会显著影响长期经济增长。

5.2 模型与变量

5.2.1 模型设定

根据 Huynh 和 Jacho-Chávez（2009）[54]、Seldadyo 等（2010）[51]、刘明兴等（2013）[46]、李飞跃等（2014）[45]的研究成果，治理质量与经济增长之间会存在非线性关系，通过直接观察治理质量与人均 GDP 增长率关系的散点如图 5-1 所示，本书继续沿用这一重要观点。基于此，本书借鉴 Seldadyo 等（2007）[58]、Kurtz 和 Schrank（2007）[52]的做法，提出本书的计量模型，具体如式（5-1）所示：

$$GDPG_{it}=\alpha_0+\alpha_1 Gov_{it}+\alpha_2 Gov_{it}^2+\beta C_{it}+\mu_i+\lambda_t+\varepsilon_{it} \tag{5-1}$$

其中，$GDPG_{it}$为 i 省份 t 年（或 t 年到 $t+9$ 年）的人均 GDP（i 省份 2001 年价格）的当年增长率（或年均增长率），Gov_{it}为 i 省份 t 年的治理质量综合指数，C_{it}为控制变量集，α_0为截距项，α_1为待估系数，μ_i为地区效应，λ_t为时间效应，ε_{it}为服从独立同分布的误差项，其均值为 0，方差为 σ。

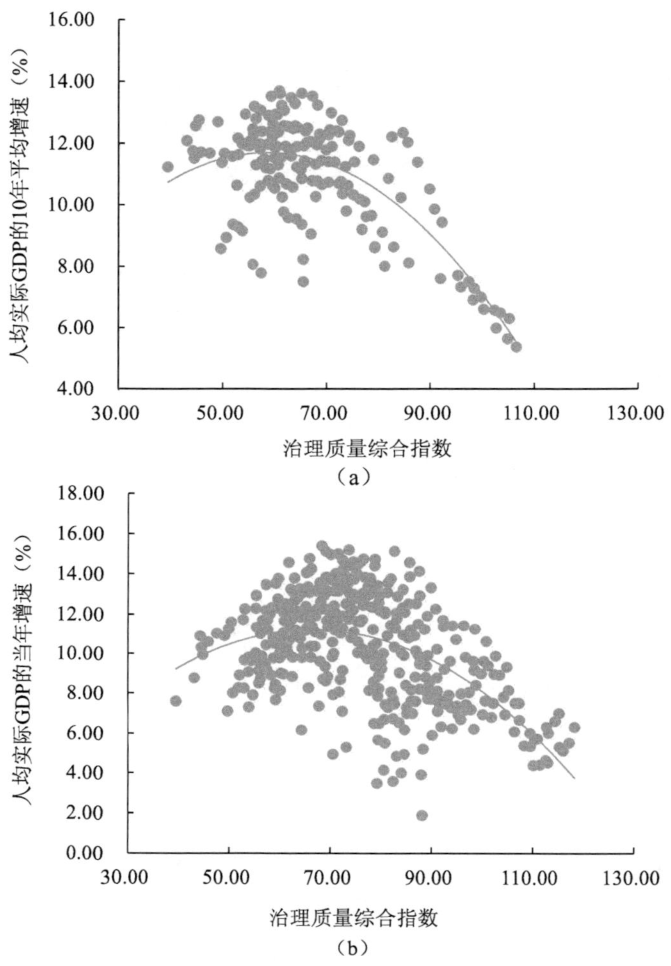

图 5-1　治理质量与人均 GDP 增长率关系的散点描述

5.2.2　变量选择

1. 经济增长

经济增长是本研究的被解释变量，一些学者采用人均 GDP 指标，比如李飞跃等（2014）[45]、邵传林（2016）[34]；还有一些学者采用人均 GDP 增长率指标，比如 Seldadyo 等（2007）[58]、Kurtz 和 Schrank（2007）[52]。鉴于本书希望实证检验持续的经济体制改革带来的制度变化和制度创新，以及治理质量提高对经济增长的短中期及长期影响，本书采用人均 GDP 增长率指标，长期效应分析采用人均实际 GDP 的 10 年平均增长率，短期效应分析采用人均实际 GDP 的当年增长率，具体如表 5-1 所示。

表 5-1 主要变量及计算方法

主要变量	代码	含义和计算方法（单位）	数据来源
治理质量	*Gov*	治理质量综合指数	本书计算得到
经济增长	*GDPG*	人均实际 GDP 的增长率（%）	中国统计年鉴（2002—2017）
开放程度	*Open*	（进出口总额 * 汇率）/GDP（%）	
教育水平	*Edu*	高校在校学生数/常住人口（人/万人）	
城市化率	*Urban*	年末城镇人口比重（%）	
投资占比	*Inv*	全社会固定资产投资/GDP（%）	
人力资本	*Hum*	大专及以上人口比重（%）	

2. 治理质量

治理质量是本书的核心解释变量，有的学者采用治理质量综合指数，比如 ICRG 综合指数[58]；有的学者采用治理质量分项指数，比如 WGI 指数中的政府效能分项指标[52]。根据国内外研究的最新特征，本书注重多维视角和综合性，采用第 3 章计算得到的中国省域治理质量综合指数（2001—2016），具体计算过程见第 3 章，治理质量综合指数见附表 1、附表 2。

3. 控制变量

制度变量是影响经济增长的重要因素，但不是唯一影响因素，为了剔除其他因素对经济增长的影响，本书以控制变量集方式予以解决。参照国内外文献[29,58]，考虑数据资料的可得性，本书选择五个控制变量：开放程度（*Open*）、教育水平（*Edu*）、城市化率（*Urban*）、投资占比（*Inv*）、人力资本（*Hum*）。

4. 样本介绍

所有样本为中国内地省级地区，不包括港澳台地区，由于无法得到云南、河北、甘肃、广西、内蒙古、西藏、海南部分指标的数据，故有效样本涵盖 24 个省级地区。考虑到指标口径的一致性，以及数据的可得性，样本期限为 16 年（2001—2016），故短期分析的有效样本为 384 个，长期分析为 168 个。

5.3 长期效应分析

5.3.1 描述性统计

本部分采用中国内地 24 个省、直辖市、自治区的面板数据（2001—2016），运用 Excel 对主要变量进行描述性统计分析。从经济增长变量来看，平均值小于中位数，表明超过 50%的观测样本的人均 GDP 的长期平均增长率达到平均水平；偏度和峰度的绝对值都接近于 1，表明该变量近似服从正态分布。从治理质量变量来看，平均值大于中位数，表明不到 50%的观测样本的治理质量达到平均水平；偏度和峰度的绝对值都小于 1，表明该变量近似服从正态分布。此外，其他变量的偏度绝对值都小于 3，峰度绝对值都小于 8，故都近似服从正态分布，具体如表 5-2 所示。

表 5-2　描述性统计

	PGDPG	*Gov*	*Open*	*Edu*	*Urban*	*Inv*	*Hum*
平均值	11.17	66.35	38.60	114.78	42.94	42.82	6.73
中位数	11.69	63.01	12.72	95.83	38.92	40.67	5.20
标准差	1.77	13.96	46.11	69.65	16.41	10.42	4.70
峰度	0.98	0.66	0.99	2.56	0.53	0.14	6.65
偏度	-1.20	0.95	1.49	1.59	0.90	0.71	2.51
最小值	5.63	39.45	4.16	28.47	14.90	27.15	2.16
最大值	13.69	104.86	171.56	356.48	89.09	72.35	29.36
观测数	168	168	168	168	168	168	168

5.3.2 模型假设检验

1. 多重共线性检验

从容差来看，所有变量的容差都大于 0.1；从方差膨胀因子来看，所有变量的统计量都小于 8，故可以认为本书的自变量之间不存在严重的多重共线性，具体结果如表 5-3 所示。

表 5-3　各自变量的方差膨胀因子

变量	容差	方差膨胀因子
Gov	0. 129	7. 729
Open	0. 225	4. 452
Edu	0. 165	6. 051
Urban	0. 224	4. 468
Inv	0. 828	1. 208
Hum	0. 207	4. 826

2. 残差的独立性和方差齐次性检验

从回归残差的散点图来看，残差在横轴的周围没有显示出周期性或趋势性的变化，说明残差符合独立性的假设，可以认为不存在显著的内生性问题；同时，标准化残差大多分布在-2 与 2 之间，随机散布在横轴的周围，说明残差基本符合同方差性假设，即不存在显著的异方差现象[205]。

3. 残差的正态性检验

由回归残差的直方图可以看出，标准化残差分布比较均匀，且没有奇异值，故可以认为残差基本符合正态分布；同时，由回归残差的 P-P 图可以发现，所有散点都基本分布于 45 度对角线的附近，也可以认为残差是近似服从正态分布的[205]。

5. 3. 3　初步分析结果

从估计结果来看，F 统计量的显著性水平小于 1%，故强烈拒绝混合效应模型，认为固定个体效应模型明显优于混合回归模型；B-P 统计量的显著性水平也小于 1%，故也强烈拒绝混合效应模型，认为随机效应模型明显优于混合回归模型；Hausman 统计量的显著性水平小于 1%，故强烈拒绝随机效应模型，认为固定效应模型明显优于随机效应模型。因此，本书选择固定效应模型作为最终模型形式，采用 OLS 估计，具体估计结果如表 5-4 所示。从核心解释变量来看，治理质量 *Gov* 的系数显著大于零，二次项 Gov^2 的系数显著小于零，故可以得到 *Gov* 的临界值为 53. 45，小于该临界值的样本为 19 个，占比约为 11. 3%。在考察期内（2001—2016），本地区初始治理质量与本地区人均实际 GDP 的长期增长率之间存在“倒 U 型”曲线关系。具体来说，初始治理质量存在一个临界值，当初始治理质量低于该临界值时，初始治理质量越高，其长期人均 GDP 增长率越高；当初始治理质量高于该临界值时，初始治理质量越高，其长期人均 GDP 增长率越低，验证了假说 1。

表 5-4 面板模型的估计结果

变量	固定效应模型（FE）	混合效应模型（ME）	随机效应模型（RE）
C	6.160*（2.37）	12.00***（4.80）	7.304***（3.81）
Gov	0.279***（3.66）	0.0669（0.94）	0.217***（4.11）
Gov^2	−0.00286***（−4.59）	−0.000562（−1.03）	−0.00203***（−5.46）
Open	0.00903（1.39）	−0.00864*（−2.12）	−0.00324（−1.15）
Edu	−0.00327（−1.10）	0.0130***（4.23）	0.00124（0.60）
Urban	−0.0195（−1.87）	−0.0214（−1.93）	−0.0133（−1.62）
Inv	−0.00299（−0.31）	−0.0243**（−2.68）	−0.0234**（−2.93）
Hum	0.0872（1.95）	−0.280***（−5.03）	0.0159（0.73）
调整 R^2	0.569	0.681	
样本量	168	168	168
F 统计量	26.45（P=0.0000）		
B-P 统计量		117.05（P=0.0000）	
Hausman 统计量	20.31（P=0.0049）		

注：***、**、*代表在 1%、5%、10%水平下显著，括号内为 t 值。

对于初始治理质量小于临界值的样本（江西、四川、贵州、青海、新疆），2001 年的人均 GDP 在 362 美元~960 美元之间（属于低收入、中低收入组别）①，2016 年的人均 GDP 在 5007 美元~6556 美元之间（属于中高收入组别）②，意味着这些样本省区始终处于欠发达状态，拥有较大的后发优势和较高的潜在经济增长率，人们更多关注经济总量的扩大，且“制度性落后”现象比较突出，制度的整体框架或主制度尚未成型，制度创新和体制改革的潜在边际收益递增。因此，随着中国加入 WTO，这些省区市场化、法治化改革

① 按照 2001 年世界银行划分标准，低收入组别为（≤745 美元），中低收入组别为（746 美元~2975 美元）。

② 按照 2016 年世界银行划分标准，中高收入组别为（3956 美元~12235 美元）。

加快，治理质量大幅提升，制度创新和体制改革显著深化，制度的适应性效率提升，经济运行成本下降，资源配置效率提高，后发优势得以充分发挥，人均 GDP 增长率随之提高[232]。然而，由于中西部地区存在对外开放的后发劣势，制度变迁和制度创新的步伐往往慢一拍，科技体制改革的效果尚未充分体现出来，自主创新能力不强、科技创新成果偏少，新动能、新产业发展缓慢，经济增长方式转型效应不明显，数量型、粗放型和要素驱动特征比较明显，即良好治理带来了高速度经济增长效应。

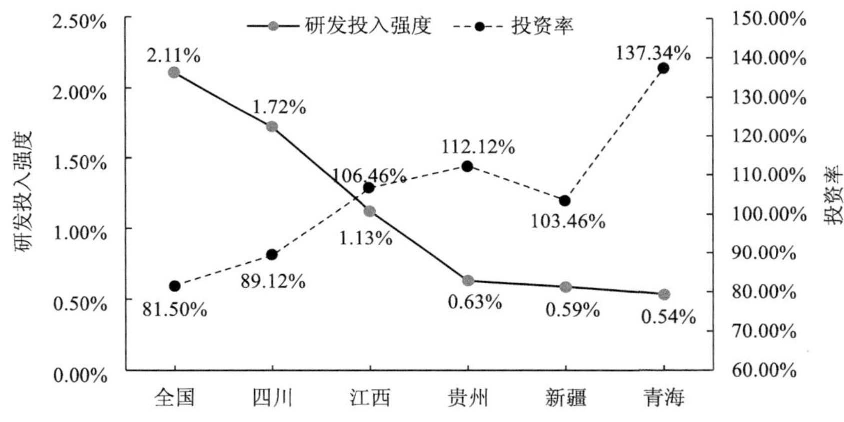

图 5-2　2016 年部分中西部省（区）投资率和研发投入强度

从图 5-2 可以看出，2016 年，5 个省（区）的固定资产投资率都高于全国平均水平，但研发资金投入强度均低于全国平均水平，导致国内专利申请受理数较少，5 个省（区）合计仅为 245720 件，不到广东省（505667 件）的一半。此外，这些地区产业结构调整滞后，四川（45.4%）、江西（42%）、贵州（44.6%）、新疆（45.1%）、青海（42.8%）的第三产业比重都低于全国平均水平（51.6%），而第一产业比重（依次为 12.0%、10.3%、15.7%、17.1%、8.6%）基本都高于全国平均水平（8.6%）。显而易见，在如上 5 个省（区），投资驱动型经济增长特征显著，但科技创新投入不足、产出偏少，新业态发展滞后、新动能尚未成型，导致创新驱动特征不够明显，即良好治理能带来高速度经济增长效应。

对于初始治理质量大于临界值的地区，2001 年所有样本都属于中等及以下收入组别，2016 年东部地区 8 个样本省级地区①人均 GDP 超过 1 万美元，其中 5 个样本地区人均 GDP 达到高收入组别②，意味着部分样本省市实现了从欠发达到发达经济体的转变，拥有较小的后发优势和较低的潜在经济增长率，人们更多关注环境保护、良好教育和社会公平等公共服务，且“制度性落后”现象得到有力缓解，制度的整体框架或主制度基本形成，制度创新和体制改革的潜在边际收益递减。因此，随着逐步落实入世承诺，东部地区的制度变迁更多是框架内的完善和修补，逐步逼近制度约束的边界，从而使得制度障碍的约束不断趋于收紧[103]，制度的适应性效率逐步下降，改革红利出现边际递减现象，表现为人均 GDP 增长率回落。同时，东部沿海地区拥有改革开放的先发优势，“先行先试”政策带来了巨大的制度优势，科技体制改革的效果较早体现出来，科技研发投入高、自主创新成果多，产业结构转型升级效果良好，东部样本的经济增长方式转型取得显著成绩，创新型、效率型和质量型特征比较明显，即良好治理具有高质量经济发展效应。

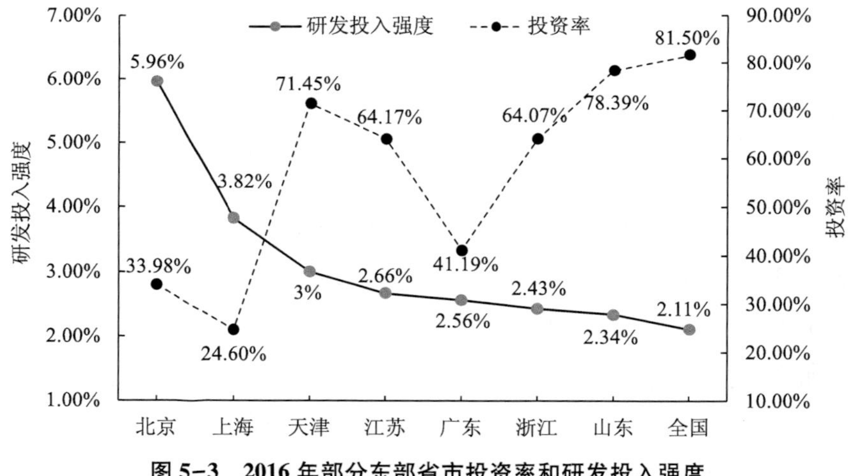

图 5-3　2016 年部分东部省市投资率和研发投入强度

从图 5-3 可以看出，2016 年，北京、上海、天津、江苏、广东、浙江、

① 分别为：北京、天津、上海、江苏、浙江、福建、广东、山东，都属于东部地区。

② 分别为：北京、天津、上海、江苏、浙江。如果按照购买力平价计算，将会有更多样本省份达到高收入水平。

山东等东部沿海省市固定资产投资率比较低，都低于全国平均水平；但研发经费投入强度都比较高，7 个省市占据全国前 7 名，都高于全国平均水平；研发经费投入规模大，7 个省市依次为 1484. 6 亿元、1049. 3 亿元、537. 3 亿元、2026. 9 亿元、2035. 1 亿元、1130. 6 亿元、1566. 1 亿元，占据全国前 6 名和第 9 名（天津）；国内专利申请受理数较多，7 个省市合计达 2039734 件，占全国的比重为 61. 71%；新产业、新动能、新业态发展迅猛，涌现出了华为、阿里巴巴、华大基因、腾讯、大疆、滴滴等一大批创新型企业巨头，“北上杭深”的独角兽企业占比达 80%以上；产业结构转型升级成效显著，比如北京、上海的第三产业比重依次高达 80. 3%、69. 8%，显然已进入服务经济主导的高级发展阶段，大大快于全国平均发展水平。由此可见，在如上 7 个沿海省（市），投资驱动型经济增长特征不显著，但科技创新投入强度高、产出较高，新产业发展壮大、新动能逐步成型，经济增长的创新驱动特征十分明显，即良好治理带来了高质量经济发展效应。显然，随着初始治理质量的持续提升，良好治理的高速度经济增长效应逐步减弱，良好治理的高质量发展效应逐步凸显，即良好治理具有经济增长方式转型效应，从而验证了假说 3。虽然现有文献也支持良好治理的高速度经济增长效应[18-41]，但都忽略了良好治理的高质量经济发展效应、经济增长方式转型效应，也没有探讨地区差异、经济发展水平的影响。

综上所述，中国省域经济增长方式正在从要素驱动、效益驱动，逐步向效益驱动、创新驱动转型，即在考察期内（2001—2016），良好治理具有显著的经济增长方式转型效应，不仅会带来明显的高速度经济增长效应，也会带来明显的高质量经济发展效应。此外，可以观察到的事实是，2017 年，中国发明专利申请量和授权量居世界第一，全社会 R&D 支出占 GDP 比重（2. 12%）超过欧盟 15 国的平均水平（2. 1%），有效发明专利保有量居世界第三，科技进步贡献率达 57. 5%①，说明中国科技创新能力显著提升，主要创新指标进入世界前列，创新驱动、效益驱动特征比较显著，从而进一步佐证了如上观点。需要指出的是，初始治理质量大于临界值的省级地区有 19 个，

① 数据来源：http：//www. gov. cn/shuju/2018-01/10/content_ 5254969. htm。

其中 14 个在 2016 年尚未达到高收入组别，约占总数的 73.68%。然而，在民粹主义和本国优先的思潮影响下，全球贸易保护主义现象开始蔓延，美国等主要发达经济体逐渐排斥国外产品，WTO 框架下的全球贸易体系瓦解的风险增加，加之中国逐步建立与 WTO 适应的制度体系，中国省级地区曾经拥有的 WTO 制度红利面临消耗殆尽的巨大危险。

5.3.4 地区差异性

在中国大陆三大经济区（东部地区、中部地区、西部地区），不仅地理、文化、历史等因素差异较大，市场化水平、法治水平、经济发展水平等方面也差异较大，这些可能会对治理质量的经济增长效应产生影响。因此，本书把样本划分为三部分：东部样本、中部样本和西部样本，分别采用 OLS 估计固定效应模型，具体估计结果如表 5-5 所示。

表 5-5 地区差异性的检验结果

变量	东部地区	中部地区	西部地区
C	1.010（0.15）	-58.48***（-3.20）	-0.709（-0.11）
Gov	0.382***（2.22）	2.484***（4.13）	0.486**（2.05）
Gov^2	-0.00264**（-2.57）	-0.0199***（-4.23）	-0.00558**（-2.13）
Open	0.00828（1.59）	-0.0157（-0.29）	0.0239（0.70）
Edu	-0.00498（-1.59）	-0.00218（-0.40）	0.00322（0.31）
Urban	-0.0437***（-3.83）	-0.144***（-3.74）	0.00177（0.08）
Inv	-0.0383**（-2.51）	-0.0416**（-2.07）	0.0416*（1.93）
Hum	-0.00429（-0.08）	0.150（1.54）	0.0393（0.45）
调整 R^2	0.852	0.653	0.301
样本量	63	56	49

注：***、**、*代表在 1%、5%、10%水平下显著，括号内为 t 值。

从核心解释变量来看，东部、中部样本的初始治理质量 *Gov* 的系数都在 1%水平上显著，西部样本在 5%水平上显著，且三个地区样本的 *Gov* 变量系数都大于零；同时，三个地区样本的二次项 Gov^2 的估计系数都小于零，且分别在 1%、5%水平上显著。显然，东部样本 *Gov* 的临界值为 72.35，小于该临界值的样本为 17 个，占比为 27.0%；中部样本 *Gov* 的临界值为 62.41，小于该临界值的样本为 34 个，占比为 60.7%；西部样本 *Gov* 的临界值为 43.55，小于该临界值的样本为 2 个，占比为 4.1%。由此可见，在考察期内（2001—2016），从东、中、西部样本来看，本地区初始治理质量与本地区长期人均 GDP 增长率之间均存在“倒 U 型”曲线关系，从而验证了假说 1。然而，东部地区样本存在更多正相关关系、中部地区样本存在更多负相关关系，且东部样本的经济发展水平普遍高于中部样本，说明治理质量与人均 GDP 增速之间的关系受到地区差异（或经济发展水平）的显著影响，从而验证了假说 2。

对于东部地区的样本省市，正如前文所言，随着治理质量的不断提升，科技创新成果持续涌现，新产业、新动能逐步壮大，科技创新逐渐取代固定资产投资，成为推动地区经济发展的主动力。因此，在东部样本地区，“倒 U 型”曲线关系说明良好治理具有显著的经济增长方式转型效应，不仅会带来高速度经济增长效应，也会带来高质量经济发展效应，从而验证了假说 3。需要指出的是，与江苏、浙江相比，天津最近几年遭遇了经济困境，这是经济规律的正常表现：一方面，2016 年，天津人均 GDP 高达 1.7 万美元，明显超过江苏（1.46 万美元）、浙江（1.28 万美元），故天津经济的后发优势就相对小一些，其潜在人均 GDP 增长率可能就会相对低一些；另一方面，天津的治理质量综合指数明显高于浙江、江苏，这就决定了天津的制度变迁会较早到达制度框架的边界，天津会较早用完加入 WTO 的上一轮改革红利，同时受到改革红利边际递减效应的影响，从而天津人均 GDP 增速会较早出现回落。因此，对天津而言，目前正处于新旧动能转换的关键时期，迫切需要新一轮大改革来开启新一轮大发展。此外，东部地区大部分样本的治理质量高于临界值，部分地区经济发展水平已经达到高收入阶段，且北京、上海、深圳等部分地区的高质量经济发展特征越来越明显；而中部地区超过 60%样本的治理质量低于临界值，考虑到中部地区样本的临界值小于东部地区样本，如果按照东部地区的临界值划分，则中部地区会有更多的样本小于临界值，加之中部所有地区的经济发展水平尚处于中等收入阶段，高质量经济发展特征尚不明显。因此，相比较而言，中部地区样本更多体现了良好治理的高速度经济增长效应，而东部地区样本更多体现了良好治理的高质量经济发展效应，故良好治理的经济增长方式转型效应受到地区差异的显著影响，从而验证了假说 4。

此外，对于中、西部地区样本，人均 GDP 都尚未达到高收入组别①，且研发经费投入强度普遍低于全国平均水平（除了陕西②），经济增长的创新型、质量型特征均不够明显。因此，“倒 U 型”曲线关系意味着部分中西部样本地区，特别是山西等地区③，在经济增长方式转型尚未取得成功之前，经济增长速度出现了大幅放缓的现象，导致这些地区面临的“中等收入陷阱”风险增大，这是十分不正常且需要高度重视的现象。关于部分样本地区面临的“中等收入陷阱”风险增大，可能的主要原因在于：一方面，中西部地区改革开放起步较晚，制度质量和治理质量偏低，科技体制改革的效果尚未充分体现出来，研发投入强度低、自主创新能力薄弱，新技术、新产业和新业态发展缓慢，效益驱动、创新驱动特征不够显著，经济增长的新动能尚未成型；另一方面，部分省级地区没有抓住加入 WTO 的重大契机，市场化改革步伐迟缓，民营企业发展空间狭小，国企改革严重滞后，知识产权保护等法治环境建设缓慢，服务型政府转型进展不大，政府与市场、社会的治理边界不够合理，市场经济制度不够完善[233]，在制度的整体框架尚未成型、“制度性落后”现象依然比较突出的情形下，制度的适应性效率过早出现下降势头，改革不充分造成“旧动能难以为继”，从而带动人均 GDP 增长率大幅回落。

从可观察的事实来看，中国加入 WTO 以来，山西曾享受了资源价格飙升带来的巨大红利，2007 年人均 GDP 增长率一度高达 15%左右，但经济增长过度依赖资源产业的粗放型扩张；伴随煤炭等资源价格的逐步走低，以及投资锐减，原有的经济增长模式难以为继。同时，山西科技体制改革滞后，2015 年全社会 R&D 支出占 GDP 比重仅为 1.04%，远远低于全国平均研发强度（2.07%）；自主创新能力偏低，新产业、新动能尚未明显形成，工业增加值下降 1.8%，导致当年人均 GDP 仅增长 2.54%。此外，东北地区观念陈旧、思想落后，政府缺位、越位，软件营商环境有待提升；改革步伐迟钝显著拖

① 2015 年，中西部地区样本省份人均 GDP 约在 4792 美元~8400 美元之间，处于中上等收入组别。

② 2015 年，陕西全社会 R&D 支出占 GDP 比重为 2.18%，全国平均水平为 2.07%。

③ 2015 年，北京、天津、上海、江苏、浙江的人均 GDP 增长率分别为 5.5%、6.6%、6.6%、7.48%、6.36%，而山西仅为 2.54%。

累地区经济增长，东北三省自 2013 年以来出现经济增长失速现象，比如辽宁 2015 年人均 GDP 增速仅为 2.9%，远低于全国的平均水平（6.4%），第二产业增加值更是萎缩了 0.6%。从图 5-4 可以看出，对于山西、辽宁、吉林和黑龙江而言，其研发投入经费强度都明显低于全国平均水平，且其 GDP 增长率也都低于全国平均水平，说明新动能尚未成型、旧动能难以为继，这些地区面临的“中等收入陷阱”风险增大，从而佐证了前文观点。

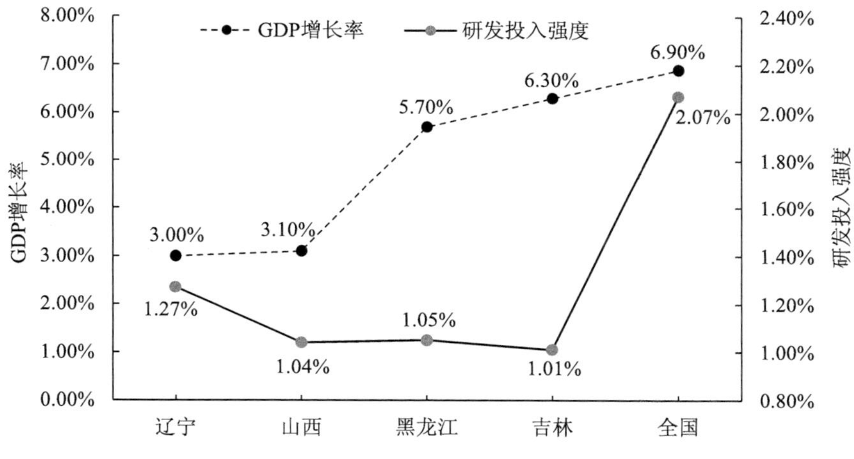

图 5-4　2015 年部分省份 GDP 增长率和研发投入强度

从非核心解释变量来看，对东部和中部样本而言，城市化（Urban）的估计系数都显著小于零，说明城市化对人均实际 GDP 长期年增速带来显著、负向影响，主要原因在于：东部和中部样本的城市化水平较高，这意味着较高的经济发展水平、较小的后发优势和较低的潜在经济增长率，故随着东部和中部样本城市化水平的提升，人均实际 GDP 长期增长率会下降。东部和中部样本的投资占比（Inv）变量的估计系数都显著小于零，说明随着投资水平的提升，东部和中部样本的人均实际 GDP 长期增长率下降；而西部样本的估计系数显著大于零，说明投资水平对西部样本的人均实际 GDP 长期增长率带来显著、正向影响。可能的原因在于：东部和中部样本的经济发展水平较高，意味着这些样本具有较小的后发优势和较低的潜在经济增长率，随着投资规模的扩大，投资规模报酬递减，故人均实际 GDP 长期增长率下降；而西部样本的经济发展水平较低，意味着其具有较大的后发优势和较高的潜在经济增长率，随着投资规模的扩大，投资规模报酬递增，故人均实际 GDP 长期增长率上升。城市化、固定资产投资均存在显著的长期效应，且其长期效应存在明显的地区差异性。

5.3.5 稳健性检验

1. 样本类型选择

现有文献研究表明，在中国内地，政治权力结构影响经济制度、经济政策[45,46]，进而影响地区经济增长。因此，本书通过剔除拥有较多高层政治资源的 6 个省份①，对剩余样本省份重新采用 OLS 估计固定效应模型，具体估计结果如表 5-6 所示。

表 5-6 样本类型选择的检验结果

变量	系数	t 值
C	-0.330	-0.09
Gov	0.545***	4.68
Gov^2	-0.00578***	-5.30
Open	0.0358***	3.40
Edu	0.00261	0.66
Urban	-0.00796	-0.56
Inv	-0.00352	-0.31
Hum	0.0760	1.33
调整 R^2	0.575	
样本量	126	

注：*、**、*** 代表在 10%、5%、1%水平下显著。

从核心解释变量来看，初始治理质量 *Gov*、二次项 Gov^2 的系数都在 1%水平上显著，且前者大于零，后者小于零；同时，初始治理质量的临界值为 47.15，小于该临界值的样本为 7 个，占比为 5.6%。显然，在考察期内（2001—2016），本地区初始治理质量与本地区长期人均 GDP 增长率之间存在

① 2001—2016 年间，北京、上海、天津、重庆、广东和新疆的省级党委书记兼任中央政治局委员。

“倒 U 型”曲线关系，这与前文的主要结论基本一致。

从非核心解释变量来看，开放程度（*Open*）的估计系数显著大于零，表明这些样本的进出口贸易比重越高，其人均实际 GDP 长期增长率越高，这与前文的结论不同，可能的原因是：这些样本大多处于中等收入阶段，对外贸易有助于扩大市场潜力、促进资源优化配置，自然会对当地人均实际 GDP 长期增长率带来积极影响。此外，其他非核心解释变量的估计系数都不显著，这和前文估计结果基本一致。

2. 模型形式选择

前文初步分析采用变量的原始数值，为了考察研究结论的稳健性，本部分采用变量的对数形式，即对解释变量、被解释变量都取自然对数，重新采用最小二乘法估计固定效应模型，具体结果如表 5-7 所示。

表 5-7　模型形式选择的检验结果

变量	系数	t 值
C	-23.19***	-7.70
lnGov	13.56***	9.25
$(lnGov)^2$	-1.805***	-9.88
lnOpen	0.0359	1.22
lnEdu	0.0730*	1.93
lnUrban	-0.0244	-0.75
lnInv	0.0288	0.75
lnHum	0.0376	1.58
调整 R^2	0.663	
样本量	168	

注：*、**、***代表在 10%、5%、1%水平下显著。

从核心解释变量来看，初始治理质量 *lnGov*、二次项（$lnGov)^2$的系数都在 1%水平上显著，且前者大于零，后者小于零；同时，初始治理质量 *lnGov* 的临界值为 3.76，小于该临界值的样本为 2 个，占比为 1.2%。显然，在考察期内（2001—2016），本地区初始治理质量与本地区长期人均 GDP 增长率之间存在“倒 U 型”曲线关系，这与前文的主要结论一致。

从非核心解释变量来看，教育水平（*Edu*）的估计系数显著大于零，且弹性系数为 0.073，表明高等教育发展对地区人均实际 GDP 长期增长率具有积极作用，这与前文结论不同，可能源于模型形式变化。此外，其他非核心解释变量的系数都不显著，这与前文估计结果基本一致。

5.4 短期效应分析

5.4.1 初步计量结果

1. 被解释变量为人均 GDP 增长率

在上述分析中，核心解释变量采用长期人均 GDP 年均增长率，侧重长期分析。本部分采用当年人均 GDP 增长率指标，侧重短期分析。由于当年人均 GDP 增长率存在负数，为了消除年度冲击的影响，本书采用三项移动平均法对年度人均 GDP 增长率进行调整，并采用插值法补齐期初、期末的数据，最终获得 384 个样本，并重新采用 OLS 估计固定效应模型，具体估计结果如表 5-8所示。

表 5-8　被解释变量为人均 GDP 增长率的分析结果

变量	系数	t 值
C	-2.576	-0.75
Gov	0.445***	4.63
Gov^2	-0.00432***	-6.47
Open	0.0184**	2.02
Edu	0.0338***	7.31
Urban	0.00825	0.33
Inv	-0.0324***	-2.88
Hum	0.0668	0.94
调整 R^2	0.426	
样本量	384	

注：*、**、***代表在 10%、5%、1%水平下显著。

从核心解释变量来看，治理质量 *Gov*、二次项 Gov^2 的估计系数都在 1%水平上显著，且前者大于零，后者小于零。同时，治理质量的临界值为 51.50，小于该临界值的样本为 13 个（占比约为 3.4%），且这些样本都属于低收入、中低收入①。到 2016 年，所有样本省级地区的治理质量都大于该临界值，但人均 GDP 达到高收入的仅有 5 个省级地区，占样本省级地区总数的 20.83%，而真正实现了产业结构转型升级、经济增长方式转为创新驱动的省级地区少之又少。与此同时，中国省级地区曾经拥有的制度红利逐步变小，以 WTO 为核心的全球贸易体系正酝酿新一轮大重组，说明中国迫切需要加快开展新一轮大改革，这与前文有关结论类似。显然，在考察期内（2001—2016），本地区治理质量与本地区当年人均实际 GDP 增长率之间存在“倒 U 型”曲线关系。当治理质量低于临界值时，治理质量越高，其当年人均实际 GDP 增长率越高；当治理质量高于该临界值时，治理质量越高，其当年人均实际 GDP 增长率越低。这与长期效应分析的主要结论类似，从而验证了假说 1。

从国内外研究成果来看，部分认为治理质量正向影响经济增长率[23-25,27,28]，部分认为治理质量与经济增长率负相关[11,12]；部分认为治理质量与经济增长率存在“倒 U 型”曲线关系[36,54,56]，但没有分析因果关系[54]，或仅关注“权力约束”[56]“权力横向配置”[36]单维治理视角，且刘小鲁(2011)[56]选用中国省级面板数据（2001—2008）。但本书关注中国大陆省域最新面板数据（2001—2016），侧重“权力横向配置+治理能力+权力约束”的多维治理视角，提出了治理质量与经济增长的“倒 U 型”曲线关系，且明确了二者的因果关系及其方向。

此外，本部分关注的是当年人均 GDP 增长率，而前文关注的是长期人均 GDP 增长率，但二者的估计结果都十分显著，故治理质量对人均实际 GDP 增速不仅具有显著的长期效应，也具有显著的短期效应，从而验证了假说 5。可以这样来理解短期效应和长期效应：从本书的省域治理质量指标体系来看，基础设施、技术市场发育和知识产权保护等属于“硬件”基础设施和“软

① 13 个样本全部属于贵州、青海和新疆，其中，7 个样本属于低收入组别，6 个属于中低收入组别，人均 GDP 分布在 362 美元~1226 美元之间。

件”基础设施，对短期和长期经济增长都具有重要作用[47]。此外，补贴创新和教育支出等有助于知识和人力资本积累，这对人均 GDP 短期和长期增长也具有重要意义。从国内外研究成果来看，虽然 Mamun 等（2017）也认为治理质量对经济增长具有短期效应和长期效应，但他们关注全球 50 个石油输出经济体样本[26]。郑世林和应珊珊（2017）[40]、Zhang 等（2018）[36]分别证实了短期效应、长期效应，但他们只关注中国地级市样本，分别侧重“权力纵向配置+权力横向配置”“权力横向配置”的治理视角。而本书关注中国大陆省域样本，侧重“权力横向配置+治理能力+权力约束”的多维治理视角，既关注短期效应分析，也关注长期效应分析。

从非核心解释变量来看，开放程度（*Open*）的估计系数显著大于零，说明随着对外开放的扩大，人均实际 GDP 增长率上升，即对外开放水平显著正向影响人均实际 GDP 当年增长率。可能的主要原因在于：一是对外开放使得资源在全球范围内优化配置，充分发挥了样本省份的比较优势，促进了产业在全球空间上实现专业化分工；二是对外开放有助于样本省份进入全球大市场，市场规模扩大带来规模报酬递增，从而提高了人均产出水平。教育水平（*Edu*）的估计系数显著大于零，说明随着高校在校学生规模的扩大，人均实际 GDP 当年增长率上升，即高等教育发展水平显著正向影响人均实际 GDP 当年增长率。可能的主要原因在于：高校拥有众多科研院所和科研人员，他们的科学发现、创新成果促进了知识和人力资本积累，有助于人均实际 GDP 的快速增长。投资占比（*Inv*）的估计系数显著小于零，说明随着固定资产投资规模的上升，人均实际 GDP 当年增长率下降，即固定资产投资水平显著负向影响人均实际 GDP 当年增长率。可能的主要原因在于：2001—2016 年，随着中国人均 GDP 的逐步增加，固定资产投资出现边际收益递减现象。其中，教育水平（*Edu*）的估计系数值最大，仅次于治理质量（*Gov*）指标，说明人力资本积累对人均 GDP 当年增速具有重要意义。

2. 被解释变量为劳动生产率

人均实际 GDP 增长率更多体现了经济增长速度，为了考察良好治理对经济增长质量的影响，本书借鉴国内外研究成果，选择劳动生产率替代经济增长质量，并以此作为被解释变量，重新进行模型估计。Hausman 检验结果显示，固定效应模型优于随机效应模型，故本书选择固定效应模型作为最终模型形式，具体估计结果如表 5-9 所示。

表 5-9　被解释变量为劳动生产率的估计结果

变量	固定效应模型（FE）	随机效应模型（RE）
C	6.45***（46.9）	6.45***（43.5）
Gov	0.06065447***（15.9）	0.06076537***（15.3）
Gov^2	−0.00014542***（−5.64）	−0.00015497***（−5.79）
$Open$	−0.00078972**（−2.23）	−0.00098555***（−2.86）
Edu	0.00102742***（5.52）	0.00096552***（5.05）
$Urban$	0.00031938（0.31）	0.00110101（1.04）
Inv	−0.00047999（−1.12）	−0.00016873（−0.39）
Hum	0.01048358***（3.98）	0.011299***（4.18）
调整 R^2	0.9744	0.8134
样本量	384	384
Hausman 统计量	32.5（P=0.0000）	

注：***、**、*代表在 1%、5%、10%水平下显著，括号内为 t 值。

从核心解释变量来看，治理质量 Gov 的估计系数显著大于零，二次项 Gov^2 的估计系数显著小于零，且治理质量的临界值为 209，大于所有样本的治理质量，故治理质量对经济增长质量具有显著的正向作用，即良好治理具有显著的高质量经济发展效应。结合前文治理质量与人均 GDP 增速的“倒 U 型”曲线关系，本书认为良好治理具有显著的经济增长方式转型效应，从而验证了假说 3。可以这样来理解良好治理对劳动生产率的正向作用：一方面，良好治理意味着市场化改革，意味着市场机制在资源配置中的作用变大，从而实现劳动生产率的持续提高；另一方面，良好治理意味着科技体制改革，随着治理质量的不断提高，科技体制改革成效逐步显现，技术创新能力增强，伴随新技术、新设备等的广泛应用，劳动生产率不断提升。

从非核心解释变量来看，开放程度（$Open$）的估计系数显著小于零，可以这样来理解：2001—2016 年，中国大陆 8 个省份的开放程度（进出口贸易/地区生产总值）呈现下降趋势，这与同期劳动生产率的上升趋势形成鲜明对比。教育水平（*Edu*）的估计系数显著大于零，说明高等教育发展对劳动生产率提升具有重要作用，可能的原因在于：高等院校作为科学发现中心，对技术发明、技术创新具有重要引领作用，带来的知识溢出有助于提高劳动生产率。人力资本（*Hum*）的估计系数显著大于零，说明大专及以上人才的高度集聚有助于提升劳动生产率，可以这样来理解：大学毕业生掌握一定专业知识，他们是技术创新、创造发明的主要力量，在高素质人才集聚程度越高的地方，往往拥有更多创造的可能性，以及更高的劳动生产率。

5.4.2 不同经济发展水平

前文的两个初步分析结果均显示，在不同经济发展水平下，治理质量与人均实际 GDP 增长率的关系可能存在差异，故本部分把样本划分为三类：中低及以下收入样本、准高收入样本①、中高收入样本②，以中高收入样本为基准，设定两个虚拟变量：*L*、*H*，然后采用 OLS 估计固定效应模型。其中，当样本属于中低及以下收入时，则 $L=1$，否则 $L=0$；当样本属于准高收入时，则 $H=1$，否则 $H=0$，具体估计结果如表 5-10 所示。

从核心解释变量来看，治理质量 *Gov* 的系数大于零，二次项 Gov^2 的系数小于零，分别在 10%、1%水平上显著；且治理质量的临界值为 43.61，小于所有中高收入样本的治理指数，即治理质量与当年人均实际 GDP 增速存在负相关关系。交互项 $L*Gov$ 的系数小于零，但不显著，交互项 $L*Gov^2$ 的系数大于零，且在 10%水平上显著；同时，治理质量的临界值为 67.97，小于该临界值的中低及以下收入样本数为 116 个③（占比约为 61.4%），即治理质量与人均实际 GDP 增速存在“倒 U 型”曲线关系。交互项 $H*Gov$ 的系数小于零，交互项 $H*Gov^2$ 的系数大于零，且都在 1%水平上显著；同时，治理质量的临界值为 40.5，小于所有准高收入样本的治理指数，即治理质量与人均实际 GDP 增速存在负相关关系。可见，治理质量与人均实际 GDP 增速的关系受到

① 准高收入样本即人均 GDP 超过 1 万美元。由于达到高收入组别的样本数量太少，为了增强分析结果的可信度，本书选择 1 万美元作为筛选标准。

② 扣除中低收入及以下样本、准高收入样本，剩下的样本属于中高收入样本。

③ 116 个样本的人均 GDP 在 362 美元~3698 美元之间，跨越低收入和中低收入组别；其他 73 个样本的人均 GDP 位于中低收入组别。

经济发展水平的显著影响，从而验证了假说 2。从国内外研究成果来看，虽然 Olson 等（2000）提出，一定的治理质量下，少数发展中经济体的经济增长会快于发达经济体和其他发展中经济体，但他们侧重全球经济体分析，且没有根据收入水平对样本进一步区分[19]；Fayissa 和 Nsiah（2013）基于撒哈拉以南经济体分析认为，与在收入的中间分位数上的样本相比，较高、较低分位数上的样本的良好治理的经济增长效应更大一些[234]；而本书侧重中国大陆省域样本分析，把三种不同收入水平上的情况进行比较，且区分了区域差异的影响。

表 5-10 不同经济发展水平的分析结果

变量	系数	t 值
C	1. 141	0. 21
Gov	0. 314 *	2. 41
L ∗ *Gov*	-0. 0740	-1. 54
H ∗ *Gov*	-0. 152 * * *	-3. 51
Gov^2	-0. 00360 * * *	-4. 29
$L*Gov^2$	0. 00129 *	2. 03
$H*Gov^2$	0. 00160 * * *	3. 67
Open	0. 0172	1. 92
Edu	0. 0397 * * *	9. 19
Urban	0. 0222	0. 97
Inv	-0. 0219 *	-1. 98
Hum	-0. 00970	-0. 15
调整 R^2	0. 538	
样本量	384	

注：*、* *、* * * 代表在 10%、5%、1%水平下显著。

同时，对中低及以下收入样本而言，大部分样本的治理质量与人均实际 GDP 增速呈现正相关关系，说明良好治理的高速度经济增长效应十分显著；而对准高收入样本而言，所有样本的治理质量都与人均实际 GDP 增速负相关，说明良好治理的高速度经济增长效应持续下降。结合前文分析结果，治理质量与经济增长质量显著正相关，且准高收入样本的治理质量都明显高于中低及以下收入样本的治理质量，故准高收入样本的经济增长质量往往高于中低及以下收入样本的经济增长质量。综上所述，相比较而言，中低及以下收入样本的良好治理更多体现为高速度经济增长效应，而准高收入样本的良好治理更多体现为高质量经济发展效应，故良好治理的经济增长方式转型效应受到经济发展水平的显著影响，从而验证了假说4。此外，对中高收入样本和部分中低及以下收入样本而言，对外开放起步较晚，科技体制改革成效不大，研发投入强度较低、自主创新能力偏弱，经济发展质量不高，创新驱动的新动能尚未形成，数量型、粗放型经济增长特征突出；加之没有充分利用加入 WTO 的重要机会，制度创新和治理改善缓慢，改革不充分造成“旧动能难以为继”，在尚未达到高收入水平之前，经济增长速度出现了大幅放缓的窘境，说明“中等收入陷阱”风险有所增加，这与前文主要结论一致。

从非核心解释变量来看，教育水平（*Edu*）的估计系数显著大于零，而投资占比（*Inv*）的估计系数显著小于零，其中，教育水平（*Edu*）的估计系数值较大一些，仅次于治理质量（*Gov*）指标，这和前文分析结果类似。结合前文的估计结果，可以发现，教育水平（*Edu*）和投资占比（*Inv*）对人均实际 GDP 增长率都具有显著的短期效应，也可能具有显著的长期效应。可以这样来理解该现象：资本和知识都是生产要素，可以作为当期生产投入要素，从而对短期经济增长产生影响；同时，高等教育发展会带来重大科学发现、人力资本累积，固定资产投资可以重复投入生产，故二者都对长期经济增长具有重要影响。

5.4.3 地区差异性

在中国大陆三大经济区（东部地区、中部地区、西部地区），不仅地理、文化、历史等因素差异较大，市场化水平、法治水平、经济发展水平等方面也差异较大，这些可能会对治理质量的经济增长效应产生影响。因此，本书借鉴吕朝凤和朱丹丹（2016）[35]的思路，纳入地区虚拟变量，以中部地区为基准，分别设定 D、X 两个虚拟变量，重新采用 OLS 估计固定效应模型。其中，当样本属于东部地区，则 $D=1$，否则 $D=0$；当样本属于西部地区，则 X

=1，否则 $X=0$，具体估计结果如表 5-11 所示。

表 5-11　地区差异性的估计结果

变量	系数	t 值
C	-42.03705***	-4.12
Gov	1.639332***	5.37
$D*Gov$	-2.007053***	-5.61
$X*Gov$	-1.071449***	-3.22
Gov^2	-0.0126161***	-5.72
$D*Gov^2$	0.0142664***	5.82
$X*Gov^2$	0.0080775***	3.26
$Open$	0.0125745***	2.65
Edu	0.0281436***	11.65
$Urban$	-0.0414038***	-2.73
Inv	0.0088893	0.86
Hum	-0.2979469***	-5.65
F 统计量	33.69（0.0000）	
调整 R^2	0.5556	
样本量	384	

注：*、**、*** 代表在 10%、5%、1%水平下显著。

从核心解释变量来看，治理质量 Gov 的估计系数显著大于零，二次项 Gov^2 的估计系数显著小于零，治理质量的临界值为 64.97，小于该临界值的样本有 43 个（占比约 33.6%），故中部地区样本的治理质量与人均实际 GDP 增速之间存在明显的“倒 U 型”曲线关系。交互项 $D*Gov$ 的估计系数显著小于零，交互项 $D*Gov^2$ 的估计系数显著大于零，治理质量的临界值为 111.41，大于该临界值的样本有 11 个（占比约 7.6%），故东部地区样本的治理质量与人均实际 GDP 增速之间存在明显的“U 型曲线”关系。交互项 $X*Gov$ 的系数显著小于零，交互项 $X*Gov^2$ 的系数显著大于零，治理质量的临界值为 62.56，小于该临界值的样本有 47 个（占比约 42.0%），故西部地区的治理质量与人均实际 GDP 增速也存在明显的“倒 U 型”曲线关系。综上所述，治理质量与人均实际 GDP 增速的关系受到地区差异性的显著影响，从而验证了假说 2。

相比之下，东部地区有较多样本省份的治理质量与人均实际 GDP 增速负相关，且东部地区样本往往拥有较高的治理质量，从而意味着较高的劳动生产率和较高的经济增长质量，故良好治理的高质量经济发展效应更加凸显。而中西部地区有较多样本省份的治理质量与人均实际 GDP 增速正相关，且中西部地区样本的治理质量往往不高，意味着劳动生产率和经济增长质量不高，从而意味着中西部地区更多体现了良好治理的高速度经济增长效应，故良好治理的经济增长方式转型效应受到地区差异性的显著影响，从而验证了假说 4。

需要指出的是，在东部地区，大于临界值的样本都属于北京、上海，北京的治理质量从 2010 年的 111.44 增加到 2016 年的 118.31，同期的研发投入强度从 5.5%上升到 5.96%，人均 GDP 增长率从 4.8%增加到 6.3%，人均 GDP 从 10910 美元增加到 17801 美元。此外，2013 年上海自由贸易试验区成立，新一轮大开放带来制度创新和治理改善，上海的治理质量从 2013 年的 113.12 增加到 2016 年的 115.25，同期的研发投入强度从 3.40%上升到 3.82%，人均 GDP 增长率从 6.3%增加到 7%，人均 GDP 从 14692 美元增加到 17555 美元。显然，随着北京、上海等发达地区治理质量的持续提高，科技体制改革的红利进一步释放，科技投入规模扩大、科技成果纷纷涌现，新兴产业快速发展、新动能不断增强，新一轮大改革逐步开启了新一轮大发展。同时，在经济发展尚处于中等收入组别、研发投入强度较低、经济发展质量不高的情况下，中西部地区部分省区市改革不彻底、不充分，没有积极抓住加入 WTO 的重大契机来推动改革，制度创新和治理改善比较缓慢，“制度性落后”现象依然突出，且科技体制改革的成效不大，造成“旧动能难以为继、新动能尚未形成”，出现了经济增长速度大幅放缓的迹象，说明面临的“中等收入陷阱”风险增加，这与前文主要结论一致。

良好治理的经济增长方式转型效应受到地区差异性的显著影响，可以这样来理解该现象：东部地区样本经济发展水平普遍较高，部分省市实现了从中等收入到高收入的转变，制度的整体框架逐步成熟，制度变迁更多是框架内的完善和修补，制度变迁的边际收益递减；特别是伴随人均 GDP 水平的提高，后发优势逐步消耗殆尽，潜在经济增长率随之下降，人们更加关注环境保护、良好教育、社会公平等公共服务。此外，东部沿海地区对外开放起步早，拥有制度变迁“先行先试”的巨大红利，科技体制改革的效果较早显现，经济增长方式较早实现成功转型，效益驱动、创新驱动特征十分显著，即良好治理的高质量经济发展效应更加突出。然而，中西部地区样本经济发展水平普遍较低，在 2001—2016 年始终处于欠发达状态，后发优势比较显著，潜在经济增长率较高，且人们更多关注经济规模的扩大；制度的整体框架尚未成型，“制度性落后”现象突出，制度变迁的边际收益递增；在中国加入 WTO 以后，市场化、法治化改革加快，治理质量快速提升，制度创新显著深化，规模经济效应扩大，资源配置效率提高，人均 GDP 增长率随之提高。但是，中西部地区存在对外开放的后发劣势，制度变迁和创新往往慢一步，科技体制改革的效果尚未充分显现，创新驱动特征不是那么突出，且固定资产投资率往往都比较高，即良好治理的高速度经济增长效应更加明显。

从非核心解释变量来看，与前文的初步计量结果相比，开放程度（*Open*）的估计系数符号相同、显著性水平类似，教育水平（*Edu*）的估计系数符号相同、显著性水平相同，城市化（*Urban*）的估计系数符号不同、显著性水平不同，投资占比（*Inv*）的估计系数符号不同、显著性水平不同，人力资本（*Hum*）的估计系数符号不同、显著性水平不同。

5.4.4　时期差异性

2007 年，美国次债危机爆发，进而引发全球经济危机，这是一次重大外部经济冲击，可能会对中国省域治理质量的经济增长效应产生影响。基于此，本书把样本划分为 2001—2007 年、2008—2016 年两个时期，纳入时期虚拟变量 P，重新采用 OLS 估计固定效应模型。其中，当样本属于 2008—2016 年，则 $P=1$，否则 $P=0$，具体估计结果如表 5-12 所示。

从核心解释变量来看，治理质量 *Gov* 的系数显著大于零，二次项 Gov^2 的系数显著小于零，治理质量的临界值为 49.8，小于该临界值的样本为 10 个（占比约为 2.78%）；同时，交互项 $P*Gov$ 的估计系数小于零，交互项 $P*$

Gov、$P*Gov^2$的估计系数均不显著，说明治理质量与人均实际 GDP 增速之间存在明显的“倒 U 型”曲线关系，从而验证了假说 1。需要指出的是，治理质量与人均实际 GDP 增速的关系不受时期差异的显著影响，可能的主要原因在于：2001—2007 年，沿海地区部分样本省份的治理质量比较高，效益驱动、创新驱动已经取得一定进展，这与 2008 年之后存在某些相似之处；2008—2016 年，中西地区部分样本省份的治理质量依然不高，良好治理的经济增长效应仍然比较突出，这与 2008 年之前没有本质差别。

表 5-12 时期差异性的估计结果

变量	系数	t 值
C	-3.275	-0.71
Gov	0.488***	3.63
$P*Gov$	-0.00446	-0.18
Gov^2	-0.0049***	-4.78
$P*Gov^2$	0.000146	0.47
Open	0.0222*	2.34
Edu	0.0345***	7.19
Urban	0.0113	0.45
Inv	-0.0307**	-2.69
Hum	0.0738	1.04
调整 R^2	0.430	
样本量	384	

注：*、**、***代表在 10%、5%、1%水平下显著。

从非核心解释变量来看，与前文的初步计量结果相比，开放程度（*Open*）的估计系数符号相同、显著性水平相似，教育水平（*Edu*）的估计系数符号相同、显著性水平相同，城市化（*Urban*）的估计系数符号相同、显著性水平相同，投资占比（*Inv*）的估计系数符号相同、显著性水平相似，人力资本（*Hum*）的估计系数符号相同、显著性水平相同。

5.4.5　稳健性检验

5.4.5.1　内生性问题

1. 被解释变量为人均实际 GDP 年度增长率

一些研究成果表明，经济增长也会影响治理质量[42,51,55]，即治理质量与经济增长可能会相互影响，进而导致内生性问题；其他变量也存在类似的问题，内生性会造成估计偏倚（有偏且不一致），导致估计结果失效。因此，本书借鉴 Ward 和 Dorussen（2015）[55]、邵传林（2016）[34]的思路，把所有解释变量滞后一期或二期，重新采用 GMM 估计固定效应模型，具体结果如表5-13所示。

表 5-13　被解释变量为人均 GDP 增长率的估计结果

变量	滞后一期	滞后二期
C	-1.222（-0.34）	6.062（1.76）
Gov	0.508***（5.07）	0.361***（3.68）
Gov^2	-0.00472***（-7.00）	-0.00384***（-5.75）
Open	0.00654（0.70）	-0.00016（-0.02）
Edu	0.0295***（5.58）	0.0210***（4.06）
Urban	-0.0209（-0.80）	-0.0169（-0.68）
Inv	-0.0473***（-3.71）	-0.0418**（-3.19）
Hum	0.0281（0.39）	-0.0385（-0.54）
调整 R^2	0.487	0.573
样本量	360	336

注：*、**、***代表在 10%、5%、1%水平下显著，括号内为 t 值。

从核心解释变量来看，在滞后一期或二期情况下，治理质量 *Gov* 的估计系数都显著大于零，二次项 Gov^2 的估计系数都显著小于零，治理质量的临界值分别为 53.81、47.01，小于该临界值的样本分别有 21 个、7 个（占比分别约为 5.83%、2.08%），治理质量与人均实际 GDP 当年增速之间存在明显的“倒 U 型”曲线关系，故本书主要结论不受内生性问题的显著影响。

从非核心解释变量来看，以滞后一期为例，与前文的初步计量结果相比，开放程度（*Open*）的估计系数符号相同、显著性水平不同，教育水平（*Edu*）的估计系数符号相同、显著性水平相同，城市化（*Urban*）的估计系数符号不同、显著性水平相同，投资占比（*Inv*）的估计系数符号相同、显著性水平相同，人力资本（*Hum*）的估计系数符号相同、显著性水平相同，故绝大部分控制变量的估计系数不受内生性问题的显著影响。

2. 被解释变量为劳动生产率

参考前文的思路，治理质量可能与经济增长质量互相影响，进而产生内生性问题，故本书把所有解释变量滞后一期或二期，重新进行固定效应模型估计，具体结果如表 5-14 所示。

表 5-14　被解释变量为劳动生产率的估计结果

变量	滞后一期	滞后二期
C	6.41*** (43.20)	6.49*** (38.10)
Gov	0.057955*** (14.10)	0.052256*** (11.10)
Gov^2	-0.000119*** (-4.33)	-0.000075** (-2.39)
Open	-0.000669* (-1.83)	-0.000520 (-1.25)
Edu	0.000813*** (4.01)	0.000520** (2.24)
Urban	0.000491 (0.45)	0.000839 (0.68)
Inv	-0.000480 (-1.13)	-0.000130 (-0.29)
Hum	0.011735*** (4.37)	0.011370*** (3.94)
调整 R^2	0.9742	0.9707
样本量	360	336

注：*、**、***代表在 10%、5%、1%水平下显著，括号内为 t 值。

从核心解释变量来看，在滞后一期或二期情况下，治理质量 *Gov* 的估计系数均显著大于零，二次项 Gov^2 的估计系数均显著小于零，治理质量的临界值分别为 244、348，均大于所有样本的治理质量，说明在考虑内生性问题的情况下，治理质量对劳动生产率依然存在显著正向作用，即良好治理会带来显著的高质量经济发展效应。与此同时，结合治理质量与人均实际 GDP 增长率的“倒 U 型”曲线关系，本书可以认为良好治理具有显著的经济增长方式转型效应，说明本书主要结论不受内生性问题的显著影响。

从非核心解释变量来看，以滞后一期为例，与前文的初步计量结果相比，开放程度（*Open*）的估计系数符号相同、显著性水平下降，教育水平（*Edu*）的估计系数符号相同、显著性水平相同，城市化（*Urban*）的估计系数符号相同、显著性水平相同，投资占比（*Inv*）的估计系数符号相同、显著性水平相同，人力资本（*Hum*）的估计系数符号相同、显著性水平相同，故非核心解释变量的估计系数都不受内生性问题的显著影响。

5.4.5.2 模型形式选择

1. 被解释变量为人均实际 GDP 年度增长率

前文初步分析采用变量的原始数值，为了考察研究结论的可靠性、稳健性，本部分采用变量的对数形式，即对解释变量、被解释变量都取自然对数，重新采用最小二乘法估计固定效应模型，具体结果如表 5-15 所示。

表 5-15 被解释变量为人均 GDP 增长率的估计结果

变量	系数	t 值
C	-31.30***	-6.05
lnGov	16.50***	6.66
$(lnGov)^2$	-2.19***	-7.33
lnOpen	0.164833***	4.05
lnEdu	0.521878***	7.68
lnUrban	-0.080973	-0.78
lnInv	0.129522**	1.98
lnHum	-0.047997	-0.67
调整 R^2	0.5087	
样本量	384	

注：*、**、*** 代表在 10%、5%、1%水平下显著。

从核心解释变量来看，治理质量 *lnGov* 的估计系数显著大于零，二次项 $lnGov^2$ 的估计系数显著小于零，*lnGov* 的临界值为 3.77，大于 2 个样本（约占 0.52%），说明治理质量与人均实际 GDP 增长率存在显著的“倒 U 型”曲线关系，故本书主要结论不受模型形式选择的显著影响。

从非核心解释变量来看，与前文的初步计量结果相比，开放程度

（*lnOpen*）的估计系数符号相同、显著性水平提高，教育水平（*lnEdu*）的估计系数符号相同、显著性水平相同，城市化（*Urban*）的估计系数符号相反、显著性水平相同，投资占比（*Inv*）的估计系数符号相反、显著性水平下降，人力资本（*Hum*）的估计系数符号相反、显著性水平相同，故部分变量的估计系数不受模型形式的显著影响。

2. 被解释变量为劳动生产率

参照前文的分析思路，本部分采用双对数模型，重新进行固定效应模型估计，具体分析结果如表 5-16 所示。

表 5-16　被解释变量为劳动生产率的估计结果

变量	系数	t 值
C	-1.27***	-3.50
lnGov	2.530***	20.70
lnOpen	-0.049035***	-2.85
lnEdu	0.013302	0.47
lnUrban	0.070814	1.62
lnInv	0.033142	1.19
lnHum	0.211591***	7.81
调整 R^2	0.9664	
样本量	384	

注：*、**、***代表在 10%、5%、1%水平下显著。

从核心解释变量来看，治理质量（*lnGov*）的估计系数为 2.53，且在 1%水平上显著，说明治理质量每升高 1%，劳动生产率就升高 2.53%，良好治理对劳动生产率具有显著正向作用，即，良好治理会带来显著的高质量经济发展效应。与此同时，结合治理质量与人均实际 GDP 增长率的“倒 U 型”曲线关系，本书可以认为良好治理具有显著的经济增长方式转型效应，说明本书主要结论不受模型形式选择的显著影响。

从非核心解释变量来看，与前文的初步计量结果相比，开放程度（*lnOpen*）的估计系数符号相同、显著性水平上升，人力资本（*lnHum*）的估计系数符号一致、显著性水平相同，教育水平（*lnEdu*）的估计系数符号相同，但系数变得不再显著，故大部分控制变量的估计系数不受模型形式的显著影响。

5.4.5.3 样本类型选择

1. 被解释变量为人均实际 GDP 年度增长率

现有文献研究表明，在中国内地，政治权力结构影响经济制度、经济政策[45,46]，进而影响地区经济增长。因此，本书通过剔除拥有较多高层政治资源的 6 个省份①，对剩余样本省份重新采用 OLS 估计固定效应模型，具体估计结果如表 5-17 所示。

表 5-17　被解释变量为人均 GDP 增长率的估计结果

变量	系数	t 值
C	-5.93	-1.59
Gov	0.558386***	5.28
Gov^2	-0.005104***	-6.83
Open	0.020062	1.05
Edu	0.041333***	7.69
Urban	0.001219	0.04
Inv	-0.014995	-1.25
Hum	-0.224902***	-2.68
调整 R^2	0.5202	
样本量	288	

注：*、**、*** 代表在 10%、5%、1%水平下显著。

从核心解释变量来看，治理质量 *Gov* 的估计系数显著大于零，二次项 Gov^2 的估计系数显著小于零，且治理质量的临界值为 54.70，小于该临界值的样本有 19 个（占比约 6.60%），说明治理质量与人均实际 GDP 增长率存在显著的“倒 U 型”曲线关系，故本书主要结论不受样本类型选择的显著影响。

从非核心解释变量来看，与前文的初步计量结果相比，开放程度（*Open*）的估计系数符号相同，但变得不再显著；教育水平（*Edu*）的估计系数符号相同、显著性水平相同；城市化（*Urban*）的估计系数符号相同、显著性水平相

① 2001—2016 年，北京、上海、天津、重庆、广东和新疆的省级党委书记兼任中央政治局委员。

同；投资占比（*Inv*）的估计系数符号相同，但变得不再显著；人力资本（*Hum*）的估计系数符号相反，但变得显著起来，故部分变量的估计系数不受样本类型的显著影响。

2. 被解释变量为劳动生产率

参照前文的分析思路，本部分也剔除拥有较多高层政治资源的 6 个省份，对剩余样本省份重新采用 OLS 进行固定效应模型估计，具体估计结果如表 5-18所示。

表 5-18　被解释变量为劳动生产率的估计结果

变量	系数	t 值
C	6. 35 * * *	43. 30
Gov	0. 065519 * * *	15. 80
Gov^2	-0. 000166 * * *	-5. 67
Open	-0. 001083	-1. 44
Edu	0. 001022 * * *	4. 84
Urban	-0. 002355 *	-1. 95
Inv	-0. 001358 * * *	-2. 89
Hum	0. 017051 * * *	5. 18
调整 R^2	0. 9791	
样本量	288	

注：*、* *、* * * 代表在 10%、5%、1%水平下显著。

从核心解释变量来看，治理质量 *Gov* 的估计系数显著大于零，二次项 Gov^2的估计系数显著小于零，治理质量的临界值为 197，大于所有样本的治理质量，说明治理质量显著正向影响劳动生产率，即良好治理会带来显著的高质量经济发展效应；与此同时，结合治理质量与人均实际 GDP 增长率的“倒 U 型”曲线关系，本书可以认为良好治理具有显著的经济增长方式转型效应，说明本书主要结论不受样本类型选择的显著影响。

从非核心解释变量来看，与前文的初步计量结果相比，开放程度（*Open*）的系数符号不变，但系数变得不再显著；教育水平（*Edu*）的系数符号相同、显著性水平相同，城市化（*Urban*）的系数符号相反，且变得显著起来；投资占比（*Inv*）的估计系数符号不变，但变得显著起来；人力资本（*Hum*）的估计系数符号一致、显著性水平相同，故部分变量的估计系数不受样本类型变化的显著影响。

5.4.5.4 变量形式选择

在前文的初步计量结果中，本书采用年度劳动生产率作为被解释变量，年度治理质量综合指数作为核心解释变量，其他解释变量也采用年度数值，这属于静态分析视角。为了考察研究结论的稳健性，本部分选用劳动生产率的10年相对改善幅度作为被解释变量①，治理质量综合指数的10年相对改善幅度作为核心解释变量，其他解释变量也采用10年相对改善幅度，这属于动态分析视角，最终获得144个新样本，重新进行固定效应模型估计，具体结果如表5-19所示。

表5-19 变量形式选择的估计结果

变量	系数	t值
C	56.90**	2.49
Gov	3.06**	2.38
Gov^2	-0.005398	-0.32
Open	0.021611	0.63
Edu	0.081204***	3.36
Urban	0.131948**	2.55
Inv	-0.009784	-0.23
Hum	-0.021334	-0.95
调整 R^2	0.5958	
样本量	144	

注：*、**、***代表在10%、5%、1%水平下显著。

从核心解释变量来看，治理质量 *Gov* 的估计系数显著大于零，二次项 Gov^2 的估计系数小于零，但不再显著，说明治理质量的相对改善幅度对劳动

① 被解释变量即期初劳动生产率的相对增幅=（2011年的劳动生产率/2001年的劳动生产率-1）*100，期末劳动生产率的相对增幅=（2016年的劳动生产率/2006年的劳动生产率-1）*100，其他依此类推。

生产率的相对改善幅度具有显著正向影响，即良好治理会带来显著的高质量经济发展效应。与此同时，结合治理质量与人均实际 GDP 增长率的“倒 U 型”曲线关系，本书可以认为良好治理具有显著的经济增长方式转型效应，说明本书主要结论不受变量形式变化的显著影响。

从非核心解释变量来看，与前文的初步计量结果相比，开放程度（*Open*）的系数符号相反，且系数变得不再显著；教育水平（*Edu*）的系数符号相同、显著性水平相同；城市化（*Urban*）的系数符号不变，但变得显著起来；投资占比（*Inv*）的估计系数符号不变、显著性水平不变；人力资本（*Hum*）的估计系数符号相反，且变得不再显著，故部分变量的估计系数受到变量形式变化的显著影响。

5.4.5.5 更换被解释变量

劳动生产率是从效率角度来衡量经济发展质量，根据国内外研究成果，可以选择单位 GDP 能耗替代经济发展质量，这是从可持续角度来衡量。需要指出的是，与劳动生产率不同，单位 GDP 能耗属于负向指标，即单位 GDP 能耗越低，经济发展质量越高。为了考察本书主要研究结论的稳健性，本部分选用单位 GDP 能耗为被解释变量，重新进行固定效应模型估计，具体结果如表 5-20 所示。

从核心解释变量来看，治理质量 *Gov* 的估计系数显著大于零，二次项 Gov^2 的估计系数显著小于零，且治理质量的临界值为 30.27，小于所有样本的治理质量，说明治理质量对单位 GDP 能耗存在显著负向影响，治理质量越高，单位 GDP 能耗越低，经济发展可持续性越强，经济发展质量就越高，故良好治理会带来显著的高质量经济发展效应。与此同时，结合治理质量与人均实际 GDP 增长率的“倒 U 型”曲线关系，本书可以认为良好治理具有显著的经济增长方式转型效应，说明本书主要结论不受被解释变量变化的显著影响。关于治理质量对单位 GDP 能耗的负向影响，可以这样来理解：随着治理质量的不断提高，科技体制改革成效逐步显现，科技水平和创新能力逐步增强，创新驱动效应不断扩大，经济增长更多依赖科技进步而不是能源投入规模，故单位 GDP 所需要的能耗逐步下降。

表 5-20　更换被解释变量的估计结果

变量	系数	t 值
C	9.73***	55.80
Gov	0.013320***	2.76
Gov^2	-0.000220***	-6.74
Open	-0.000266	-0.59
Edu	0.000624***	2.64
Urban	0.003168**	2.43
Inv	-0.001384**	-2.55
Hum	-0.005997*	-1.79
调整 R^2	0.8159	
样本量	384	

注：*、**、*** 代表在 10%、5%、1%水平下显著。

从非核心解释变量来看，与前文的初步计量结果相比，开放程度（*Open*）的系数符号不变，但系数变得不再显著；教育水平（*Edu*）的系数符号相同、显著性水平相同；城市化（*Urban*）的系数符号不变，但变得显著起来；投资占比（*Inv*）的估计系数符号不变，但变得显著起来；人力资本（*Hum*）的估计系数符号相反，且显著性水平下降，故部分变量的估计系数受到因变量变化的显著影响。

5.5　本章小结

本章通过梳理现有国内外文献，提出治理质量影响经济增长的若干理论假说；采用中国大陆省际面板数据（2001—2016），依次研究治理质量对人均实际 GDP 的长期增长率、人均实际 GDP 的当年增长率、劳动生产率的影响，探讨地区差异性、时期差异性和不同经济发展水平对二者关系的影响，并从内生性、模型形式选择等方面进行稳健性检验，主要结论如下。

第一，治理质量与人均实际 GDP 增速之间存在“倒 U 型”曲线关系。随着治理质量的逐渐上升，人均 GDP 增长率会呈现“先升后降”的变化趋势。该结论具有良好的稳健性，不受内生性、模型形式、样本类型、变量形式和时期差异的显著影响。

第二，治理质量与人均实际 GDP 增速之间的关系受到经济发展水平、地区差异的影响。中低及以下收入样本的治理质量与人均实际 GDP 年度增速存在“倒 U 型”曲线关系，而中高收入、准高收入样本的治理质量与人均实际 GDP 年度增速仅存在负相关关系；中部、西部地区样本的治理质量与人均实际 GDP 年度增速存在“倒 U 型”曲线关系，而东部地区样本的治理质量与人均实际 GDP 年度增速存在“U 型”曲线关系，说明上海等地区通过率先启动新一轮大改革、大开放，从而率先开启了新一轮大发展、大繁荣。

第三，良好治理具有显著的经济增长方式转型效应。随着治理质量的不断提升，良好治理的高速度经济增长效应逐步被高质量经济发展效应取代。该结论具有良好的稳健性，不受内生性、模型形式、样本类型、变量形式和因变量更换的显著影响。此外，良好治理的经济增长方式转型效应受到地区差异、经济发展水平的影响。具体来说，当样本属于中西部地区或经济发展水平较低时，良好治理的高速度经济增长效应更加明显；当样本属于东部地区或经济发展水平较高时，良好治理的高质量经济发展效应更加突出。

第四，治理质量对人均实际 GDP 增速具有显著的长期效应和短期效应。不仅初始治理质量对人均实际 GDP 的 10 年平均增长率存在显著影响，治理质量对人均实际 GDP 的当年增长率也存在显著影响。该结论具有良好的稳健性，不受地区差异、时期差异、内生性、样本类型、模型形式和经济发展水平的显著影响。

第五，高等教育和固定资产投资的作用存在较大差异。高等教育发展对人均实际 GDP 增长率具有显著、正向的短期效应和长期效应，且其正向效应仅次于治理质量。初始固定资产投资水平越高，东部和中部省级地区的人均实际 GDP 长期增长率越低，但西部省级地区的人均实际 GDP 长期增长率越高。

基于上述主要研究结论，结合北京、上海等发达地区经济发展的最新趋势，考虑到全球新一轮科技革命正在重构全球创新版图，且全球贸易体系正酝酿自 1994 年乌拉圭回合谈判以来最大的一轮重组，本书提出如下政策建议。

第一，加快实施自贸区战略，以新一轮大开放、大改革开启新一轮大发展、大繁荣。在 WTO 制度红利消失殆尽的背景下，要加快构建周边自由贸易区，尽快完成中日韩自贸区谈判工作，加速开展中国—孟加拉国、中国—蒙古国、中国—朝鲜等自贸区研究工作；积极推进“一带一路”自由贸易区，加快同主要新兴经济体、海合会等区域经济集团和亚欧发达国家建立自由贸易区，逐步形成全球自由贸易区网络；积极参与国际经贸规则制定，争取全球经济治理制度性权力。同时，继续推动国内自由贸易试验区建设，在全国不同层次加快推广可复制的经验措施，不断扩大对外开放、提高对外开放水平，以开放促改革、促发展；加快构建开放型经济新体制，打造全球自由贸易制度新高地，形成全球一流资源高效集聚新态势，推动中国成为全球资源配置新中枢，为中国经济发展注入新动力、增添新活力、拓展新空间。

第二，全面深化科技体制改革，充分发挥良好治理的经济增长方式转型效应。坚持制度创新和科技创新“双轮驱动”，在政策保障、制度安排、环境营造等方面下大力气，扫除所有阻碍科技创新的思想藩篱和制度瓶颈。以人才创新为主导，创新高新科技领域立法，推动科技治理体系和治理能力现代化，为实现发展驱动力的根本转变奠定良好制度基础。强化技术创新体系顶层设计，优化企业、科研院所等创新主体在创新链不同环节的功能定位，激发各类主体的创新激情和活力。加快转变政府科技管理职能，发挥好组织协调优势。创新科研经费使用和管理方式，改革科技评价制度，正确评价科技创新成果的不同价值①，把科研人员从不合理的经费管理等桎梏中解放出来。通过持续的制度创新和治理改善，提升科技创新体系效能，引领科技革命发展方向，推动中国经济高质量发展，实现经济增长方式持续转型。

第三，实施差异化区域创新战略，全力推进创新型省区市建设。一方面，对于以东部省市为核心的发达地区，重点要以自主创新、原始创新为突破口，积极打造世界一流高等院校，优化提升创新环境、创新文化和创新体系，持续发挥政府、科研机构、企业的积极作用，通过优势互补、专业化分工，探索形成创新发展的新路径、新模式，在更高水平上强化创新驱动优势，有效

① 资料来源：https：//wemedia. ifeng. com/62913024/wemedia. shtml。

引领和主导国家创新体系的发展方向，进一步发挥良好治理的高质量经济发展效应。另一方面，对于以中西部省区为主体的欠发达地区，鼓励地方积极探索、大胆尝试，充分学习发达地区的成功经验，有效结合本地区的特色、优势和基础，逐步打造具有区域特色的创新模式、创新产业，努力成为国家创新体系建设中的重要支撑和有效补充，以全面深化改革来推动新动能迅速壮大、防止旧动能过早衰退，充分兼顾良好治理的高速度经济增长效应和高质量经济发展效应。

第6章 治理质量影响中国省域经济增长的实证分析：基于空间溢出视角

6.1 理论假说

6.1.1 治理质量对经济增长存在空间溢出效应

从理论研究来看，关于治理质量的空间依赖性，Brueckner（2003）通过梳理现有实证研究，把其理论基础划分为两类：溢出模型和资源流动模型。前者包括环境模型，而后者包括税收竞争、福利竞争模型。无论是溢出模型，还是资源流动模型，都可以派生出一个反应函数，该函数显示本地治理质量依赖于周边地区的治理质量[128]。Seldadyo等（2010）进一步指出，地理—治理关系可以用空间依赖来刻画，一方面是因为基于问卷的治理指标会存在测量误差，比如邻近地区的治理较差、晕轮效应、缺失值估算；另一方面是因为治理存在空间维度，比如空间溢出、资源流动、政策收敛、决策的互相依赖和政府转型[51]。Graham等（2013）通过现有文献的系统梳理，认为治理扩散存在四种主要机制：学习、竞争、强制和社会化[129]18。Ward和Dorussen（2015）认为，各个经济体由两种网络联系起来：竞争网络、空间网络。前者描述资源对每一个经济体治理质量差异的反应程度，后者描述居民比较他们经济体相对绩效的能力，并采用数理模型集成了这些过程，理论推导发现一个经济体治理质量是周边经济体治理质量、外部竞争的单调增函数[55]。

从实证研究来看，全球187个经济体的截面数据分析显示，空间上邻近的经济体往往拥有相似的治理质量，一个经济体的治理质量与邻近经济体的治理质量呈现正相关关系（治理质量高的经济体形成集聚，治理质量低的经济体也形成集聚）；周边经济体的治理质量每提高一个单位，本经济体的治理质量就提高 0.334 个单位[51]。非洲 47 个经济体的面板数据分析显示，部分 WGI 治理指标（表达和问责、法治水平、腐败控制）存在空间扩散效应，来自周边经济体治理质量的竞争压力对本经济体的同类治理指标存在显著的积极影响[55]。对于中国而言，一个省份的土地面积或经济总量往往和其他国家大体相当，且由于各个省份同属一个国家，资源流动、地区竞争等现象更加突出。此外，现有文献认为本地区治理质量对本地区经济增长存在积极作用[18-41]，第 4、第 5 章也得到类似的结论。以克鲁格曼为代表的空间经济学家研究指出，从空间意义上的经济发展实践来看，地区之间往往存在显著的相关关系。

综上所述，本书提出如下假说。

假说 1：周边地区的治理质量会显著影响本地区的经济增长，即治理质量对经济增长存在空间溢出效应。

6.1.2 空间溢出效应随着距离扩大而逐步衰减

一些学者关注空间溢出效应的分布问题，Seldadyo 等（2010）采用空间滞后计量模型（spatial lag model），研究全球 187 个样本国家 WGI 指数的影响因素，发现在本国解释变量（包括治理质量）对其他国家治理质量的空间溢出效应中，大约 68%的份额落在一阶邻国（10 个最近的邻国），21%的份额落在二阶邻国，7%落在三阶邻国，4%落在四阶及以上邻国，即周边地区治理质量对本地区治理质量的空间溢出效应会随着空间距离扩大而逐步减小[51]。潘文卿（2012）研究 1988—2009 年中国 31 个省人均 GDP，发现随着区域间距离的增加，刻画空间正相关的莫兰指数逐渐下降，伴随概率 P 值也逐渐由显著变成不显著；同时，地区经济发展的空间溢出效应与不同地区间的空间距离有关：距离越近，空间溢出效应越大，且越显著[235]。潘文卿（2015）进一步把中国划分为 8 个区域，考察 1997—2007 年中国经济总量变动，发现区域溢出效应的变化主要来自经济发达的沿海地区和较为邻近的地区[135]。基于此，结合假说1，以及地理学第一定律①，可以提出如下假说。

假说2：随着距离的扩大，治理质量对经济增长的空间溢出效应逐步递减。

6.2 模型与变量

6.2.1 模型设定

在第4章计量模型的基础上，借鉴伍骏骞等（2016）的做法[236]，本书构建空间杜宾模型（SDM），纳入了空间滞后的自变量，进而分析经济增长的溢出效应。传统的空间杜宾模型纳入了因变量的空间滞后形式，这会带来反馈效应②，也会带来内生性困扰[236]，故本书没有纳入因变量的空间滞后形式。一般而言，空间杜宾模型的优势包括两个方面：一方面，不管实际的计量分析结果是空间滞后模型还是空间误差模型，均可以借助该模型得到估计系数的无偏结果；另一方面，该模型没有提前界定潜在溢出效应的大小[237]，从而导致模型估计结果拥有较多普遍性。本书的空间杜宾模型设定形式如式（6-1）所示：

$$
\begin{aligned}
lnGDP_{it} = {} & C + \beta_1 Gov_{it} + \beta_2 Gov2_{it} + \beta_3 Open_{it} + \beta_4 Edu_{it} + \beta_5 Urban_{it} + \\
& \beta_6 Inv_{it} + \beta_7 Hum_{t} + \theta_1 \sum_{j=1}^{N} \omega_{ij} Gov_{jt} + \theta_2 \sum_{j=1}^{N} \omega_{ij} Gov2_{jt} + \\
& \theta_3 \sum_{j=1}^{N} \omega_{ij} Open_{jt} + \theta_4 \sum_{j=1}^{N} \omega_{ij} Edu_{jt} + \theta_5 \sum_{j=1}^{N} \omega_{ij} Urban_{jt} + \\
& \theta_6 \sum_{j=1}^{N} \omega_{ij} Inv_{jt} + \theta_7 \sum_{j=1}^{N} \omega_{ij} Hum_{jt} + \mu_i + \lambda_t + \varepsilon_{it}
\end{aligned}
\tag{6-1}
$$

① 地理学第一定律即任何事物之间均相关，而离得较近的事物总比离得较远的事物相关性要高一些（Tobler，1979）。

② 区域间反馈效应表示一地区经济的变化在对另一地区经济产生影响的同时，另一地区经济的变化反过来对该地区经济产生的影响（潘文卿，2015）。

其中，GDP_{it}表示 t 年 i 地区的人均 GDP（2001 年可比价格），Gov_{it}表示 t 年 i 地区的治理质量综合指数，$Open_{it}$、Edu_{it}、$Urban_{it}$、Inv_{it}、Hum_{it}依次表示 t 年 i 地区的开放程度、教育水平、城市化水平、投资占比、人力资本，C 是截距项，$\beta_1 \sim \beta_7$、$\theta_1 \sim \theta_7$是待估系数，W 代表空间权重矩阵，这是一个 N 阶的对称矩阵，其中，$\omega_{ij}=\omega_{ji}$，对角线元素$\omega_{11}=\omega_{22}=\cdots=\omega_{NN}=0$，具体如公式（6-2）[236]：

$$W=\begin{bmatrix}\omega_{11} & \cdots & \omega_{1N}\\ \vdots & \ddots & \vdots\\ \omega_{N1} & \cdots & \omega_{NN}\end{bmatrix} \tag{6-2}$$

6.2.2 变量选择

1. 经济增长

从现有研究成果来看，有的学者采用人均 GDP 指标，比如李飞跃等（2014）[45]、张弘和王有强（2013）[8]、邵传林（2016）[34]；有的学者采用人均 GDP 增长率指标，比如 Seldadyo 等（2007）[58]、Kurtz 和 Schrank（2007）[52]；有的学者采用其他指标，比如生产率的增长率[16]、GDP[9]、人均工业总产值指数增长率[46]。基于此，根据实际研究需要，本书采用人均实际 GDP，剔除掉通胀因素，统一换算成 2001 年可比价格。

2. 治理质量

治理质量是本书的核心解释变量，有的学者选用治理质量综合指数，比如 Olson（2000）采用同期 ICRG 算术平均综合指数[19]，Seldadyo 等（2007）把 ICRG 数据库的五项治理指标合成一个治理指数[58]；有的学者选用治理质量分项指数，比如 Kurtz 和 Schrank（2007）采用 WGI 指数中的政府效能分项指标[52]，张弘和王有强（2013）采用 WGI 分项指数——政府效能、腐败控制、法治水平、监管质量[8]。根据国内外研究的最新特征，本书注重多维视角和综合性，采用前文计算得到的中国省域治理质量的综合指数（2001—2016），具体计算过程见第 3 章，治理质量综合指数见附表 1、附表 2。

3. 控制变量

除了治理质量之外，还存在影响经济增长的其他变量，为了剔除这些变量对经济增长的影响，需要把它们纳入控制变量集。从现有经济增长的实证文献来看，Levine 和 Renelt（1992）把初始收入、入学率、投资占比三个指标纳入控制变量集[238]，Keefer 和 Knack（1997）的控制变量包括：初始人均 GDP、入学率、投资价格水平[239]，Seldadyo 等（2007）纳入四个控制变量[58]，邵传林（2016）的控制变量集纳入了十个指标[34]。本书以现有研究成果为基础，结合本课题的实际研究需要，以及数据资料的可得性，选择如下控制变量：开放程度（*Open*）、教育水平（*Edu*）、城市化水平（*Urban*）、投资占比（*Inv*）、人力资本（*Hum*），具体含义和计算方法如表 6-1所示。

表 6-1　主要变量及计算方法

主要变量	代码	含义和计算方法（单位）	数据来源
治理质量	*Gov*	治理质量综合指数	本书计算得到
经济增长	*lnGDP*	ln（人均实际 GDP）	《中国统计年鉴》（2002—2017）
开放程度	*Open*	（进出口总额 * 汇率）/GDP（%）	
教育水平	*Edu*	高校在校学生数/常住人口（人/万人）	
城市化	*Urban*	年末城镇人口比重（%）	
投资占比	*Inv*	全社会固定资产投资/GDP（%）	
人力资本	*Hum*	大专及以上人口比重①（%）	

6.2.3 空间权重矩阵

权重矩阵主要根据地理空间关系确定，而地理空间关系的衡量指标主要包括：二元邻接[240]、地理距离[241]、经济距离或行政距离[242]、时间距离[243]，以及二元邻接和经济距离的二维组合指标[244]，传染渠道变量、经济距离和投资吸引力的三维组合指标[245]。从本课题研究的实际来看，地理距离的临近会加剧中国省份之间的各项竞争（比如江苏和浙江），经济发展水平的相似也会成为省份竞争的诱因（比如山东和广东），故本书借鉴王策和周博（2016）[244]的思路，将空间权重矩阵设为 $W=\alpha * E+(1-\alpha) * D$。其中，$E$ 为

① 大专及以上人口样本数/六岁及以上人口样本数。

经济距离矩阵，其主对角线上元素全为 0，非主对角线上元素 $E_{ij}=exp(-|G_i-G_j|)$，G_i和 G_j 分别代表省份 i 和省份 j 的实际人均 GDP 的均值（2001—2016）；D 为地理距离矩阵，$D_{ij}=\frac{1/d_{ij}}{\sum(1/d_{ij})}$，$d_{ij}$为省份 i 的省会城市到省份 j 的省会城市的直线距离；α（$0\leqslant\alpha\leqslant1$）为经济距离权重，决定两种距离的相对重要程度。

将 α 的初始值设为 0，步长值设为 0.1，建立 11 个用于筛选最优空间权重矩阵 W 的备选模型。一般而言，最优空间权重矩阵 W 应满足两个条件[244]：一是空间滞后项的回归系数的显著性水平最高；二是模型的对数似然值在所有备选方案中最大。检验结果显示，无论是哪一个备选模型，空间滞后项的回归系数在 1%的置信水平下均是显著的。当 α 取值 0.5 时，模型的对数似然值最大。因此，本书将 $W=0.5*E+0.5*D$ 确定为空间权重矩阵，具体如表 6-2所示。

表 6-2 不同权重的空间滞后效应显著性检验

经济距离权重	似然值	空间滞后项的回归系数	标准差	P 值
0	188.20	-0.2363***	0.0682	0.001
0.1	158.06	-0.1391***	0.0503	0.006
0.2	183.20	-0.1153***	0.0394	0.003
0.3	210.92	-0.0914***	0.0304	0.003
0.4	232.44	-0.0724***	0.0243	0.003
0.5	248.30	-0.0592***	0.0201	0.003
0.6	240.10	-0.0503***	0.0171	0.003
0.7	229.06	-0.0440***	0.0150	0.003
0.8	216.02	-0.0395***	0.0134	0.003
0.9	191.51	-0.0360***	0.0121	0.003
1	185.92	-0.0333***	0.0111	0.003

注：*** 表示在 1%水平下显著。

6.3　探索性空间数据分析

6.3.1　空间统计分析方法

克鲁格曼等空间经济学家研究指出，地理上邻近的区域经济之间往往具有一定的相关关系[246]。探索性空间数据分析（Exploratory Spatial Data Analysis，ESDA）以空间关联测度为核心，描述现象的空间分布格局并将其可视化，研究区域之间差异性的变动规律，识别地区之间的空间互动模式和路径[247]。该分析方法的实质是数据推动的实证考察，而不是借助理论推动的演绎推理，旨在“让数据自己说话”[248]。一般而言，按照功能差异划分，ESDA 技术大体包括两类[249]：一是全局空间自相关（global spatial autocorrelation），可以描述空间数据在全局系统中的分布情况；二是局部空间自相关（local spatial autocorrelation），可以描述空间数据在局部子系统内的分布情况。

1. 全局空间自相关

本书选用两个统计量：莫兰指数（Moran's I）和吉里指数（Geary's C），二者的原假设都是误差项不存在空间相关性，只能对变量之间是否存在空间相关性做出检验判断[250]。其中，莫兰指数的定义如式（6-3）：

$$Moran's\ I = \frac{\sum_{i=1}^{n}\sum_{j=1}^{n} W_{ij}(Y_i - \bar{Y})(Y_j - \bar{Y})}{S_2 \sum_{i=1}^{n}\sum_{j=1}^{n} W_{ij}} \tag{6-3}$$

其中，Y_i、Y_j为区域 i 和区域 j 某一经济变量的观测值，$\bar{Y}$为 n 个区域该经济变量的观测值的平均数，S_2为 n 个区域该要素观测值的方差，W_{ij}为空间权重矩阵中的元素。考虑到莫兰指数关注空间截面数据，但本书采用空间面板数据，故在采用莫兰指数之前，本书把分块对角矩阵 $C=IT\otimes W$① 更换为莫兰指数中的空间权重矩阵 W[251]。莫兰指数可以看作是观测值与它的

① ⊗为内罗克积，用于任意两个大小的矩阵间的运算。

空间滞后之间的相关系数，反映了研究对象空间观测值的相似性，它的取值范围为（-1，+1），+1 表示存在强烈的正向空间自相关（即存在空间相似性或空间集聚效应），-1 表示存在强烈的负向空间自相关（即存在空间异质性或空间区隔效应），0 表示不存在空间自相关（即存在空间随机分布）。

此外，吉里指数主要强调的是观测值之间的离差[252]，取值一般在 0 到 2 之间，小于 1 表示正相关[253]，且取值越小，正相关越强；等于 1 表示没有空间自相关；大于 1 表示负相关，且取值越大，负相关越强。需要指出的是，对相同变量而言，莫兰指数与吉里指数的变动方向恰好是相反的；相对于莫兰指数，在检测空间自相关方面，吉里指数更敏感一些[244]。

2. 局部空间自相关

本书选用 Moran's I 散点图，它以（γ，$W\gamma$）为坐标点绘制，可以描述各个地区间的自相关性，其中，γ 为观测变量 Y 与其均值的离差，即 $\gamma=Y-\overline{Y}$，$W\gamma$ 为 γ 的空间滞后变量，W 是描绘变量互动关系的空间权重矩阵，Moran's I 散点图拟合直线的斜率代表 Moran's I 统计量[254]。一般而言，Moran's I 散点图可以划分为四个象限[255]：第一象限，为高—高集聚类型（H-H），即本地区与周边地区的值都比较高，地区之间的差异性比较小，且通过显著性检验的地区属于高值集聚中心；第二象限，为低—高集聚类型（L-H），即本地区的值偏低，而周边地区的值偏高，导致地区之间的差异性比较大，且通过显著性检验的地区属于低值孤立点；第三象限，为低—低集聚类型（L-L），即本地区的数值偏低，且周边地区的值也偏低，从而地区之间的差异性比较小，故通过显著性检验的地区属于低值集聚中心；第四象限，为高—低集聚类型（H-L），即本地区的数值偏高，而周边地区的数值偏低，则地区之间的差异性比较大，故通过显著性检验的地区属于高值孤立点。

6.3.2 全局空间自相关分析

1. 正态性检验

莫兰指数检验建立在正态分布假设之上[255]，本书采用 Excel 对主要变量进行描述性统计分析，从经济增长变量（*lnGDP*）来看，偏度和峰度的绝对值都小于 1，表明该变量近似服从正态分布。从治理质量变量（*Gov*）来看，偏度和峰度的绝对值都小于 1，表明该变量近似服从正态分布，具体如表 6-3 所示。因此，可以计算这两个变量的莫兰指数。

表 6-3　描述性统计

	lnGDP	*Gov*
平均值	9. 75	75. 10
中位数	9. 75	73. 28
标准差	0. 68	15. 25
峰度	-0. 61	-0. 05
偏度	0. 12	0. 57
最小值	8. 01	39. 45
最大值	11. 68	118. 31
观测数	384	384

2. 全局莫兰指数

从人均 GDP 指标来看，2001—2016 年，全局莫兰指数都为正数，且在 1%的显著性水平上拒绝了原假设（不存在空间相关关系），但指数值明显小于 1，说明人均 GDP 指标存在显著的正向空间自相关，中国省域人均 GDP 存在一定的空间依赖性，但程度不是那么大。同时，全局莫兰指数呈现“先上升、后稳定”的整体趋势，从 2001 年的 0. 174 逐步增加到 2009 年的 0. 181，之后就一直稳定在 0. 181（除了 2013 年的 0. 182），说明中国省域人均 GDP 的空间依赖性起初逐步增强，并于 2009 年之后趋于基本稳定。可能的主要原因是：2001 年，中国大陆省份经济发展水平较低，大部分样本属于低收入、中低等收入组别①；之后，在加入 WTO 的刺激下，工业化进程加快，一些邻近地区人均 GDP 快速提高，导致空间自相关性增强；2009 年之后，虽然也有部分样本省份人均 GDP 大幅提升，形成了一些高值集聚中心，但也形成了一些高值孤立点，故空间自相关性没有提高，后文的 Moran's I 散点图也佐证了这一点。

① 2001 年，除了北京、上海属于中高等收入组别，其他样本都属于低收入、中低收入组别。

从治理质量指标来看，2001—2016 年，全局莫兰指数都为正数，且在 1%的显著性水平上拒绝了原假设，但指数值明显小于 1，说明中国省域治理质量存在一定的空间依赖性和空间相似性，但程度不是那么大，具体如表6-4 所示。可能主要原因在于：在政治晋升锦标赛的制度激励下，为了争夺高端人才、外商投资和知名企业等优势资源，中国各个地区竞相改善营商环境、提升政府服务水平，本地区提升治理质量的措施容易被周边地区学习和模仿，通过治理质量的空间扩散效应，邻近地区的治理质量往往具有一定相似性。此外，本书样本是中国省级地区，土地面积都比较大，几乎相当于一个国家，故治理质量的空间溢出效应受到一定限制。

表 6-4　全局莫兰指数

年份	人均 GDP（*lnGDP*）	治理质量（*Gov*）
2001	0. 174***	0. 162***
2002	0. 175***	0. 163***
2003	0. 176***	0. 163***
2004	0. 176***	0. 163***
2005	0. 177***	0. 163***
2006	0. 179***	0. 162***
2007	0. 179***	0. 160***
2008	0. 180***	0. 160***
2009	0. 181***	0. 159***
2010	0. 181***	0. 158***
2011	0. 181***	0. 156***
2012	0. 181***	0. 153***
2013	0. 182***	0. 154***
2014	0. 181***	0. 149***
2015	0. 181***	0. 150***
2016	0. 181***	0. 150***

注：***表示在 1%水平下显著。

同时，全局莫兰指数呈现“先稳定、后下降”的变化趋势，2001—2006 年，全局莫兰指数稳定在 0. 162 ~ 0. 163，之后则持续下降，2016 年降低

0.150，说明中国省域治理质量的空间依赖性起初保持基本稳定，并于 2006 年之后逐步下降。可能的主要原因是：起初，随着部分样本省份治理质量的大幅提升，不仅形成了高值集聚中心、低值集聚中心（体现为空间正相关），也形成了高值孤立点（体现为空间负相关），但空间正相关显著大于空间负相关，故综合效应体现为空间正相关，且空间相关程度基本保持稳定；2006 年之后，随着西部大开发、中部崛起等区域发展战略的深入推进，在治理质量的低值集聚中心，部分样本省份治理质量大幅提升，并演化为高值孤立点，空间异质性凸显，区隔效应逐步强化，空间负相关增强，导致莫兰指数值下降。

3. 全局吉里指数

从人均 GDP 指标来看，2001—2016 年，全局吉里指数都处于 0.892～0.894，且在 1%的显著性水平上拒绝了原假设（不存在空间相关关系），但指数值接近 1，说明人均 GDP 指标存在显著的正向空间自相关，中国省域人均 GDP 存在一定的空间依赖性，但空间集聚效应没有那么强，验证了全局莫兰指数的结论。同时，全局吉里指数呈现“先下降、后稳定”的基本趋势，从 2001 年的 0.894 持续下降到 2008 年的 0.892，之后一直保持稳定，说明中国省域人均 GDP 的空间依赖性呈现“先上升、后稳定”的整体趋势，也验证了全局莫兰指数的结论，具体结果如表 6-5 所示。

表 6-5 全局吉里指数

年份	人均 GDP（*lnGDP*）	治理质量（*Gov*）
2001	0.894***	0.892***
2002	0.894***	0.891***
2003	0.894***	0.891***
2004	0.894***	0.891***
2005	0.893***	0.891***
2006	0.893***	0.890***
2007	0.893***	0.890***
2008	0.892***	0.890***
2009	0.892***	0.889***

续表

年份	人均 GDP（*lnGDP*）	治理质量（*Gov*）
2010	0. 892 * * *	0. 889 * * *
2011	0. 892 * * *	0. 889 * * *
2012	0. 892 * * *	0. 887 * * *
2013	0. 892 * * *	0. 888 * * *
2014	0. 892 * * *	0. 887 * * *
2015	0. 891 * * *	0. 886 * * *
2016	0. 892 * * *	0. 887 * * *

注：* * * 表示在 1%水平下显著。

从治理质量指标来看，2001—2016 年，全局吉里指数都处于 0. 892 ~ 0. 887，且在 1%的显著性水平上拒绝了原假设（不存在空间相关关系），但指数值接近 1，说明治理质量指标存在显著的正向空间自相关，中国省域治理质量存在一定的空间依赖性，但空间集聚效应不是那么强。与此同时，全局吉里指数呈现整体下降的基本趋势，从 2001 年的 0. 892 持续下降到 2016 年的 0. 887，说明中国省域治理质量的空间依赖性不断强化。

6. 3. 3 局部空间自相关分析

全局空间相关性检验关注空间场的一般性，更多侧重整体性、全局性，但没有关注空间互动关系的局部特征，这对非平稳空间是十分必要的[255]。同时，空间同质性是全局空间自相关的假定前提，实际上空间异质性的现象比较多一些，故局部空间相关性检验有助于本研究更精确描绘异质性现象[256]。上文的全局空间自相关分析表明存在一定的空间集聚效应，下面本书将重点分析空间集聚的类型。

1. 人均实际 GDP

在 Moran's I 散点图中，横坐标代表人均实际 GDP 指标（*lnGDP*）与其均值的离差（γ），纵坐标代表相应的空间滞后变量（$W\gamma$），实线为各散点的拟合直线，拟合直线的斜率即为 Moran's I 统计量，具体结果如图 6-1、图 6-2、图 6-3 所示。2001 年，绝大部分样本位于第一、三象限，其中，9 个样本位于第一象限（高值集聚中心），14 个位于第三象限（低值集聚中心），只有 1

个位于第四象限（高值孤立点），分别占比 37.5%、58.33%、4.17%，说明绝大部分样本的人均实际 GDP 正向空间相关，中国区域经济发展的空间集聚效应十分显著。

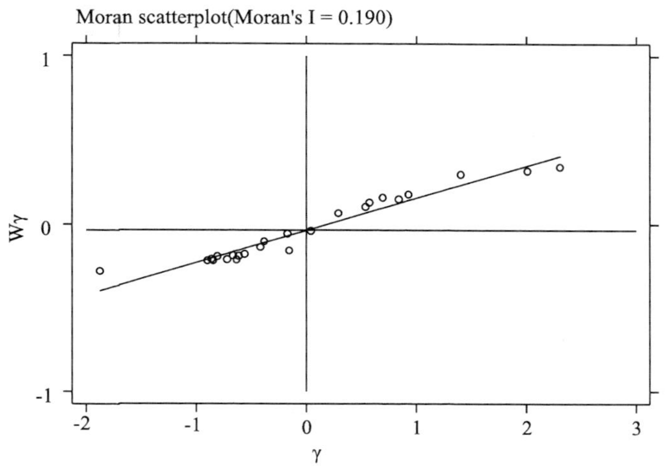

图 6-1　人均 GDP 的 Moran's I 散点图（2001 年）

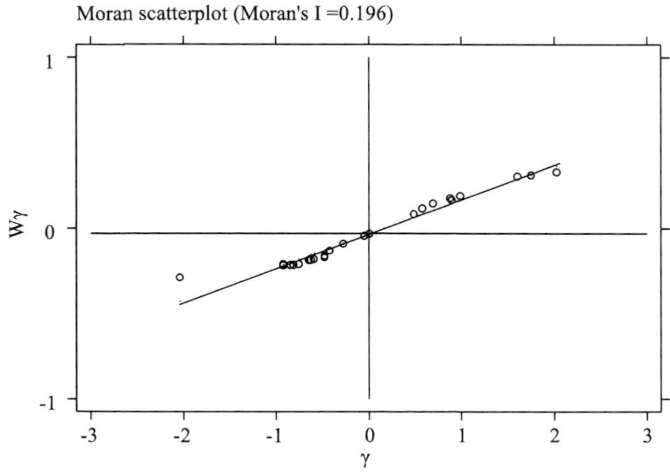

图 6-2　人均 GDP 的 Moran's I 散点图（2008 年）

此外，2008、2016 年，这一空间分布态势依然存在，绝大部分样本依然位于第一、三象限，但第一象限的样本数量并没有增加，且明显少于第三象

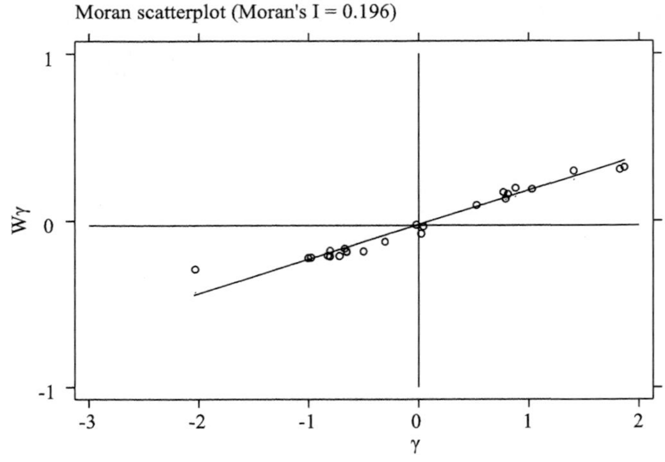

图 6-3　人均 GDP 的 Moran's I 散点图（2016 年）

限，说明只有东部沿海地区样本经济发展水平较高，比如 2016 年北京、天津、上海人均 GDP 依次为 17271 美元、17406 美元、17120 美元，已经达到高收入组别，而大部分省域样本地区经济发展水平偏低，比如 2016 年山西、贵州人均 GDP 分别为 5606 美元、4792 美元，尚处于中等收入组别，部分地区扶贫攻坚工作任重道远。值得注意的是，在 2016 年，有两个样本从第三象限跃迁到第四象限，从低值集聚中心转变为高值孤立点，表明该样本的人均 GDP 水平得到大幅提升，实现了从低收入地区向高收入地区的转型升级；这也表明在快速的经济发展过程中，中国省域人均 GDP 指标的空间分布也会具有异质性，即可能存在空间区隔效应。

2. 治理质量指数

2001 年（见图 6-4），所有样本都位于第一、三象限，其中，9 个省级地区位于第一象限（高值集聚中心），其余全部位于第三象限（低值集聚中心），分别占比 37. 50%、62. 50%，说明样本省份的治理质量存在正向空间相关关系，中国省域治理质量的空间集聚效应比较显著。而且，2008 年（见图 6-5）、2016 年（见图 6-6），这一空间分布态势基本得到保持，绝大部分样本位于第一、三象限，但第一象限的样本数量并没有增加，且明显少于第三象限，说明只有少部分省域治理质量达到较高水平，而大部分省级地区的治

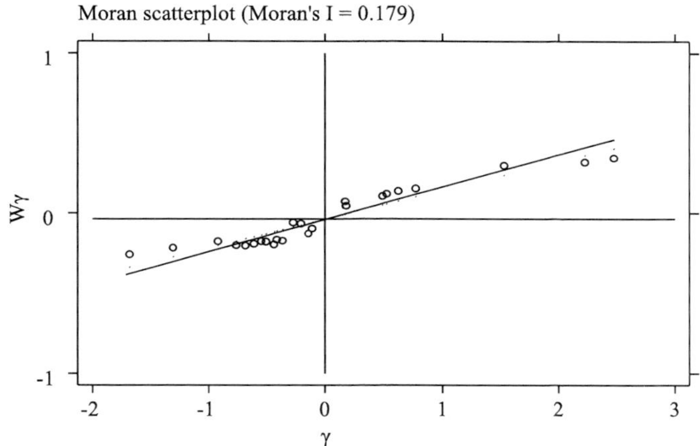

图 6-4　治理质量的 Moran's I 散点图（2001 年）

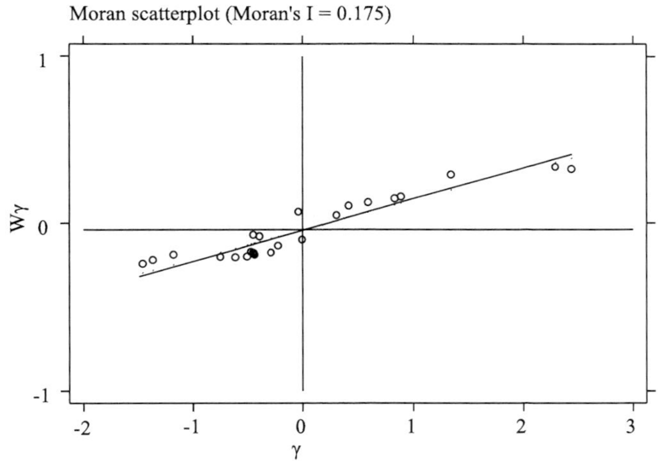

图 6-5　治理质量的 Moran's I 散点图（2008 年）

理质量仍比较低。可以理解的主要原因在于：中国省域治理质量存在较大的区域差异性，东部沿海地区的对外开放起步较早，制度变迁和体制机制创新力度较大，市场化程度高、民营经济发达，政府职能转型早、服务意识较强，经济发展水平高、居民法治意识浓厚，故东部沿海省域治理质量往往都比较高，容易形成高值集聚中心。然而，在中西部地区，改革步伐往往慢一拍，计划经济的路径依赖较强，民营企业发展空间狭小，政府官员官本位意识浓

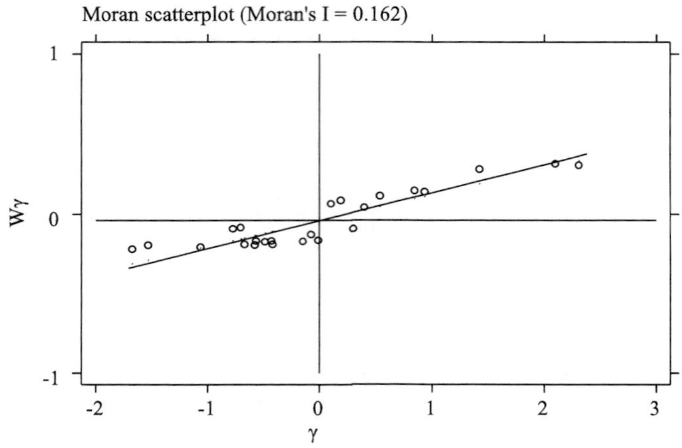

图 6-6　治理质量的 Moran's I 散点图（2016 年）

厚，法治环境有待大幅提升，故中西部省域治理质量往往都比较低，大多会形成低值集聚中心，且样本数量明显超过东部沿海地区。

值得注意的是，2016 年，有 1 个样本从第三象限跃迁到第四象限，从低值集聚中心转变为高值孤立点，表明该样本的治理质量得到明显提升，实现了从低水平治理向高水平治理的转型；这也表明在快速的治理质量改善过程中，治理质量指标的空间分布也会具有异质性，即某些年份可能存在空间区隔效应，这佐证了前文的全局空间自相关分析的主要结论。

6.4　空间计量分析

6.4.1　初步计量结果

本书借鉴现有文献的通常做法[227,229]，采用 Hausman 检验来判断是固定效应模型还是随机效应模型，由检验结果可以看到，Hausman 统计量为 245，对应的 P 值（0.0000）明显小于 1%，故强烈拒绝原假设（个体效应和随机干扰项不相关），认为随机效应模型的假设前提在本研究中不成立，即随机效应模型不合适。因此，本书选择固定效应模型作为最终模型形式，变量前加

W 代表空间滞后变量，具体估计结果如表 6-6 所示。

表 6-6　空间计量的估计结果

变量	固定效应模型（FE）		随机效应模型（RE）	
	回归系数	标准差	回归系数	标准差
C	10. 064530***	0. 622806	7. 274103***	0. 223894
Gov（β_1）	0. 039601***	0. 003764	0. 034089***	0. 003709
Gov^2（β_2）	-0. 000157***	0. 000024	-0. 000090***	0. 000026
$Open$（β_3）	-0. 000485*	0. 000282	0. 000104	0. 000398
Edu（β_4）	0. 001329***	0. 000153	0. 000976***	0. 000212
$Urban$（β_5）	0. 000175	0. 000617	0. 001986**	0. 000918
Inv（β_6）	0. 001261***	0. 000338	0. 000726	0. 000512
Hum（β_7）	0. 005224***	0. 001779	0. 005615**	0. 002548
$W*Gov$（θ_1）	-0. 008003***	0. 001581	-0. 002233***	0. 000524
$W*Gov^2$（θ_2）	0. 000067***	0. 000011	0. 000037***	5. 54e-06
$W*Open$（θ_3）	-0. 000060	0. 000115	0. 000455***	0. 000170
$W*Edu$（θ_4）	0. 000305***	0. 000056	0. 000015	0. 000054
$W*Urban$（θ_5）	-0. 000499**	0. 000236	-0. 000476	0. 000360
$W*Inv$（θ_6）	-0. 000212**	0. 000094	-0. 000054	0. 000142
$W*Hum$（θ_7）	-0. 001294*	0. 000727	-0. 002885***	0. 001089
调整 R^2	0. 7826		0. 9226	
样本量	384		384	
Hausman 检验	245（P=0. 0000）			

注：*、**、***表示在 10%、5%、1%水平下显著。

在表 6-6 中，本书采用 OLS 估计固定效应模型和随机效应模型。依据固定效应模型估计结果，首先是模型整体拟合情况，F 值为 3541. 11，对应的 P 值为 0. 0000，远远小于 1%，故强烈拒绝原假设（所有解释变量的系数都为零），认为至少一个解释变量的系数显著不为零；调整 R^2 为 0. 7826，说明回归模型可以解释因变量 78. 26%的变化，即固定效应模型整体对观测样本的拟合度良好。由此可见，固定效应模型整体拟合情况较好，结果比较令人满意。

其次是溢出效应，交互项 $W*Gov$ 的系数显著小于零，交互项 $W*Gov^2$ 的系数显著大于零，显然，周边地区的治理质量与本地区的经济发展之间存在“U 型曲线”关系；而且，该曲线的对称轴为 $Gov=59.72$，大于 35 个样本（占比约 9.11%）的治理质量综合指数，说明周边地区的治理质量与本地区的经济发展的关系主要体现在“U 型曲线”的右半部分。具体来说，在考察期内（2001—2016），当周边地区的治理质量低于 59.72，周边地区的治理质量会给本地区的经济增长带来负面影响，即差的治理会带来显著、负向的空间溢出效应；而且伴随周边地区一个单位的治理质量改善，本地区人均 GDP 的降幅逐步下降，即负向的空间溢出效应存在显著的边际递减现象。当周边地区的治理质量高于 59.72，周边地区的治理质量会给本地区的经济增长带来正面影响，即良好治理会带来显著、正向的空间溢出效应；而且伴随周边地区一个单位的治理质量改善，本地区人均 GDP 的增幅逐步上升，即正向的空间溢出效应存在显著的边际递增现象。从国内外研究成果来看，部分文献支持差的治理的消极影响[17,258]，部分文献支持好的治理的积极影响[18-41]，且都侧重治理质量给经济增长带来的本地效应；而本书则侧重空间溢出效应，并提出周边地区的治理质量与本地区的经济增长存在“U 型”曲线关系。

关于周边地区的治理质量与本地区的经济增长之间的“U 型”曲线关系，可以这样来理解：从治理质量的空间扩散效应来看，当周边地区的治理质量低于某一个门槛，其市场化水平、法治水平或政府公共服务水平往往比较低，无法带来良性的竞争效应、学习效应和倒逼效应，无法通过治理质量的空间扩散效应来提升本地区的治理质量，故无法促进本地区的经济增长，反而会通过不良治理的扩散来阻碍本地区的经济增长；但是，随着周边地区治理质量的逐步改善，这种阻碍作用会逐步下降，从而呈现边际递减趋势。反之，当周边地区的治理质量高于该门槛值，意味着科技等领域的体制改革起步早、力度大，良好的科技体制改革等制度红利有望扩散到本地区，推动本地区进一步深化科技体制等各项改革，充分释放本地区科技创新、自主创新的潜力，从而促进本地区的经济发展；而且随着周边地区治理质量的进一步提升，这种促进作用会不断强化，从而呈现边际递增趋势。从治理质量的间接空间效应来看，当周边地区的治理质量低于某一个门槛值，意味着其人均 GDP、市场需求往往都比较低，意味着基础设施不完善、区域经济一体化滞后，这会限制本地区的市场潜力和发展机会，从而会给本地区的经济增长带来负面影响；然而，伴随周边地区治理质量的稳步提升，这种负面影响会不断减弱，从而呈现边际递减特征。反之，当周边地区的治理质量高于某一个门槛值，其会通过正向间接空间效应，促进本地区的经济增长；而且伴随周边地区治理质量的持续改善，这种正向影响会持续增强，从而呈现边际递增现象。

再次是本地效应，解释变量 Gov 的系数显著大于零，二次项 Gov^2 的系数显著小于零，且“倒 U 型”曲线的对称轴为 $Gov=126.12$，大于所有样本的治理质量综合指数。这就表明，在考察期内（2001—2016），中国大陆样本省份的治理质量与经济发展水平（实际人均 GDP）显著正相关，且本地区的治理质量显著、正向影响本地区的经济发展水平，即治理质量存在显著的本地效应；同时，随着中国大陆各省份治理质量的逐步提升，伴随本地区一个单位的治理质量改善，本地区人均 GDP 的增幅逐步下降，即本地效应存在显著的边际递减现象，从而验证了第四章的主要结论。此外，与第 4 章的估计结果相比，解释变量 Gov 的系数变小，二次项 Gov^2 的系数也变小，说明如果不考虑空间溢出效应，就容易高估良好治理对经济增长质量的本地效应。

最后是控制变量的参数估计情况，开放程度（$W*Open$）的系数不显著，说明周边地区的开放程度对本地区的经济发展没有显著的空间溢出效应。教育水平（$W*Edu$）的系数显著大于零，说明周边地区的高等教育发展为本地区提供了丰富的人才资源，故对本地区的经济发展具有显著、正向的空间溢出效应。城市化（$W*Urban$）的系数显著小于零，说明周边地区的城市化发展削弱了本地区的吸引力，从而对本地区的经济发展带来显著、负向的空间溢出效应。投资占比（$W*Inv$）的系数显著小于零，说明周边地区的投资增加隐含本地区对外资的吸引力下降，从而对本地区的经济发展带来显著、负向冲击。人力资本（$W*Hum$）的系数显著小于零，说明周边地区的人力资本提升隐含本地区的人力资本优势削弱，从而对本地区的经济发展带来显著、负向的空间溢出效应。

6.4.2 地区差异性

在中国大陆东、中、西三大经济区，不仅地理、文化、历史等因素差异较大，市场化水平、法治水平、经济发展水平等方面也差异较大，这些可能会对空间效应产生影响。因此，本书借鉴吕朝凤和朱丹丹（2016）的思路[35]，以东部地区为基准，分别设定中部（Z）、西部（X）两个地区虚拟变量，重新采用OLS估计固定效应模型，具体估计结果如表6-7所示。其中，当样本属于中部地区时，Z赋值为1，否则为0；当样本属于西部地区时，X赋值为1，否则为0。

首先是溢出效应，交互项$W*Gov$的系数不显著，变量$W*Gov^2$的系数显著大于零，表明对东部地区的样本来说，新生成的“U型”曲线对称轴为$Gov=0$，小于该地区所有样本的治理质量综合指数，空间溢出效应体现在“U型”曲线的右半部分，故周边地区的治理质量仅正向、显著影响本地区的经济增长，且正向空间溢出效应呈现边际递增趋势。交互项$Z*W*Gov$的系数不显著，表明对中部地区的样本来说，空间溢出效应体现在“U型”曲线的右半部分，故周边地区的治理质量也仅正向、显著影响本地区的经济增长，且正向空间溢出效应也呈现边际递增趋势，这与东部地区的样本相同。交互项$X*W*Gov$的系数显著小于零，表明对西部地区的样本来说，新生成的“U型”曲线对称轴为$Gov=75.50$，大于该地区大部分样本的治理质量综合指数，故周边地区的治理质量显著影响本地区的经济增长，空间溢出效应既会是正数也会是负数，且主要体现在“U型”曲线的左半部分，这与东、中部地区的样本不同。相同的是，空间溢出效应都存在正数，且都存在边际递增现象。可见，本书的主要结论是稳健的，但空间溢出效应存在一定的地区差异性。

关于空间溢出效应的地区差异性，可以这样来理解：在新疆、青海等西部样本地区，大部分样本省区市的市场化、法治化和政府服务水平不高，治理质量、制度质量和经济发展水平比较低，甚至形成了治理质量的低值集聚中心。比如2016年，贵州、青海、新疆的治理质量综合指数依次为79.35、72.36、73.15，均低于全国样本的平均水平（91.0），较低的治理质量会给经济增长带来负面的空间溢出效应。具体来说，一方面，由于周边地区存在较差的治理，无法带来良好的竞争效应、学习效应和倒逼效应，无法通过空间扩散效应来提升本地区的治理质量，故无法促进本地区的经济增长，反而会通过不良治理的扩散效应，阻碍本地区的经济增长。另一方面，由于周边地区存在较差的治理，无法提供庞大的市场需求，无法提供良好的基础设施，无法有效推动区域经济一体化，这会限制本地区的市场潜力和发展机会，从而给本地区的经济增长带来负面冲击。然而，在东部地区样本省市，特别是长三角、环渤海等地区，样本省市的治理质量和经济发展水平较高，甚至形成了治理质量的高值集聚中心，比如 2016 年，大多数东部地区样本的治理质量综合指数都超过 90（除了辽宁的 88.2），北京、天津、上海、江苏、浙江的治理指数甚至超过 100，较高的治理质量会给经济增长带来积极的空间溢出效应。具体来说，一方面，治理良好的地区之间良性竞争、互相学习，推动良好治理的成功经验（比如促进科技进步和自主创新的体制机制改革）在周边地区快速扩散，有助于推动本地区和周边地区经济的共同繁荣。另一方面，良好治理可以提供一流的基础设施，可以推动区域经济一体化，创造庞大、优质的市场需求，从而给本地区和周边地区经济增长带来积极影响。因此，与西部地区样本相比，东部地区样本的治理质量更高一些，治理质量的高值集聚中心更多一些，故东部地区的正向空间溢出效应更多一些，而负向空间溢出效应更少一些，即治理质量的地区差异是解释空间溢出效应的地区差异的重要因素。比如 2016 年，长江三角洲地区的江苏、浙江、上海的治理质量综合指数依次高达 102.15、101.80、115.25，而西部地区的青海、新疆、贵州的治理质量综合指数依次仅为 72.36、73.15、79.35，故长江三角洲城市群地区更多体现为治理质量的正向空间溢出效应，而西部地区更多体现为治理质量的负向空间溢出效应。

表 6-7　地区差异性的估计结果

变量	回归系数	标准差
C	7.441661***	1.058544
Gov	0.0371954***	0.0039006
$Z*Gov$	0.0009834	0.0006078
$X*Gov$	0.0049515***	0.0011338
Gov^2	−0.0001544***	0.0000246
$Open$	−0.0006058**	0.0002793

续表

变量	回归系数	标准差
Edu	0.001375***	0.0001503
Urban	-0.0002916	0.0006137
Inv	0.0012816***	0.0003391
Hum	0.0042664**	0.0017854
W * *Gov*	-0.0012116	0.0025831
Z * *W* * *Gov*	-0.0000819	0.0003908
X * *W* * *Gov*	-0.0057831***	0.0015115
$W*Gov^2$	0.0000383***	0.0000144
W * *Open*	0.0002299	0.0001481
W * *Edu*	0.0000576	0.0000999
W * *Urban*	-0.0003751	0.0002372
W * *Inv*	0.0000347	0.0001261
W * *Hum*	-0.0013885*	0.0008352
F统计量	2916（P=0.0000）	
调整 R^2	0.9305	
样本量	384	

注：*、**、***代表在10%、5%、1%水平下显著。

其次是本地效应，变量 *Gov* 的系数显著大于零，二次项 Gov^2 的系数显著小于零，表明对东部地区的样本来说，“倒U型”曲线的对称轴为 *Gov*=120.45，大于该地区所有样本的治理质量综合指数，故本地效应体现在“倒U型”曲线的左半部分，本地治理质量正向、显著影响本地经济增长，本地效应存在显著的边际递减现象。变量 *Z* * *Gov* 的系数不显著，表明对中部地区样本而言，“倒U型”曲线的对称轴也为 *Gov*=120.45，大于该地区所有样本的治理质量综合指数，故本地效应也体现在“倒U型”曲线的左半部分，本地治理质量正向、显著影响本地经济增长，本地效应存在显著的边际递减现象，这与东部地区样本相同。二次项 *X* * *Gov* 的系数显著大于零，表明对西部地区样本而言，本地效应显著高于东部地区样本，良好治理对本地区经济增长的积极影响存在显著的地区差异性，这与第4章的主要结论类似。此外，对西部地区样本而言，“倒U型”曲线的对称轴为 *Gov*=136.49，大于西部地区所有样本的治理质量综合指数，说明西部地区样本的本地效应也体现在“倒 U 型”曲线的左半部分，本地区治理质量正向、显著影响本地区经济增长，本地效应存在显著的边际递减现象，这与东部地区样本相似。

6.4.3 时期差异性

2007 年，美国次债危机爆发，进而引发全球经济危机，这一重大外部经济冲击，可能会对治理质量及其空间效应产生影响。基于此，本书以 2001—2007 年为基准，纳入时期虚拟变量 P，重新采用 OLS 估计固定效应模型，具体估计结果如表 6-8 所示。其中，当样本属于 2008—2016 年，P 赋值为 1，否则为 0。

首先是溢出效应，交互项 $W*Gov$ 的系数显著小于零，交互项 $W*Gov^2$ 的系数显著大于零，表明在 2001—2007 年，新生成的“U 型”曲线对称轴为 Gov=58.35，大于 44 个样本（约占该时期样本总数的 26%）的治理质量综合指数，故周边地区的治理质量显著影响本地区的经济增长，空间溢出效应主要体现在“U 型”曲线的右半部分，且负向空间溢出效应存在显著的边际递减现象，而正向空间溢出效应存在显著的边际递增现象，这与前文主要结论类似。交互项 $P*W*Gov$ 的系数显著小于零，表明在 2008—2016 年，新生成的“U 型”曲线对称轴为 $Gov=59.11$，大于 5 个样本（约占该时期样本总数的 2.3%）的治理质量综合指数，故周边地区的治理质量显著影响本地区的经济增长，空间溢出效应主要体现在“U 型”曲线的右半部分，且负向空间溢出效应存在显著的边际递减现象，而正向空间溢出效应存在显著的边际递增现象，这与 2001—2007 年的主要结论类似。但是，2008 年以来，存在负向空间溢出效应的样本数量明显少于前一时期，几乎所有样本都呈现正向空间溢出效应，故空间溢出效应存在一定的时期差异性。

表 6-8　时期差异性的估计结果

变量	回归系数	标准差
C	9.693129***	0.6296287
Gov	0.0422242***	0.003826
$P*Gov$	0.0013395***	0.0004626
Gov^2	-0.0001937***	0.000027
$Open$	-0.0003028	0.0002876
Edu	0.001518***	0.0001647
$Urban$	0.0002785	0.0006176
Inv	0.0012809***	0.0003347
Hum	0.004995***	0.0017775
$W*Gov$	-0.0074221***	0.0015773
$P*W*Gov$	-0.000097**	0.0000402
$W*Gov^2$	0.0000636***	0.0000111
$W*Open$	-0.000028	0.0001185
$W*Edu$	0.0002521***	0.0000609
$W*Urban$	-0.0003838	0.0002805
$W*Inv$	-0.0001721*	0.0000946
$W*Hum$	-0.0009273	0.0008528
F 统计量	3170（P=0.0000）	
调整 R^2	0.8010	
样本量	384	

注：*、**、*** 代表在 10%、5%、1%水平下显著。

关于空间溢出效应的时期差异性，可以这样来理解：2008 年之前，样本省区市的市场化、法治化和政府服务水平偏低，治理质量的低值集聚中心较多，经济发展水平涵盖低收入、中低收入和中高收入，比如 2007 年平均治理质量指数约为 73，超过 80 的样本只有 6 个，且仅有 6 个省市①达到中高收入水平。较低的治理质量和较多的低值集聚中心，不仅会通过治理质量的空间扩散效应阻碍各个地区的治理改善，也会通过治理质量的间接空间效应弱化各个地区的发展机会，从而给各个地区经济增长带来负面冲击。2008 年之后，

① 北京、天津、上海、江苏、浙江、广东。

随着改革开放的进一步深化，各个地区治理质量的高值集聚中心较多，所有样本的治理质量达到较高水平，经济发展水平普遍向更高阶段迈进。比如 2016 年平均治理质量指数达到 91 左右，几乎所有样本的治理质量都超过 80（除了贵州 79.35，青海 72.36，新疆 73.15），且所有样本均达到中高收入水平，其中 5 个省级地区达到高收入水平。较高的治理质量和较多的高值集聚中心，意味着科技体制等领域的改革比较早、力度比较大，意味着科技体制等领域的改革红利和效果比较显著，不仅会通过良好治理的空间扩散效应提升各个地区的治理质量，也会通过良好治理的间接空间效应扩大各个地区的发展机会，最终促进各个地区的经济增长。综上所述，与前一阶段相比，在 2008—2016 年，样本地区的治理质量更高一些，治理质量的高值集聚中心更多一些，故治理质量对经济增长的正向空间溢出效应更多一些，而负向空间溢出效应更少一些，即治理质量的时期差异是解释空间溢出效应的时期差异的重要因素。

其次是本地效应，变量 Gov 的系数显著大于零，二次项 Gov^2 的系数显著小于零，表明在 2001—2007 年，新生成的“倒 U 型”曲线对称轴为 $Gov=108.99$，大于该阶段所有样本的治理质量综合指数，故本地效应体现在“倒 U 型”曲线的左半部分，本地治理质量正向、显著影响本地经济发展，本地效应存在显著的边际递减现象。交互项 $P*Gov$ 的系数显著大于零，表明在 2008—2016 年，新生长的“倒 U 型”曲线对称轴为 $Gov=112.45$，大于该阶段 184 个样本（85.2%）的治理质量，故本地效应主要体现在“倒 U 型”曲线的左半部分，本地治理质量正向、显著影响本地经济发展，本地效应存在显著的边际递减现象，这与 2001—2007 年的主要结论类似。

6.4.4　稳健性检验

1. 空间权重矩阵选择

不同空间权重矩阵可能会对估计结果产生影响，本书借鉴周博（2016）[227]、张勋和乔坤元（2016）[257]的思路，考察模型估计结果对权重矩阵 W 的敏感性。根据前文空间权重矩阵的选择过程，本书把经济距离的权重改为 0.6，从而得到了新的权重矩阵 W^*，并采用 OLS 对固定效应模型进行估计，具体结果如表 6-9 所示。

首先是溢出效应，与前文的初步计量结果相比，交互项 $W*Gov$ 的系数符号相同、显著性水平下降、系数绝对值大幅下降，交互项 $W*Gov^2$ 的系数符号相同、显著性水平下降、系数值大幅下降。同时，新生成的“U 型”曲线对称轴为 $Gov=48.61$，大于 8 个样本（占比约为 2.08%）的治理质量综合指数，说明周边地区的治理质量对本地区的人均实际 GDP 的影响主要体现在“U 型”曲线的右半部分。显然，更换空间权重矩阵之后，样本省份的治理质量依然存在显著的空间溢出效应，空间溢出效应既会是负数也会是正数，且负向的空间溢出效应存在显著的边际递减现象，而正向的空间溢出效应存在显著的边际递增现象，这与前文主要结论一致。

表 6-9　空间权重矩阵选择的估计结果

变量	回归系数	标准差
C	8.399106***	0.915676
Gov	0.029647***	0.003211
Gov^2	-0.000075***	0.000022
$Open$	-0.000809***	0.000273
Edu	0.001553***	0.000176
$Urban$	0.000192	0.000716
Inv	0.002065***	0.000382
Hum	0.007405***	0.002036
$W*Gov$	-0.003403*	0.002012
$W*Gov^2$	0.000035**	0.000014
$W*Open$	2.63e-07	0.000137
$W*Edu$	0.000178**	0.000079
$W*Urban$	-0.000343	0.000264
$W*Inv$	-0.000209*	0.000123
$W*Hum$	-0.000870	0.000815
F 统计量	2615（P=0.0000）	
调整 R^2	0.7934	
样本量	384	

注：*、**、*** 代表在 10%、5%、1%水平下显著。

其次是本地效应，与前文的初步计量结果相比，变量 *Gov* 的系数符号不变、显著性水平不变、系数值下降，二次项 Gov^2 的系数符号不变、显著性水平不变、系数绝对值下降，“倒 U” 曲线的对称轴为 *Gov* = 198.97，大于所有样本的治理质量综合指数，说明本地治理质量对本地经济增长的影响体现在“倒 U 型” 曲线的左半部分，即本地治理质量对本地人均实际 GDP 具有显著正向作用。由此可见，更换空间权重矩阵之后，样本省份的治理质量依然存在显著的本地效应，且本地效应依然存在显著的边际递减现象，即本书主要结论是可靠的。

2. 剔除内生性影响

考虑到治理质量存在显著的内生性问题，本书借鉴现有文献的思路，使用 2-stage GMM（两阶段广义矩法）进行估计。在第一阶段估计过程中，解释变量取滞后二期值（因为滞后一期的情况下，工具变量存在过度识别现象），以此作为工具变量，代替原解释变量进行估计。此外，为了确保核心自变量估计系数的显著性，本书加入了因变量的空间滞后项，具体结果如表 6-10所示。

从弱工具变量统计检验来看，F 统计量为 181，远大于各个显著性水平下的临界值，故拒绝原假设，可以认为不存在弱工具变量问题。同时，从萨根检验（sargan statistic）结果来看，P 值为 0.2504，故不能拒绝原假设，可以认为工具变量与随机干扰项不相关，不存在过度识别现象，即本书的工具变量是有效的。

首先是溢出效应，与前文的初步计量结果相比，交互项 $W*Gov$ 的系数符号相同、显著性水平不变、系数绝对值大幅上升，交互项 $W*Gov^2$ 的系数符号相同、显著性水平相同、系数值明显变大；同时，新生成的“U 型” 曲线对称轴为 *Gov* = 74.27，大于 182 个样本（占比约为 47.40%）的治理质量综合指数，说明周边地区的治理质量对本地区的经济增长的影响主要体现在“U 型” 曲线的右半部分。显然，剔除了内生性之后，周边地区的治理质量对本地区的人均实际 GDP 依然存在显著的空间溢出效应，从而验证了假说 1，说明本书的主要结论是可靠的、稳健的；但是，剔除内生性之后，治理质量的临界值变大，说明如果不考虑内生性，就会高估良好治理对中国省域经济发展的空间溢出效应。此外，因变量空间滞后项的系数显著大于零，说明人均实际GDP存在显著的空间自相关性，这与前文的探索性空间数据分析结果完全一致。

表 6-10 剔除内生性的估计结果

变量	回归系数	标准差
Gov	0. 0439938 * * *	0. 0042242
Gov^2	-0. 0001264 * * *	0. 0000243
W * *lnGDP*	0. 1991101 * * *	0. 0181264
Open	0. 0009709 * * *	0. 0003187
Edu	0. 0007078 * * *	0. 0001528
Urban	-0. 0017193 * *	0. 0007979
Inv	0. 0008842 * * *	0. 0003085
Hum	0. 0000662	0. 0019657
W * *Gov*	-0. 0132951 * * *	0. 0019115
W * Gov^2	0. 0000895 * * *	0. 0000101
W * *Open*	-0. 0005813 * * *	0. 0001374
W * *Edu*	-0. 0002 * *	0. 0000905
W * *Urban*	0. 0008311 * * *	0. 0003119
W * *Inv*	-0. 0005892 * * *	0. 0001124
W * *Hum*	0. 0004434	0. 0011021
F 统计量	2223（P=0. 0000）	
调整 R^2	0. 9912	
样本量	336	

注：*、**、***代表在 10%、5%、1%水平下显著。

其次是本地效应，与前文的初步计量结果相比，变量 *Gov* 的系数符号不变、显著性水平不变、系数值上升，二次项 Gov^2 的系数符号不变、显著性水平不变、系数绝对值变小，“倒 U 型”曲线的对称轴为 $Gov=174$，大于所有样本的治理质量综合指数，说明本地治理质量对本地经济增长的影响体现在“倒 U 型”曲线的左半部分，即本地治理质量对本地人均实际 GDP 存在显著正向作用。由此可见，考虑内生性之后，样本省份的治理质量依然存在显著的本地效应，且本地效应依然存在显著的边际递减现象，即本书主要结论是可靠的。

3. 更换被解释变量

根据国内外研究成果，关于经济增长质量的衡量，除了人均实际 GDP（强盛性指标），也可以采用劳动生产率（效率性指标）、单位 GDP 能耗（持续性指标）来替代。需要指出的是，与劳动生产率指标不同，单位 GDP 能耗指标属于负向指标，即单位 GDP 能耗越低，经济增长质量越高。本书继续考虑内生性问题，使用 2-stage GMM（两阶段广义矩法）进行估计，在第一阶段估计过程中，解释变量取合适的滞后值，以此作为工具变量，代替原解释变量进行估计，具体结果如表 6-11 所示。

首先是溢出效应，从效率性指标来看，新生成的“U 型”曲线对称轴为 *Gov*=75. 15，大于 190 个样本（占比约为 49. 48%）的治理质量综合指数，说明周边地区的治理质量对本地区的劳动生产率的影响主要体现在“U 型”曲线的右半部分。从持续性指标来看，新生成的“倒 U 型”曲线对称轴为 *Gov*=55. 58，大于 28 个样本（占比约为 7. 29%）的治理质量综合指数，说明周边地区的治理质量对本地区的单位 GDP 能耗的影响主要体现在“倒 U 型”曲线的右半部分。显然，更换因变量之后，周边地区的治理质量对本地区的经济发展依然存在显著的空间溢出效应，且治理良好的邻居会给本地经济发展质量带来正向空间溢出效应、治理较差的邻居会给本地经济发展质量带来负向空间溢出效应，说明本书的主要结论是稳健的。

其次是本地效应，从效率性指标来看，新生成的“倒 U 型”曲线对称轴为 *Gov*=193，大于所有样本的治理质量综合指数，说明本地治理质量对本地劳动生产率的影响体现在“倒 U 型”曲线的左半部分，即本地治理质量对本地经济发展存在显著正向作用。从持续性指标来看，新生成的“倒 U 型”曲线的对称轴为 *Gov*=35. 46，小于所有样本的治理质量综合指数，说明本地治理质量对本地单位 GDP 能耗的影响体现在“倒 U 型”曲线的右半部分，即本地治理质量对本地经济增长质量存在显著正向作用。由此可见，更换因变量之后，本书主要结论依然是可靠的。

表 6-11 更换因变量的估计结果

变量	效率性指标	持续性指标
Gov	0.0621201***	0.0183462***
Gov^2	-0.0001609***	-0.0002587***
*W*lnGDP*	0.3696325***	0.3954396***
Open	0.0014311***	-0.0024908***
Edu	0.0004033*	0.0002448
Urban	-0.0019115*	0.0034051**
Inv	-0.0001745	0.0000328
Hum	-0.00047	0.0017632
*W*Gov*	-0.022154***	0.0270661***
$W*Gov^2$	0.0001474***	-0.0002435***
*W*Open*	-0.0006091***	0.001213***
*W*Edu*	-0.0004356***	0.0002009
*W*Urban*	0.0012458***	-0.0034782***
*W*Inv*	-0.0005876***	0.001671***
*W*Hum*	0.0005998	-0.0070945***
F统计量	1049	189 (P=0.0000)
调整 R^2	0.9815	0.9120
样本量	336	312

注：*、**、***代表在10%、5%、1%水平下显著。

6.4.5 进一步分析

1. 总体效应分解

虽然空间滞后变量通过了显著性检验，但如果要考察空间溢出效应的大小，则需要估计空间计量模型的系数，并通过分解空间溢出效应的总效应，从而获得本地效应和空间效应，以此研究周边地区的治理质量对本地区的经济发展带来的空间效应。由前文的估计结果可以看出，治理质量对经济增长除了有本地效应，也的确存在空间效应。但需要指出的是，空间杜宾模型的估计参数并不是本地效应和空间效应的大小，需要通过偏微分方法进一步求解出效应数值[51,236,255]。基于此，参照现有文献做法，本书将空间杜宾模型改写成矩阵形式，具体如公式（6-4）所示：

$$Y=(I-\rho W)^{-1}(X_{\beta}+WX_{\theta})+(I-\rho W)^{-1}(\mu_{i}+\gamma_{t}+\varepsilon_{it}) \tag{6-4}$$

其中，I 是单位向量，被解释变量 Y 关于第 1 个至第 N 个区域的解释变量 X 中第 k 个变量的偏微分矩阵如公式（6-5）所示：

$$\left[\frac{\partial Y}{\partial x_{1k}}\cdots\frac{\partial Y}{\partial x_{Nk}}\right]=(I-\rho W)-1[I\beta_{k}+W\theta_{k}] \tag{6-5}$$

其中，最右端矩阵的对角线元素的均值描述本地效应，即本地区的自变量对本地区的因变量的平均影响程度；在每行中，非对角线元素之和的均值描述空间效应，即其他地区的自变量对本地区的因变量的平均影响程度。① 具体来说，本地区第 k 个自变量的变化对本地区的因变量的本地效应是β_{k}，其他地区自变量的变化对本地区因变量的空间溢出效应②的平均值如公式（6-6）所示：

$$\left[\frac{\partial Y}{\partial x_{1k}}\cdots\frac{\partial Y}{\partial x_{Nk}}\right]=(I-\rho W)^{-1}[I\beta_{k}+W\theta_{k}] \tag{6-6}$$

其中，式（6-6）中的空间效应是由自变量与权重矩阵相乘得到的，比如本书的治理质量对经济增长的空间溢出效应，实际上是指其他地区治理质量通过空间权重矩阵加权，而产生的对本地区经济增长的平均冲击。借鉴 Seldadyo 等（2010）[51]、伍骏骞等（2016）[236]的做法，本书设定本地效应和空间效应的计算方法，具体表达式如公式（6-7）所示：

$$(I-\rho W)^{-1}=I+\rho W+\rho^{2}W^{2}+\rho^{3}W^{3}+\cdots \tag{6-7}$$

其中，在式（6-7）中，通过事先给定上式右侧 W 和 ρ 的阶数，能够简化 $I-\rho W$ 矩阵的求逆过程，可以容易获得每次参数联合抽样的本地效应、空间效应取值[256]。基于此，可以获得治理质量等变量对经济增长的本地效应、空间溢出效应和总体效应。

由表 6-12 的计算结果可知，变量 *Gov* 的本地效应、溢出效应和总体效应都大于零，且都在 1%水平上显著，说明本地治理质量对本地经济发展有着显

① 在每一列中，则为本地区的自变量对其他地区的因变量的平均影响程度，这两个值是相等的（Lesage 和 Pace，2009；Seldadyo 等，2010）。

② 或本地区自变量的变化对其他地区的因变量的平均间接冲击。

著为正的影响，其他地区的治理质量与经济距离、地理距离共同作用，并对本地经济发展存在显著为正的空间溢出效应，最终，治理质量对本地经济发展带来的总体效应也是正向显著的。同时，空间溢出效应约占总体效应的29.77%，约为本地效应的42.54%，显然，空间溢出效应在中国省域经济增长中扮演着重要的角色，这一发现与现有文献的主要结论类似[135,235,259]。具体而言，本地治理质量每提高1个单位，本地人均GDP（2001年价格）平均增长约0.0268%；其他地区治理质量每提高1个单位，本地人均实际GDP平均增长约0.0114%。

表6-12　本地效应、溢出效应和总体效应

变量	本地效应	溢出效应	总体效应
Gov	0.0268***（8.76）	0.0114***（1.94）	0.0383***（5.43）
Gov^2	-0.0001***（-4.76）	-0.0001（-0.83）	-0.0002*（-1.79）
Open	0.0002（1.08）	0.0012（1.52）	0.0014（1.58）
Edu	0.0019***（15.33）	-0.0013**（-2.68）	0.0006（1.22）
Urban	0.0005（0.88）	-0.0015（-0.58）	-0.001（-0.37）
Inv	0.0019***（6.32）	0.0005（0.37）	0.0024（1.68）
Hum	0.0007（0.46）	0.0049（0.76）	0.0056（0.81）

注：*、**、***代表在10%、5%、1%水平下显著，括号内为t值。

换句话说，即使两个地区的治理质量基本相当，但如果二者的周边地区的治理质量存在较大差异，则周边治理质量较高的地区的经济绩效往往较好，因为来自周边地区良好治理的正向空间溢出效应更多一些，且来自周边地区的负向空间溢出效应更少一些。比如最近几年，河南与山西、黑龙江、吉林、辽宁的治理质量差不多，但河南周边省份的治理质量普遍较高①，故河南的经济发展势头总体良好，并没有出现类似山西、黑吉辽的经济困境。

① 比如2016年，河南治理质量综合指数为86.83，周边省份及其治理质量依次为安徽（89.94）、湖北（91.51）、山东（95.75）、陕西（91.17）；山西治理质量为84.03，周边省份及其治理质量依次为河南（86.83）、陕西（91.17）；黑龙江、吉林、辽宁的治理质量依次为79.62、81.31、88.20，且互为邻近地区。显而易见，相比较而言，河南周边地区的治理质量较高一些，体现在当年人均GDP增速上，河南（7.6%）高于这些地区（黑龙江6.5%、吉林7.3%、辽宁-2.1%、山西4%）。

2. 空间溢出效应分布

前文实证分析了空间溢出效应的存在，并计算了空间溢出效应的大小，为了进一步考察空间溢出效应的分布特征，本书借鉴 Seldadyo 等（2010）[51]的做法，结合上文的主要公式，可以得到如下公式（6-8）：

$$(I-\rho W)^{-1}[I\beta_k + W\theta_k] = (I\beta_k + \rho W\beta_k + \rho^2 W^2\beta_k + \rho^3 W^3\beta_k + \cdots) + (W\theta_k + \rho W^2\theta_k + \rho^2 W^3\theta_k + \rho^3 W^4\theta_k + \cdots) \tag{6-8}$$

其中，$W\theta_k$代表自变量 X 对一阶邻近地区的空间溢出效应，$\rho W^2\theta_k$代表对二阶邻近地区的空间溢出效应，其他依此类推。根据如上公式计算发现，在治理质量对人均实际 GDP 的空间溢出效应中，约 67.54%的空间溢出效应落在一阶邻近地区，约 20.18%的空间溢出效应落在二阶邻近地区，约 7.02%的空间溢出效应落在三阶邻近地区，约 5.26%的空间溢出效应落在四阶及更高阶邻近地区。

由此可见，中国内地样本省份治理质量对人均实际 GDP 的空间溢出效应随着地区间空间加权距离的增大而减小，本书再次明确验证了著名的地理学第一定律，即任何事物之间均相关，而离得较近的事物总比离得较远的事物相关性要高一些。比如上海对位于长三角城市群的江浙城市的空间溢出效应就多一些，但对中部地区的洛阳、常德等城市的空间溢出效应就少一些，对西部地区的喀什、林芝等城市的空间溢出效应就更少了。

6.5 本章小结

本章从空间溢出视角入手，提出治理质量对经济增长的空间溢出效应等理论假说；基于第 4 章的面板计量模型设定空间杜宾模型，以及空间权重矩阵；采用莫兰指数、吉里指数、Moran's I 散点图和空间面板计量模型，对中国大陆 24 个省份的面板数据（2001—2016）进行实证检验，并计算空间溢出效应的大小，分析其在空间上的分布特征，主要结论如下。

第一，人均 GDP 与治理质量均存在显著的空间自相关性。从全局空间自相关分析来看，中国省域经济发展水平、治理质量均存在一定的全域范围的正向空间自相关性，但程度都不是那么大。从局部空间自相关分析来看，中国省域经济发展水平、治理质量的空间集聚效应均十分显著，空间区隔效应也都在一定程度上存在。

第二，周边地区治理质量与本地区经济增长质量存在“U 型”曲线关系。治理质量存在一个门槛值，当周边地区治理质量低于该门槛值，周边地区治理质量对本地区经济增长质量带来负面影响；当周边地区治理质量高于门槛值，周边地区治理质量对本地区经济增长质量带来正面影响。因此，差的治理会带来显著、负向的空间溢出效应，好的治理会带来显著、正向的空间溢出效应。该结论具有良好的稳健性，不受内生性、空间权重矩阵、因变量、时期差异性的显著影响。

第三，空间溢出已成为良好治理影响中国省域经济增长质量的重要途径。总体而言，周边地区治理质量对本地区经济增长的空间溢出效应约占总体效应的 30%。如果不考虑内生性，就会高估良好治理对经济增长质量的空间溢出效应。同时，如果不考虑空间溢出效应，就会高估良好治理对经济增长质量的本地效应。

第四，空间溢出效应随着距离扩大而逐步衰减。如果用经济距离和地理距离构建空间加权距离矩阵，则平均而言，在良好治理对中国省域人均实际 GDP 的空间溢出效应中，约 68%的空间溢出效应落在一阶邻近地区，约 20%落在二阶邻近地区，约 7%落在三阶邻近地区，约 5%落在四阶及以上邻近地区。

第五，治理质量的地区差异、时期差异可以解释空间溢出效应的地区差异、时期差异。一方面，与东部地区样本相比，西部地区的治理质量更低一些，故西部地区的正向空间溢出效应更少一些，而负向空间溢出效应更多一些。另一方面，与前一阶段相比，2008—2016 年的治理质量更高一些，故治理质量对经济增长质量的正向空间溢出效应更多一些，而负向空间溢出效应更少一些。

基于上述主要研究结论，结合中国区域经济发展的最新趋势，城市群和区域协调发展已成为国家关注的焦点和重点，本书提出如下政策建议。

首先，继续提升各省、区、市的治理质量，大力发挥良好治理对经济增长质量的正向空间溢出效应。高度重视良好治理会通过空间溢出来影响中国省域经济增长质量的重要特征，对标发达国家和地区，加快改善东部省市治理质量，持续增加治理质量的高值集聚中心，继续强化高水平治理对经济增长质量的正向空间溢出效应，推动东部省市经济发展水平再上一个新台阶。发挥中西部地区的后发优势，总结高水平治理地区的经验和教训，设法提高各省、区、市的治理质量，尽快减少乃至消除中西部地区治理质量的低值集聚中心，努力扩大治理质量的高值集聚中心数量，缓解低水平治理对中西部地区经济增长质量的负向空间溢出效应，提升高水平治理的正向空间溢出效应，加快推动中西部地区迈入高收入行列。

其次，以不同层次的城市群为主要载体，充分吸纳良好治理对经济增长质量的空间溢出效应。高度重视良好治理对经济增长质量的空间溢出效应随着距离扩大而逐步衰减的重要特征，充分利用城市群内部各地区彼此邻近的地理区位优势，大力实施城市群治理质量一体化战略，以良好治理的区域核心城市为龙头，以高速铁路、城际轨道和高速公路网络为依托，以国家提出的 19 个城市群为主要载体，鼓励中西部等生存生产条件不好地区的人口有序迁移、集聚，逐步形成若干独具特色、竞争力强的世界级、国家级和区域级城市群。着力提升核心城市的治理质量，消除城市群内影响良好治理扩散的障碍，充分发挥核心城市治理质量对整个城市群治理质量的辐射带动作用，通过治理质量的一体化来实现经济发展水平的一体化。

最后，以骨干交通网络和统一大市场为抓手，有效释放治理良好的东部地区对中西部地区的正向空间溢出效应。高度重视治理质量的地区差异可以解释空间溢出效应的地区差异的重要特征，加快推进联通东、中、西三大地区的重大基础设施建设，加快完善贯穿三大地区的高速铁路、高速公路、高等级航道和输油输气管道等骨干交通网络，以及衔接三大地区的新一代信息基础设施网络，积极打通阻碍三大地区间物资、人员、信息流动的交通梗塞，为良好治理的空间溢出效应扩散提供硬件保障。同时，继续推动各级政府简政放权，进一步消除不同省区间的市场壁垒，加速形成一体化的国内大市场，为区域经济增长的空间溢出效应扩散提供软件支持，这些在人口红利减弱、经济增长减缓的背景下尤为重要。

第7章 研究结论与进一步讨论

7.1 研究结论

7.1.1 主要结论

本书以“诺斯悖论”为研究起点，总结了中国省域治理概念的外延特征，归纳了中国省域治理质量评估的三大内容；采用定性与定量相结合的方法提出了中国省域治理质量评估指标体系，运用时序全局因子分析法确定了指标权重，计算了中国省域治理质量综合指数（2001—2016）；从权力悖论、时间跨度和空间溢出三个方面入手，理论分析治理质量影响中国省域经济增长的时空机理，多维度实证剖析治理质量对中国省域经济增长的影响，主要研究结论包括如下六个方面。

（1）从地方治理的视角来看，中国省域治理的主要特征包括：推动横向分权、优化治理结构，构建合作伙伴、改善治理关系，强化权力约束、提高法治水平。故中国省域治理核心内涵的外延特征为：强政府、市场化、法治化。中国省域治理质量评估要突出三大内容：政府能力、市场能力、法治水平，这体现了“权力横向配置+治理能力+权力约束”的多维治理评估视角。其中，政府能力、市场能力不仅属于行使权力的能力，也属于权力的横向配置；法治水平不仅体现了对权力行使行为的有效约束，也体现了对权力行使能力的充分强化。

（2）整体而言，中国省域治理质量的综合指数均呈现“逐步上升”态势，各个省级地区的治理质量不断改善。从区域差异来看，东部地区所有被考察样本的治理质量都比较高，其他地区大部分被考察样本的治理质量都比较低；中西部地区大部分被考察样本的治理质量的改善幅度都比较大，东部地区大部分、东北地区所有被考察样本的改善幅度都比较小。从省际差异来看，省际治理质量的相对变异水平持续下降，绝对变异水平呈现“先上升、后下降”的趋势，说明中国省际治理质量的相对差异、绝对差异均缩小。

（3）通过鼓励权力的“扶持之手”，或抑制权力的“掠夺之手”，良好治理会对中国省域人均实际GDP带来显著、正向影响，治理质量的省际差异可以显著解释人均实际GDP的省际差异。随着治理质量的逐步提高，后发优势变小、改革红利变少，故治理质量对人均实际GDP的积极影响存在显著的边际递减现象。人均实际GDP对治理质量存在正向反馈效应，主要源于：收入效应、复杂度效应、实践效应、支持者效应和供给效应。

（4）中国省域治理质量与人均实际GDP增速存在“倒U型”曲线关系，即随着治理质量的逐渐上升，人均GDP增速呈现“先升后降”的变化趋势，说明中国与WTO制度体系实现全面接轨，制度变迁红利面临逐步消失的境况。然而，治理质量与人均实际GDP增速的关系受到经济发展水平、地区差异的影响，即在经济发达的上海、北京等东部沿海地区，伴随新一轮大改革、大开放，新一轮经济大发展已率先启动。在山西、黑龙江、吉林、辽宁等部分地区，改革开放起步较晚且没有抓住加入WTO的重大契机，导致“新动能尚未形成、旧动能难以为继”，面临的“中等收入陷阱”风险增大。

（5）良好治理具有显著的经济增长方式转型效应，即随着治理质量的不断提升，良好治理的高速度经济增长效应先升后降，良好治理的高质量经济发展效应持续增强，从而逐步实现经济增长方式的成功转型。但是，良好治理的经济增长方式转型效应受到地区差异、经济发展水平的影响，即当样本属于中西部地区或经济发展水平较低时，后发优势明显、科技实力偏低，良好治理的高速度经济增长效应更加明显。当样本属于东部地区或经济发展水平较高时，后发优势变小、科技实力较强，良好治理的高质量经济发展效应更加突出。

（6）周边地区的治理质量与本地区的经济增长质量之间存在“U型”曲线关系，即较低的治理质量会给经济增长质量带来显著负向空间溢出效应，而较高的治理质量会给经济增长质量带来显著正向空间溢出效应。治理质量对人均实际 GDP 的空间溢出效应约占总体效应的 30%，即空间溢出已成为良好治理影响中国省域经济增长质量的重要途径。在治理质量对人均实际 GDP 的空间溢出效应中，约 68%的空间溢出效应落在一阶邻近地区，约 20%落在二阶邻近地区，约 7%落在三阶邻近地区，约 5%落在四阶及以上邻近地区，即治理质量对经济增长质量的空间溢出效应随着距离扩大而逐步变小。治理质量的地区差异、时期差异是解释空间溢出效应的地区差异、时期差异的重要因素。

7.1.2 创新性成果

在充分学习、借鉴现有文献的基础上，本书对相关问题进行了积极探索，深化和丰富了国内外研究成果，主要创新性成果包括如下四个方面。

（1）提出了中国省域治理质量评估的新视角。本书从缓解“权力悖论”的角度入手，界定了中国省域治理概念的外延特征：强政府、市场化、法治化；提出了中国省域治理质量的三大评估内容：政府能力、市场能力、法治水平；体现了中国省域治理评估的新视角：权力横向配置+治理能力+权力约束。此外，本书选用中国加入 WTO 以来的面板数据（2001—2016），构建跨年度可比的省域治理质量综合指数，并从省域排名、改善幅度、变异水平和聚类分析四个方面入手，实证分析中国省域治理质量的动态演进特征，进一步丰富了现有实证分析文献。然而，现有中国省域治理评估文献比较少，有的关注单维治理评估，比如治理产出、权力横向配置；有的关注二维治理评估，比如治理能力+权力约束；有的关注多维治理评估，比如治理能力+权力约束+治理产出。

（2）构建了治理质量影响中国省域经济增长的新框架。首先，本书从缓解“权力悖论”的视角入手，通过政府、市场、法治三个重要渠道，理论剖析了良好治理对中国省域经济增长的本地效应；其次，本书纳入时间跨度因素，理论探讨了良好治理的高速度经济增长效应、高质量经济发展效应和经济增长方式转型效应；再次，本书首次考虑空间溢出效应因素，理论分析了周边地区治理质量影响本地区经济增长的三种主要路经，以及本地区对周边地区的反馈效应；最后，本书选用了跨年度可比的中国省域治理质量综合指数（2001—2016），实证分析了良好治理的高速度经济增长效应、高质量经济发展效应和经济增长方式转型效应，探讨了良好治理对经济增长质量的本地效应和空间溢出效应。然而，现有文献更多关注周边地区治理质量对本地区治理质量的空间溢出效应，以及本地区治理质量对本地区经济增长的影响、良好治理的高速度经济增长效应，忽略了良好治理的高质量经济发展效应和经济增长方式转型效应，以及良好治理对经济增长质量的空间溢出效应。

（3）实证研究得到了一系列新结论。首先，本地区治理质量与本地区人均实际 GDP 增速存在“倒 U 型”曲线关系，即随着治理质量的逐渐上升，人均 GDP 增速呈现“先升后降”的变化趋势。然而，有的文献认为治理质量正向影响经济增速，有的文献认为治理质量与经济增速负相关。其次，良好治理具有显著的经济增长方式转型效应，即随着治理质量的不断提升，良好治理的高速度经济增长效应先升后降，良好治理的高质量经济发展效应持续增强，从而逐步实现经济增长方式的成功转型。然而，现有文献更多认为良好治理具有显著的高速度经济增长效应。最后，周边地区治理质量与本地区经济增长质量存在“U 型”曲线关系，即较低的治理质量会给经济增长质量带来显著负向空间溢出效应，而较高的治理质量会给经济增长质量带来显著正向空间溢出效应；空间溢出已成为良好治理影响经济增长质量的重要途径；良好治理对经济增长质量的空间溢出效应会随着距离扩大而逐步梯次变小。然而，现有文献仅认为本地区治理质量会显著影响本地区经济增长。

（4）实证研究采用了一系列新方法。首先，本书采用定性（文献梳理法）与定量（变差系数法）相结合的方法，提出了中国省域治理质量评估的指标体系，而现有文献侧重定性方法。其次，通过引入时序全局因子分析法，本书确定了中国省域治理质量的指标权重，而现有文献侧重平均权重法、传统主成分分析法、专家调查法、验证性因子分析法。再次，本书采用空间杜宾模型的偏微分矩阵，证实了空间溢出效应会随着相对距离扩大而减小，而现有文献采用全局莫兰指数、市场潜能的系数、投入产出模型。最后，关于空间权重矩阵，本书构建了地理距离与经济距离的复合指标，且通过定量筛选法确定了最优空间权重矩阵，而现有文献采用二元邻接、地理距离、经济距离或行政距离、时间距离、二元邻接和经济距离的二维组合指标，以及传染渠道变量、经济距离和投资吸引力的三维组合指标。

7.1.3 主要局限性

关于治理质量对经济增长的影响研究，本书仅仅是一次有益的探索，且由于本人知识水平所限，以及时间、成本等方面的约束，本书的研究仍存在很多局限性，以及诸多需要解决的问题，主要包括如下五个方面。

（1）主要研究内容的局限性。本书主要关注治理质量综合指数对经济增长的影响研究，未来也可以尝试研究治理质量三个分项指数对经济增长的影响。此外，根据已有文献，经济增长也会反过来影响治理质量，考虑到治理质量存在空间依赖性，故可以尝试研究经济增长对治理质量的空间溢出效应等内容，构建系统的理论分析框架，并选择合适的样本进行实证检验。

（2）治理评估内容的局限性。本书从政府能力、市场能力和法治水平三个方面来测度治理质量，体现了“权力横向配置+治理能力+权力约束”的三维评估视角，这种评估视角仅仅是一个选择，并不代表完美和永恒。从国内外研究成果来看，治理测度有很多视角可选，未来进一步研究可以根据具体实践和课题需求进行灵活调整，比如市场柔性与政府刚性的有效结合。

（3）治理质量指标的局限性。唯一的、绝对准确、绝对完善的指标体系是不存在的，治理质量的测度指标始终面临着多样的选择可能性。政府能力、市场能力、法治水平都最好采用综合指数，但在本研究时段中缺乏合适选择，本书只好退而求其次，采用若干替代指标。此外，即便是选择替代指标，一些指标也只是阶段性指标，随着研究时段的变化，需要适时进行调整，比如律师事务所、诉讼业务和财力资源指标。同时，一些指标因数据可得性限制，无法获得指标的精确结果，比如非国有经济、技术市场、外商投资和知识产权指标等。

（4）经济增长指标的局限性。本书仅关注治理质量综合指数对人均实际GDP、人均实际 GDP 的增长率、劳动生产率、单位 GDP 能耗的影响，而从现有文献来看，也可以尝试采用其他经济增长指标，比如劳动生产率增速、三次产业增加值及其增速、人均工业总产值及其增速、GDP 及其增速、全要素生产率、经济增长质量综合指数等，这些都可以丰富我们对二者关系的理解。

(5) 研究成果的时空局限性。从时间角度来看，本书的中国省域治理内涵是对特定发展历史的总结，是对已有特定实践的描述。此外，本书对同一轨迹上的制度变迁全过程进行实证检验（2001—2016），“倒U型”曲线等结论只是中国经济增长历史长卷中的一个小片段。从空间角度来看，本书的研究对象是中国内地24个省级地区，治理质量的指标体系和主要研究结论适用中国省级样本。未来研究如果要拓展到其他时空范围，则需要按照实际情况对相关内容进行调整。

7.2 进一步讨论

人均实际GDP及其增速是衡量经济增长的重要指标，本部分尝试在多轮依次出现的制度变迁的视角下，同时探讨治理质量与人均实际GDP及其增速的长期动态关系，并提出相关理论模型，为以后的深入研究提供一些参考。

7.2.1 理论假说

治理质量与人均GDP的关系。一方面，治理质量与人均GDP存在正相关关系，后发国家较低的经济发展水平往往意味着较低的治理质量，发达国家较高的经济发展水平也往往意味着较高的治理质量[26,234]。另一方面，根据前文研究结果，加入WTO以来，样本省份的治理质量显著、正向影响人均实际GDP，且良好治理对人均实际GDP的正向影响存在边际递减现象。

治理质量与经济增速的关系。首先，对欠发达经济体而言，更好的治理会带来更快的经济增长，比如在8个欠发达的伊斯兰国家[24]、撒哈拉以南地区[25]。其次，更好的治理使得后发国家能够发挥后发优势，可能实现对发达国家经济增长的追赶[18]。与治理质量较高的国家相比，在治理质量较低的国家，治理质量对人均GDP增速的正向作用更大一些[58]。最后，根据前文研究结果，在中、西部地区，治理质量与人均实际GDP增速之间均存在“倒U型”曲线关系；在东部地区，治理质量与人均实际GDP增速之间存在“U型”曲线关系。

综上所述，结合黄少安提出的“同一轨迹上制度变迁①的边际效益先增后减”假说[105]，本书可以提出如下假说。

假说1：对于同一轮制度变迁而言，治理质量与人均实际GDP增长率存在“倒U型”曲线关系，治理质量与人均实际GDP存在“S型”曲线关系。

假说2：对于跨越两轮制度变迁而言，治理质量与人均实际GDP增长率存在“U型”曲线关系，治理质量与人均实际GDP存在“反S型”曲线关系。

假说3：对于多轮依次出现的制度变迁而言，治理质量与人均实际GDP增长率存在“多个倒U曲线首尾依次连接的波浪线”关系，治理质量与人均实际GDP存在“多个S型曲线首尾依次连接的波浪线”关系。

7.2.2 模型描述

如图7-1所示，考虑两轮依次出现的制度变迁，分别命名为制度变迁ABC、CDE；对应在图7-2中，依次为制度变迁$A_1B_1C_1$、$C_1D_1E_1$。

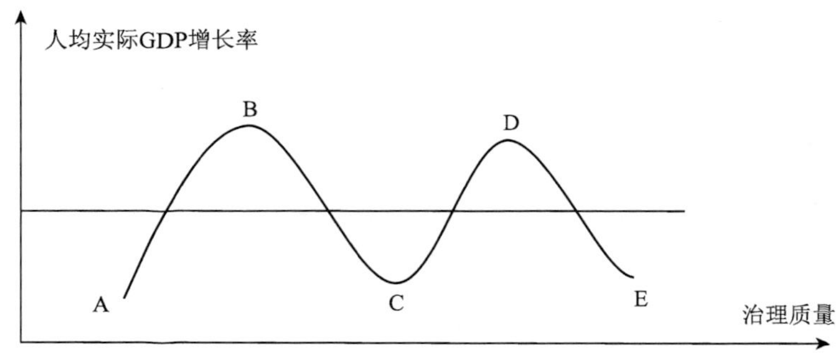

图7-1 治理质量与人均实际GDP增长率的长期动态关系

在第一轮制度变迁ABC中，A点代表制度变迁的起点，此时的人均实际GDP增速较低；对应图7-2中的起点A_1，此时的人均实际GDP也比较低。B点代表主制度或制度框架成型，此时的人均实际GDP增速明显高于制度变迁的起点A；对应图7-2中的B_1，此时的人均实际GDP显著高于制度变迁的起

① 所谓“同一轨迹上的制度变迁”，是指一个重大制度变革发生后，在该变革框架内具有完善、修补意义的持续变迁过程；也可以认为是依存于主制度的从属制度的变迁，从属制度的变迁只是进一步挖掘主制度框架所允许的潜在收益，而不是突破已有的制度框架。

点 A_1。C 点代表接近制度容量的边界，此时的人均实际 GDP 增速低于 B 点；对应图 7-2 中的 C_1，此时的人均实际 GDP 达到阶段新高。在本轮制度变迁中，人均实际 GDP 增速形成了“倒 U 型”曲线的变化轨迹，人均实际 GDP 形成了“S 型”曲线的变化轨迹。

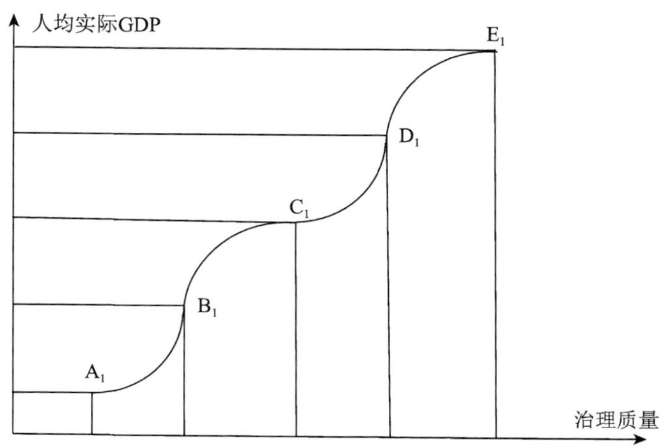

图 7-2　治理质量与人均实际 GDP 的长期动态关系

在第二轮制度变迁 CDE 中，C 点代表新制度变迁的起点，D 代表新的主制度或制度框架成型，此时的人均实际 GDP 增速明显高于制度变迁的起点 C；对应图 7-2 中的 D_1，此时的人均实际 GDP 显著高于制度变迁的起点 C_1。E 点代表接近制度容量的新边界，此时的人均实际 GDP 增速低于 D 点；对应图 7-2 中的 E_1，此时的人均实际 GDP 达到另一个新高。与第一轮制度变迁类似，在本轮制度变迁中，人均实际 GDP 及其增速分别形成了“S 型”曲线、“倒 U 型”曲线的变化轨迹。

由此，本书可以推论，在随后的第三、四……N 轮制度变迁中，人均实际 GDP 及其增速都会分别形成了“S 型”曲线、“倒 U 型”曲线的变化轨迹。此外，在图 7-1 中，曲线 BCD 跨越两轮制度变迁，形成一个明显的“U 型”曲线，人均实际 GDP 增速呈现“先降后升”的变化趋势，说明旧一轮制度变迁的改革红利逐步消耗殆尽，新一轮制度变迁带来新一轮经济大繁荣，这与中国东部沿海发达地区经济增长的最新态势吻合。

综上所述，本书可以发现，每一轮制度变迁都可以划分为两个阶段，以制度变迁 ABC 或 $A_1B_1C_1$ 为例。

第一个阶段是 AB 或 A_1B_1，侧重构建整体制度架构或主制度，这不是一个突变现象，而是一个渐进的过程。加之人们对新制度的熟悉也需要一定时间，故随着制度框架或主制度的逐步成熟，人们对新制度不断熟悉，新旧制度之间的摩擦成本下降，制度的适应性效率上升。且对人的激励性逐步释放出来，使得每单位制度变迁投入的收益不断变大，治理改善、改革红利持续放大，故新制度的边际效益逐步增大，人均实际 GDP 增速不断攀升，带动人均实际 GDP 持续变大。

第二个阶段是 BC 或 B_1C_1，侧重依存于主制度的从属制度的变迁或对制度框架的修修补补，这也需要一定的时间和周期，在这个过程中，主制度或制度框架已经确定下来且很难改变，但制度所处的外部环境一直在变，导致制度的适应性效率下降，因为不同制度的社会适应性依存于经济体制所面对的历史的、技术的、社会的、经济的环境[106]。虽然通过不断完善制度体系，可以提高制度容量，增强制度适应环境的能力，但仅仅是延缓制度边际效益递减的速度[105]，故制度变迁的边际效益一直下降，人均实际 GDP 增速变小，但人均实际 GDP 继续升高。

7.2.3 经验支持

1978 年 12 月，中国共产党召开具有重大历史意义的十一届三中全会，果断抛弃了以阶级斗争为纲的政治路线，把工作重点转向以经济建设为中心的轨道上，开启了中国经济体制改革的伟大进程。总体而言，改革开放以来，中国先后经历了四次重大制度变迁，人均 GDP 增速的变化轨迹近似形成了三个“倒 U 型”曲线（见图 7-3），推动人均 GDP 持续升高，经济发展水平从低收入阶段起步，跨越了中低收入水平，达到了中高收入阶段。

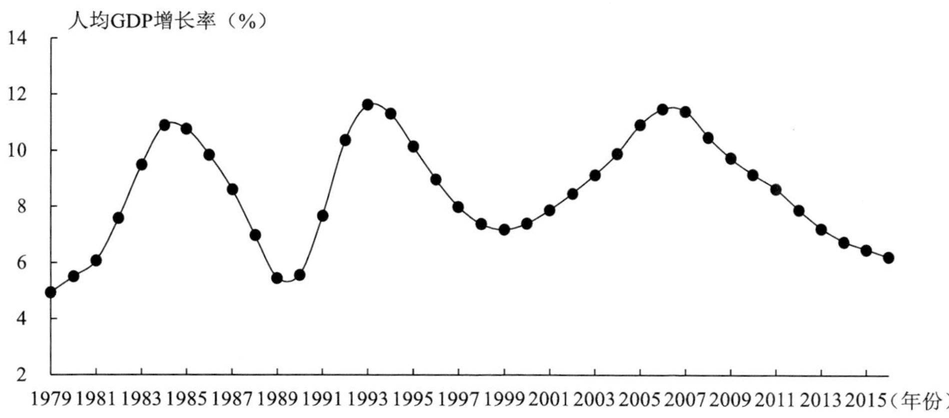

图 7-3　中国人均实际 GDP 增长率①变化趋势（1979—2016）

第一次重大制度变迁是建立社会主义商品经济体制（20 世纪 80 年代），开始重视价值规律和市场调节，逐步承认发展商品经济的合法性[260]，在农村推广家庭联产承包责任制，允许个体户、私营企业、三资企业等非公有制经济发展，启动全民所有制企业改革，设立经济特区、开放沿海港口城市、建立沿海经济开放区。在此期间，中国人均实际 GDP 增长率从 1979 年一直上升，1984 年达到阶段峰值，之后则持续下降，1989 年降到阶段峰谷；人均实际 GDP 增速呈现“先升后降”的变化趋势，近似形成一个“倒 U 型”曲线。同时，中国经济发展水平不断提高，人均 GDP 指数（以 1978 年为基准 100，下同）从 1979 年的 106. 2 增加到 1989 年的 231. 9，人均当年 GDP 从 423 元快速增加到 1536 元。

第二次重大制度变迁是建立社会主义市场经济体制（20 世纪 90 年代），勾画出了由“市场主体、市场体系、宏观调控体系、收入分配制度和社会保障制度”五大支柱构成的社会主义市场经济体制的基本框架，推动国有企业建立现代企业制度，进行财税体制、外贸体制、外汇管理体制改革，推动住房、医疗市场化，逐步开放沿江及内陆和沿边城市。在此期间，中国人均实际 GDP 增长率从 1990 年开始上升，1992 年达到阶段高点，之后又不断下降，

① 因年度数据波动过大，本书对原始数据进行了 3 项移动平均处理，用插值法补充了首尾年度数据。

1999 年降到阶段低点。与第一次重大制度变迁类似，人均实际 GDP 增速也呈现“先升后降”的变化趋势，也近似形成一个“倒 U 型”曲线。同期，中国人均 GDP 指数从 1990 年的 237. 5 上升到 1999 年的 534. 8，人均当年 GDP 从 1663 元（折合约 348 美元）攀升到 7229 元（折合约 873 美元），从低收入国家进入中低收入国家行列。

第三次重大制度变迁是建立适合 WTO 要求的制度体系（2000—2016），中国融入 WTO 制度体系可以划分两个阶段：第一阶段，在国家层面构建适合 WTO 要求的整体正式制度框架，初步形成符合 WTO 精神的非正式制度和组织机构，在 2005—2008 年完成降低关税、取消非关税措施、放宽外商投资比例限制等领域的制度变迁。在本阶段，伴随中国制度创新的逐步推进，中国与全球经济的接轨程度越来越高，制度的适应性效率持续提高，进而带来改革红利不断放大，加之贸易自由化打开了中国的外需市场空间，中国人均 GDP 增长率稳步攀升，从 2000 年的阶段低点飙升到 2007 年的阶段高点。第二阶段，在地方层面（省、市、区等）形成具体细则和配套措施等正式制度，并在非正式制度和组织结构的细节方面不断完善提升。在本阶段，随着逐步落实加入 WTO 的各项承诺，WTO 框架下的中国与全球经济的接轨工作基本完成，WTO 带来的改革红利开始遭遇制度边界约束，在国外贸易保护主义的限制下，外需市场需求增长疲软，人均 GDP 增长率逐步下滑，2016 年下探至阶段低点。与前两次重大制度变迁类似，2000 年以来，人均实际 GDP 增速也呈现“先升后降”的变化趋势，也近似形成一个“倒 U 型”曲线。同期，中国经济发展水平快速提升，人均 GDP 指数从 2000 年的 575. 7 上升到 2016 年的 2240. 2，人均当年 GDP 从 7942 元（约 959 美元）上升到 53935 元（约 8122 美元），从中低收入国家跃升至中高收入国家。

第四次重大制度变迁是建立自由贸易制度体系（2017 年以来），随着上一轮经济大发展即将走到尽头，中国及时启动自由贸易战略，以新一轮大改革推动经济发展进入新时代。一方面，积极推动国内自由贸易试验区建设，2013 年 9 月，中国（上海）自由贸易试验区正式成立，拉开了中国第四次重大制度变迁的帷幕；2016 年 8 月，中国在辽宁省、浙江省、河南省、湖北省、重庆市、四川省、陕西省新设立 7 个自贸试验区，这代表着自贸试验区建设进入了试点探索的新航程；2018 年 12 月，中国在海南探索建设自由贸易试验区和自由贸易港。另一方面，大力推动全球自由贸易网络建设，2017 年 10 月，习近平总书记在党的十九大报告中指出，要以“一带一路”建设为重点，推动形成全面开放新格局。截至 2018 年底，中国已与 25 个国家和地区达成了 17 个自贸协定，自贸伙伴遍及欧洲、亚洲、大洋洲、南美洲和非洲；同时，还与 20 多个国家的超过 10 个自贸协定正在谈判或升级谈判。

截至目前，虽然第四次重大制度变迁的效果尚未在国家层面全面显示出来，但在上海等沿海经济发达地区，新一轮大改革、大开放带来制度体系大变迁，推动新一轮制度创新和治理质量改善，上海的治理质量从 2013 年的 113. 12 增加到 2016 年的 115. 25，同期的研发投入强度从 3. 40% 上升到 3. 82%，人均 GDP 增长率从 6. 3%增加到 7%，人均 GDP 从 14692 美元增加到 17555 美元。由此可见，随着改革的全面深化、治理质量的持续提高，科技体制改革的红利进一步释放，科技投入规模扩大、科技成果纷纷涌现，新兴产业快速发展、新动能不断增强，伴随新一轮大改革、大开放，上海等发达地区率先开启了新一轮大发展、大繁荣。

参考文献

[1] 鲁志国．制度变迁与技术变迁：谁是经济增长核心因素——兼评诺斯制度变迁经济增长理论的有效性［J］．南方经济，2002（2）：43-44.

[2]［美］道格拉斯·诺斯．经济史中的结构与变迁［M］．陈郁，译．上海：上海人民出版社、上海三联书店，1994：15-72.

[3] Acemoglu D，Johenson S，Robinson J A. Reversal of Fortune：Geography and Institutions in the Making of the Modern World Income Distribution［J］. *Quarterly Journal of Economics*，2002，117（4）：1231-1294.

[4]［美］道格拉斯·诺斯，罗伯特·托马斯．西方世界的兴起［M］．厉以平，蔡磊，译，北京：华夏出版社，1999：26-53.

[5]［美］道格拉斯·诺斯．制度、制度变迁和经济绩效［M］．杭行，译．上海：上海人民出版社、上海三联书店，1994：39-81.

[6] 杜丽群．制度变迁与经济增长的绩效分析——基于达龙·阿塞莫格鲁的视角［J］．学习与探索，2017（12）：138-144.

[7] Mauro P. Corruption and Growth［J］. *Quarterly Journal of Economics*，1995，110（3）：681-712.

[8] 张弘，王有强．政府治理能力与经济增长间关系的阶段性演变——基于不同收入阶段的跨国实证比较［J］．经济社会体制比较，2013（3）：151-159.

[9] 李文彬，魏铭．地区经济发展与治理因素有关吗？——基于广东省的实证分析［J］．南方经济，2015，33（3）：112-119.

[10] Acemoglu D，Robinson J A. Economic Origins of Dictatorship and Democracy［M］. Cambridge：Cambridge University Press，2006：319-323.

[11] Qian Y. How Reform Worked in China. CEPR Discussion Paper

No. 3447. Available at SSRN: https: //ssrn. com/abstract = 324978, 2002.

[12] Quibria M G. Does Governance Matter? Yes, No or Maybe: Some Evidence from Developing Asia [J]. *Kyklos*, 2006, 59 (1): 99-114.

[13] Stead D. What Does the Quality of Governance Imply for Urban Prosperity? [J]. *Habitat International*, 2015, 45: 64-69.

[14] Posner R A. The Social Costs of Monopoly and Regulation [J]. *Journal of Political Economy*, 1975, 83 (4): 807-827.

[15] Bhagwati J N. Directly Unproductive, Profit-Seeking (DUP) Activities [J]. *Journal of Political Economy*, 2008, 90 (5): 988-1002.

[16] North D C. Institutions, Institutional Change and Economic Performance [M]. Cambridge: Cambridge University Press, 1990: 32-97.

[17] 王贤彬，王露瑶．反腐败与经济增长 [J]．经济社会体制比较，2016 (2): 61-74.

[18] Murrell P, Olson M. The Devolution of Centrally Planned Economies [J]. *Journal of Comparative Economics*, 1991, 15 (15): 239-265.

[19] Olson M, Sarna N, Swamy A V. Governance and Growth: A Simple Hypothesis Explaining Cross - Country Differences in Productivity Growth [J]. *Public Choice*, 2000, 102 (3-4): 341-364.

[20] Grosanu A, Bota - Avram C, Rachisan P R, Vesselinov R, Tiron - Tudor A. The Influence of Country-level Governance on Business Environment and Entrepreneurship: A Global Perspective [J]. *Amfiteatru Economic*, 2015, 17 (38): 60-75.

[21] Ma T-C, Ouyang L. Democracy and Growth: A Perspective from Democratic Experience [J]. *Economic Inquiry*, 2016, 54 (4): 1790-1804.

[22] Stojanović I, Ateljević J, Stević R S. Good Governance as a Tool of Sustainable Development [J]. *European Journal of Sustainable Development*, 2016, 5 (4): 558-573.

[23] Hussain M, Haque M. Impact of Economic Freedom on the Growth Rate: A Panel Data Analysis [J]. *Economies*, 2016, 4 (2): 1-15.

［24］ Setayesh M H, Daryaei A A. Good Governance, Innovation, Economic Growth and the Stock Market Turnover Rate ［J］. *Journal of International Trade & Economic Development*, 2017, 26 (7): 829–850.

［25］ Adedokun A J. Foreign Aid, Governance and Economic Growth in Sub-Saharan Africa: Does One Cap Fit All? ［J］. *African Development Review*, 2017, 29 (2): 184–196.

［26］ Mamun M A, Sohag K, Hassan M K. Governance, Resources and Growth ［J］. *Economic Modelling*, 2017, 63: 238–261.

［27］ Saidi H, Rachdi H, Mgadmi N. Revisiting the Role of Governance and Institutions in the Impact of Financial Liberalization on Economic Growth Using the PSTR Model ［J］. *Panoeconomicus*, 2017, 64 (3): 315–336.

［28］ Kim D H, Wu Y C, Lin S C. Heterogeneity in the Effects of Government Size and Governance on Economic Growth ［J］. *Economic Modelling*, 2018, 68 (1): 1–12.

［29］ Boţa-Avram C, Groşanu A, Răchişan P R, et al. The Bidirectional Causality between Country-Level Governance, Economic Growth and Sustainable Development: A Cross-Country Data Analysis ［J］. *Sustainability*, 2018, 10 (2): 502.

［30］ Qian Y, Xu C. Why China's Economic Reforms Differ: The M-Form Hierarchy and Entry/Expansion of the Non-State Sector ［J］. *Economics of Transition*, 1993, 1 (2): 135–170.

［31］ 徐现祥，王贤彬，舒元．地方官员与经济增长——来自中国省长、省委书记交流的证据［J］．经济研究，2007（9）：18–31.

［32］ Xu C. The Fundamental Institutions of China's Reforms and Development ［J］. Journal of Economic Literature, 2011, 49 (4): 1076–1151.

［33］ 樊纲，王小鲁，马光荣．中国市场化进程对经济增长的贡献［J］．经济研究，2011（9）：4–16.

［34］ 邵传林．中国式分权、市场化进程与经济增长［J］．统计研究，2016，33（3）：63–71.

［35］吕朝凤，朱丹丹．市场化改革如何影响长期经济增长？——基于市场潜力视角的分析［J］．管理世界，2016，269（2）：32-44.

［36］Zhang T，Sun B，Cai Y，Wang R.（2018）.Government fragmentation and economic growth in China’s cities. Urban Studies. Advance online publication. doi：10.1177/0042098018767076.

［37］卢峰，姚洋．金融压抑下的法治、金融发展和经济增长［J］．中国社会科学，2004（1）：42-55.

［38］董雪兵，朱慧，康继军，等．转型期知识产权保护制度的增长效应研究［J］．经济研究，2012（8）：4-17.

［39］郑世林．中国政府经济治理的项目体制研究［J］．中国软科学，2016（2）：23-38.

［40］郑世林，应珊珊．项目制治理模式与中国地区经济发展［J］．中国工业经济，2017（2）：24-42.

［41］张梁梁，杨俊．社会资本、政府治理与经济增长［J］．产业经济研究，2018（2）：91-102.

［42］Wilson R. Does Governance Cause Growth? Evidence from China［J］. World Development，2016，79：138-151.

［43］Knack S，Keefer P. Institutions and Economic Performance：Cross-Country Tests Using Alternative Institutional Indicators［J］. Economics & Politics，1995，7（3）：207-227.

［44］张屹山，于维生．经济权力结构与生产要素最优配置［J］．经济研究，2009（6）：65-72.

［45］李飞跃，张冬，刘明兴．实际政治权力结构与地方经济增长：中国革命战争的长期影响［J］．经济研究，2014（12）：45-59.

［46］刘明兴，张冬，钱滔，等．地方政府的非正式权力结构及其经济影响［J］．社会学研究，2013（5）：26-52.

［47］Hall R E，Jones C I. Why Do Some Countries Produce So Much More Output Per Worker than Others?［J］. *Social Science Electronic Publishing*，1999，114（1）：83-116.

[48] Kaufmann D, Kraay A. Growth without Governance [J]. *Social Science Electronic Publishing*, 2002, 3 (1): 169-229.

[49] Dixit A. Trade Expansion and Contract Enforcement [J]. *Journal of Political Economy*, 2003, 111 (6): 1293-1317.

[50] Nee V, Opper S. Capitalism from Below: Markets and Institutional Change in China [M]. Cambridge, Massachusetts: Harvard University Press, 2012: 5-62.

[51] Seldadyo H, Elhorst J P, Haan J D. Geography and Governance: Does Space Matter? [J]. *Papers in Regional Science*, 2010, 89 (3): 625-640.

[52] Kurtz M J, Schrank A. Growth and Governance: Models, Measures, and Mechanisms [J]. *Journal of Politics*, 2007, 69 (2): 538-554.

[53] 马得勇．测量乡镇治理——基于 10 省市 20 个乡镇的实证分析 [J]. 中国行政管理，2013 (1): 101-106.

[54] Huynh K P, Jacho-Chávez D T. Growth and Governance: A Nonparametric Analysis [J]. *Journal of Comparative Economics*, 2009, 37 (1): 121-143.

[55] Ward H, Dorussen H. Public Information and Performance: The Role of Spatial Dependence in the Worldwide Governance Indicators among African Countries [J]. *World Development*, 2015, 74: 253-263.

[56] 刘小鲁．知识产权保护、自主研发比重与后发国家的技术进步 [J]. 管理世界，2011 (10): 10-19.

[57] Kaufmann D, Leautier F, Mastruzzi M. Governance and the City: An Empirical Exploration into Global Determinants of Urban Performance [J]. *Social Science Electronic Publishing*, 2004: 1-46.

[58] Seldadyo H, Nugroho E P, Haan J D. Governance and Growth Revisited [J]. *Kyklos*, 2007, 60 (2): 279-290.

[59] Holmberg S, Bo R, Nasiritousi N. Quality of Government: What You Get [J]. *Annual Review of Political Science*, 2011, 12 (1): 135-161.

[60] Williams A, Siddique A. The Use (and Abuse) of Governance Indicators in Economics: A Review [J]. *Economics of Governance*, 2008, 9

(2): 131-175.

[61] 臧雷振. 治理定量研究: 理论演进及反思——以世界治理指数(WGI)为例 [J]. 国外社会科学, 2012 (4): 11-16.

[62] [英] 鲍勃·杰索普. 治理的兴起及其失败的风险: 以经济发展为例的论述 [J]. 国际社会科学杂志 (中文版), 1999 (1): 31-48.

[63] 俞可平. 治理和善治引论 [J]. 马克思主义与现实, 1999 (5): 37-41.

[64] [法] 让-彼埃尔·戈丹. 现代的治理, 昨天和今天: 借重法国政府政策得以明确的几点认识 [J]. 国际社会科学杂志 (中文版), 1999 (1): 49-58.

[65] 薛澜, 张帆, 武沐瑶. 国家治理体系与治理能力研究: 回顾与前瞻 [J]. 公共管理学报, 2015 (3): 1-12.

[66] Romańczyk K M. Towards Urban Governance: Twenty Years of Neighbourhood Contracts in the Brussels-Capital Region [J]. *Cities*, 2015, 44: 1-8.

[67] Kaufmann D, Kraay A, Mastruzzi M. Growth and Governance: A Reply [J]. *Journal of Politics*, 2007, 69 (2): 555-562.

[68] Fukuyama F. What Is Governance? [J]. Governance: An International Journal of Policy, Administration, and Institutions, 2013, 26 (3): 347-368.

[69] [美] 曼瑟尔·奥尔森. 集体行动的逻辑 [M]. 陈郁, 等, 译. 上海: 格致出版社, 2014: 10-85.

[70] Faguet J P. Decentralization and Governance [J]. *World Development*, 2014, 53 (1): 2-13.

[71] Rotberg R I. Good Governance Means Performance and Results [J]. *Governance: An International Journal of Policy, Administration, and Institutions*, 2014, 27 (3): 511-518.

[72] 罗茨 R A W. 新的治理 [J]. 马克思主义与现实, 1999 (5): 42-48.

[73] Kaufmann D, Kraay A, Mastruzzi M. Governance Matters VIII: Aggregate and Individual Governance Indicators, 1996-2008 [J]. *Social Science Electronic Publishing*, 2007, 23 (2): 1-30.

[74] 周红云．国际治理评估指标体系研究述评［J］．经济社会体制比较，2008（6）：23-36.

[75] 胡鞍钢．中国国家治理现代化［M］．北京：中国人民大学出版社，2014：3-57.

[76] 汪仕凯．国家治理评估的指标设计与理论含义［J］．探索，2016（3）：146-152.

[77] Kaufmann D，Mastruzzi A K M. The Worldwide Governance Indicators：Methodology and Analytical Issues［J］. *Hague Journal on the Rule of Law*，2011，3（2）：220-246.

[78] 马得勇，张蕾．测量治理：国外的研究及其对中国的启示［J］．公共管理学报，2008，5（4）：101-108.

[79] 樊纲，王小鲁，朱恒鹏．中国市场化指数：各省区市场化相对进程 2011 年度报告［M］．北京：经济科学出版社，2011：12-72.

[80] 王小鲁，樊纲，余静文．中国分省份市场化指数报告（2016）［M］．北京：社会科学文献出版社，2017：10-76.

[81] 田发，周琛影．社会治理水平：指数测算、收敛性及影响因素［J］．财政研究，2016（8）：54-65.

[82] 世界银行．政府治理．投资环境与和谐社会——中国 120 个城市竞争力的提升［M］．北京：中国财政经济出版社，2007：11-89.

[83] 姜扬，范欣，赵新宇．政府治理与公众幸福［J］．管理世界，2017（3）：172-173.

[84] 施雪华，方盛举．中国省级政府公共治理效能评价指标体系设计［J］．政治学研究，2010（2）：56-66.

[85] 樊纲，王小鲁，张立文，等．中国各地区市场化相对进程报告［J］．经济研究，2003（3）：9-18.

[86] 何平，蒋玉珉．新制度学派的“国家悖论”学说及其现实意义［J］．经济学动态，2003（8）：60-63.

[87] Lin J，Chang H J. Should Industrial Policy in Developing Countries Conform to Comparative Advantage or Defy it? A Debate Between Justin Lin and Ha-

Joon Chang [J]. *Development Policy Review*, 2009, 27 (5): 483-502.

[88] Lin J Y. Economic Development and Transition: Thought, Strategy, and Viability [M]. Cambridge, England: Cambridge University Press, 2009: 22-71.

[89] Lin J, Monga C, Velde D W T, et al. DPR Debate: Growth Identification and Facilitation: The Role of the State in the Dynamics of Structural Change [J]. *Development Policy Review*, 2011, 29 (3): 259-310.

[90] 唐杰. 中国经济的转型与发展 [M]. 北京: 中国经济出版社, 2016: 3-81.

[91] 林毅夫. 新结构经济学: 反思经济发展与政策的理论框架 (增订版) [M]. 北京: 北京大学出版社, 2014: 19-100.

[92] 贾明琪, 朱亚宁, 辛江龙, 等. 技术创新与政府采购关系实证研究——基于开放性视角 [J]. 科技进步与对策, 2014, 31 (20): 7-12.

[93] Simms C D, Trott P. Barriers to the Upgrade Cycle in a Commodity Process Industry: Evidence from the UK Packaging Industry [J]. *R&D Management*, 2014, 44 (2): 152-170.

[94] 郁建兴. 中国地方治理的过去、现在与未来 [J]. 治理研究, 2018 (1): 65-74.

[95] 刘建党, 张惠. 粤港澳区域治理结构的演进和优化 [J]. 开放导报, 2012 (3): 70-73.

[96] Liu J, Tang J, Wang D. The Urban Governance and High-Tech Manufacturing Upgrading in China's Latecomer City [C] //2016 3rd International Conference on Economic, Business Management and Education Innovation (EBMEI 2016). Singapore: Singapore Management and Sports Science Institute, 2016, 54: 14-20.

[97] 俞可平. 中国治理变迁 30 年 (1978—2008) [J]. 吉林大学社会科学学报, 2008 (3): 5-17.

[98] 陈雨露. 确保社会主义市场经济在法治的轨道上运行 [J]. 经济研究, 2015 (1): 12-14.

[99] 付子堂, 张善根. 地方法治建设及其评估机制探析 [J]. 中国社会

科学，2014（11）：123-143.

［100］［英］格里·斯托克．作为理论的治理：五个论点［J］．华夏风，译．国际社会科学杂志（中文版），1999（1）：19-30.

［101］王东，刘建党．产业转型升级中的城市治理模式研究——以深圳服装产业为例［C］//中国软科学学术年会．北京：中国软科学杂志社，2015：328-340.

［102］［美］弗朗西斯·福山．政治秩序与政治衰败：从工业革命到民主全球化［M］．毛俊杰译．桂林：广西师范大学出版社，2015：51-132.

［103］田国强．中国经济增长下滑的原因［J］．学习与探索，2018（4）：5-15.

［104］鲁志国．制度变迁的绩效传导与绩效曲线［J］．深圳大学学报（人文社会科学版），2003，20（5）：22-25.

［105］黄少安．关于制度变迁的三个假说及其验证［J］．中国社会科学，2000（4）：37-49.

［106］［日］青木昌彦，奥野正宽．经济体制的比较制度分析［M］．魏加宁，译．北京：中国发展出版社，1999：35-81.

［107］唐杰．中国宏观经济短中长期问题与对策分析［J］．开放导报，2013（6）：7-13.

［108］方新．中国科技体制改革——三十年的变与不变［J］．科学学研究，2012（10）：3-5.

［109］沙飒．习近平科技体制改革思想及时代贡献［J］．贵州社会科学，2018（3）：11-16.

［110］吕岩威，李平．科技体制改革与创新驱动波及：1998—2013［J］．改革，2016（1）：76-87.

［111］曹聪，李宁，李侠，等．中国科技体制改革新论［J］．自然辩证法通讯，2015，37（1）：12-23.

［112］彭华涛．科技体制改革演进过程中的科技创新规律——基于《人民日报》1985—2013年标题的文本分析［J］．科学学研究，2014，32（9）：1313-1321.

［113］ 薛桂波．邓小平科技体制改革思想与我国的科技治理［J］．科技管理研究，2015（19）：22-26.

［114］ 李萌．深化科技体制改革推进科技评估工作［J］．中国行政管理，2016（12）：6-7.

［115］ 黄宇．新常态下政府主导科技体制改革深化的阶段性研究［J］．科技管理研究，2018（8）：46-51.

［116］ 王天骄．中国科技体制改革、科技资源配置与创新效率［J］．经济问题，2014（2）：33-39.

［117］ 唐杰，戴欣，唐文，等．我国经济增长与空间均衡问题［J］．开放导报，2017（1）：7-15.

［118］ Bosker M，Garretsen H. Economic Development and the Geography of Institutions［J］. *Journal of Economic Geography*，2009，9（3）：295-328.

［119］ Kelejian H H，Murrell P，Shepotylo O. Spatial Spillovers in the Development of Institutions［J］. *Electronic Working Papers*，2013，101（1）：297-315.

［120］ Simmons B A，Elkins Z. The Globalization of Liberalization：Policy Diffusion in the International Political Economy［J］. *American Political Science Review*，2004，98（1）：171-189.

［121］ Gleditsch K S，Beardsley K. Nosy Neighbors［J］. *Journal of Conflict Resolution*，2004，48（3）：379-402.

［122］ Kaminsky G L，Reinhart C M. On Crises，Contagion，and Confusion［J］. *Journal of International Economics*，2000，51（1）：145-168.

［123］ Easterly W，Levine R. Troubles with the Neighbours：Africa's Problem，Africa's Opportunity［J］. *Journal of African Economies*，1998，7（1）：120-142.

［124］ Ades A，Chua H B. Thy Neighbor's Curse：Regional Instability and Economic Growth［J］. *Journal of Economic Growth*，1997，2（3）：279-304.

［125］ Moore W H，Shellman S M. Whither Will They Go? A Global Study of Refugees' Destinations，1965—1995［J］. *International Studies Quarterly*，2007，51（4）：811-834.

［126］ Montalvo J G, Reynal-Querol M. Fighting against Malaria: Prevent Wars While Waiting for the " Miraculous" Vaccine ［J］. *Review of Economics and Statistics*, 2007, 89 (1): 165-177.

［127］ Murdoch J C, Sandler T. Economic Growth, Civil Wars, and Spatial Spillovers ［J］. *Journal of Conflict Resolution*, 2002, 46 (1): 91-110.

［128］ Brueckner J K. Strategic Interaction Among Governments: An Overview of Empirical Studies ［J］. *International Regional Science Review*, 2003, 26 (2): 175-188.

［129］ Graham E R, Shipan C R, Volden C. The Diffusion of Policy Diffusion Research in Political Science ［J］. *British Journal of Political Science*, 2013, 43 (3): 673-701.

［130］ 周黎安．中国地方官员的晋升锦标赛模式研究［J］. 经济研究，2007 (7): 36-50.

［131］ Mukand S, Rodrik D. In Search of the Holy Grail: Policy Convergence, Experimentation, and Economic Performance ［J］. *Social Science Electronic Publishing*, 2005, 95 (1): 374-383.

［132］ 王仁祥，杨曼．制度环境、基础设施与“科技—金融”系统效率改善［J］. 科学学研究，2017，35 (9): 1313-1319.

［133］ Redding S, Venables A J. Economic Geography and International Inequality ［J］. Journal of International Economics, 2004, 62 (1): 53-82.

［134］ Collier P. The Bottom Billion ［M］. Oxford, England: Oxford University Press, 2008: 35-52.

［135］ 潘文卿．中国区域经济发展：基于空间溢出效应的分析［J］. 世界经济，2015 (7): 120-142.

［136］［美］马特·安德鲁斯，［加拿大］罗杰·哈伊，［英］杰利特·迈尔斯，等．治理指标有意义吗？——关于特定领域治理测量的新路径［J］. 探索，2016 (2): 149-157.

［137］ 赵慧增．政府能力是否影响公民对政府的信任？［D］. 成都：西南交通大学，2017: 10-20.

[138] Gargan J. Consideration of Local Government Capacity [J]. *Public Administration*, 1981 (41): 649-658.

[139] 周平．县级政府能力的构成和评估 [J]. 云南行政学院学报, 2002 (5): 25-28.

[140] Honadle B W. A Capacity-Building Framework: A Search for Concept and Purpose [J]. *Public Administration Review*, 1981, 41 (5): 575-580.

[141] 刘世军．现代化过程中的政府能力 [J]. 中共福建省委党校学报, 1997 (2): 33-37.

[142] 施雪华．论政府能力及其特性 [J]. 政治学研究, 1996 (1): 63-68.

[143] Acemoglu D, García-Jimeno C, Robinson J A. State Capacity and Economic Development: A Network Approach [J]. *American Economic Review*, 2015, 105 (8): 2364-2409.

[144] 袁瑞．基于政府改革的市场化进程测度及其地区差异分析: 2003—2015 [D]. 杭州: 浙江财经大学, 2017: 40-50.

[145] 北京师范大学经济与资源管理研究院．2010 中国市场经济发展报告 [M]. 北京: 北京师范大学出版社, 2010: 25-87.

[146] (古希腊) 亚里士多德．政治学 [M]. 吴寿彭, 译．北京: 商务印书馆．1965: 199.

[147] 杜雯．我国精准扶贫法治化研究 [D]. 兰州: 兰州大学, 2017: 10-17.

[148] 周建军, 刘明宇．迈向新时代的社会治理法治化 [J]. 云南民族大学学报 (哲学社会科学版), 2019, 36 (1): 42-48.

[149] 黄鹏航．关于县域法治与县域治理研究的检讨——对既有学术研究文献之梳理与分析 [J]. 政法论坛, 2019, 37 (1): 184-191.

[150] 李朝．量化法治的权利向度——法治环境评估的构建与应用 [J]. 法制与社会发展, 2019 (1): 33-50.

[151] 张文显．法治改革再出发 [J]. 法制与社会发展, 2019 (1): 1.

[152] 黄鹏航．关于县域法治与县域治理研究的检讨——对既有学术研究文献之梳理与分析 [J]. 政法论坛, 2019, 37 (1): 184-191.

[153] 姜明安．改革、法治与国家治理现代化［J］．中共中央党校学报，2014，18（4）：47-54.

[154] 王堃．地方治理法治化的困境、原则与进路［J］．政治与法律，2015（5）：68-77.

[155] 韩秀丽．市场发育、政府能力及资源依赖对西北地区城镇化水平的影响研究［D］．北京：中国农业大学，2015：30-59.

[156] 王绍光，胡鞍钢．中国国家能力报告［M］．沈阳：辽宁人民出版社，1993：69-130.

[157] 张钢，徐贤春，刘蕾．长江三角洲16个城市政府能力的比较研究［J］．管理世界，2004（8）：18-27.

[158] 汪永成．政府能力的结构分析［J］．政治学研究，2004（2）：103-113.

[159] 倪自银，张益明．影响开放式创新的政府行为及政策环境研究［J］．华东经济管理，2015（1）：148-152.

[160] 刘小元，林嵩．地方政府行为对创业企业技术创新的影响——基于技术创新资源配置与创新产出的双重视角［J］．研究与发展管理，2013，25（5）：12-25.

[161] 张杰，刘元春，郑文平．为什么出口会抑制中国企业增加值率？——基于政府行为的考察［J］．管理世界，2013（6）：12-27.

[162] 顾元媛，沈坤荣．地方政府行为与企业研发投入——基于中国省际面板数据的实证分析［J］．中国工业经济，2012（10）：77-88.

[163] 孙玉环，季晓旭．教育投入对中国经济增长作用的区域差异分析——基于多指标面板数据聚类结果［J］．地理研究，2014，33（6）：1129-1139.

[164] 于凌云．教育投入比与地区经济增长差异［J］．经济研究，2008（10）：131-143.

[165] 代中强．知识产权保护提高了出口技术复杂度吗？——来自中国省际层面的经验研究［J］．科学学研究，2014，32（12）：1846-1858.

[166] 李锴，齐绍洲．“FDI降低东道国能源强度”假说在中国成立吗？——基于省区工业面板数据的经验分析［J］．世界经济研究，2016（3）：

108-122.

［167］彭宜钟，童健，吴敏．究竟是什么推动了我国经济增长方式转变？［J］．数量经济技术经济研究，2014（6）：20-35.

［168］安苑，王珺．财政行为波动影响产业结构升级了吗？——基于产业技术复杂度的考察［J］．管理世界，2012（9）：19-35.

［169］储德银，韩一多，张同斌．财政分权、公共部门效率与医疗卫生服务供给［J］．财经研究，2015，41（5）：28-41.

［170］曲卫华，颜志军．环境污染、经济增长与医疗卫生服务对公共健康的影响分析——基于中国省际面板数据的研究［J］．中国管理科学，2015，23（7）：166-176.

［171］王波，杨林．共享发展理念下医疗卫生资源有效供给：基于城乡比较［J］．东岳论丛，2017，38（9）：158-166.

［172］阿里木·马木提，赛力甫·阿不都乎甫尔，王艳芬，等．“一带一路”背景下西北五省及中亚五国医疗卫生资源配置效率研究——基于三阶段 DEA 模型的实证研究［J］．兰州大学学报（社会科学版），2016，44（4）：90-94.

［173］常高峰，孙玉凤，任晓燕，等．基于集中指数的宁夏卫生资源配置公平性研究［J］．中国卫生事业管理，2017（5）：350-353.

［174］叶俊．城镇化建设对省域基本医疗卫生服务均等化的影响——以中部六省数据为例［J］．中南财经政法大学学报，2016（1）：45-53.

［175］顾雪松，韩立岩．市场化进程与对外直接投资的技术溢出效应［J］．科研管理，2018，39（6）：153-161.

［176］王小鲁．Thirty Years of Transition in China and Russia：A Comparative Analysis［J］．中国经济学人：英文版，2009（2）：52-60.

［177］薛婧，张梅青．市场化进程、铁路基础设施与区域经济增长——基于空间杜宾模型的研究［J］．华东经济管理，2018，32（2）：68-74.

［178］陈林，汤秀梅．市场化能够促进产业协调发展吗？——基于广东省市级面板数据的计量研究［J］．科技管理研究，2014（18）：139-143.

［179］贺光烨，吴晓刚．市场化、经济发展与中国城市中的性别收入不

平等［J］. 社会学研究，2015（1）：140-165.

［180］李伟庆，聂献忠．产业升级与自主创新：机理分析与实证研究［J］. 科学学研究，2015，33（7）：1008-1016.

［181］韩永辉，黄亮雄，王贤彬．产业政策推动地方产业结构升级了吗？——基于发展型地方政府的理论解释与实证检验［J］. 经济研究，2017（8）：33-48.

［182］刘发跃，周彬．城市间的商品价格差异及影响因素——基于市场化进程的视角［J］. 西南大学学报（社会科学版），2014，40（4）：55-63.

［183］康兰平．中国法治评估量化方法研究的龃龉与磨合［J］. 东北师大学报（哲学社会科学版），2019（1）：93-102.

［184］黄健梅．法律与经济增长：以中国广东经验为例［J］. 制度经济学研究，2010（4）：39-59.

［185］Berkowitz D，Pistor K，Richard J F. Economic Development，Legality，and the Transplant Effect［J］. *European Economic Review*，2003，47（1）：165-195.

［186］宋丽华．法治水平、政府行为与地区金融可持续发展：来自中国经济转型期的新证据［D］. 重庆：重庆大学，2017：13-15.

［187］周祖成，杨惠琪．法治如何定量——我国法治评估量化方法评析［J］. 法学研究，2016（3）：20-35.

［188］中国政法大学法治政府研究院．中国法治政府评估报告（2018）［M］. 北京：社会科学文献出版社，2018：55-98.

［189］皮天雷．社会资本、法治水平对金融发展的影响分析［J］. 财经科学，2010（1）：1-8.

［190］皮天雷．经济转型中的法治水平、政府行为与地区金融发展——来自中国的新证据［J］. 经济评论，2010（1）：36-49.

［191］张保生，张中，吴洪淇，等．中国司法文明指数报告（2017）［M］. 北京：中国政法大学出版社，2018：58-96.

［192］朱景文．中国人民大学中国法律发展报告 2016：基于九个省数据的法治指数［M］. 北京：中国人民大学出版社，2017：27-113.

［193］陈克兢．媒体监督、法治水平与上市公司盈余管理［J］. 管理评

论，2017，29（7）：3-18.

［194］张德淼，李朝．中国法治评估指标体系的生成与演进逻辑——从法治概念到评测指标的过程性解释［J］．理论与改革，2015（2）：126-133.

［195］刘伟．市场经济秩序与法律制度和法治精神［J］．经济研究，2015（1）：14-16.

［196］付允，刘怡君．指标体系有效性的 RST 评价方法及应用［J］．管理评论，2009，21（7）：91-95.

［197］邹燕．创新型城市评价指标体系与国内重点城市创新能力结构研究［J］．管理评论，2012，24（6）：50-57.

［198］高宁，李景平，冯亮．省级行政部门群众路线教育实践活动成效测评指标体系构建研究——以 G 省教育行政管理部门为例［J］．管理评论，2016，28（5）：206-219.

［199］谢威，赵嵩正，徐林．商业银行信息科技风险评价指标筛选研究［J］．金融论坛，2013（9）：68-74.

［200］Cruz N F D，Rui C M，Cruz N F D，et al. An Application of a Multicriteria Model to Assess the Quality of Local Governance［J］. Urban Affairs Review，2017.

［201］郭亚军，易平涛．线性无量纲化方法的性质分析［J］．统计研究，2008，25（2）：93-100.

［202］Bontis N. National Intellectual Capital Index：A United Nations Initiative for the Arab Region［J］. Journal of Intellectual Capital，2004，5（1）：13-39.

［203］徐晔，陶长琪，丁晖．区域产业创新与产业升级耦合的实证研究——以珠三角地区为例［J］．科研管理，2015，36（4）：109-117.

［204］吴明隆．结构方程模型：Amos 实务进阶［M］．重庆：重庆大学出版社，2013：35-96.

［205］杜強，贾丽艳，严先锋．SPSS 统计分析：从入门到精通（第 2 版）［M］．北京：人民邮电出版社，2014：39-121.

［206］乔峰，姚俭．时序全局主成分分析在经济发展动态描绘中的应用［J］．数理统计与管理，2003，22（2）：1-5.

［207］朱鹤，刘家明．中国东部地区旅游业竞争力研究——基于时序全局主成分分析法［J］．地域研究与开发，2015，34（5）：100-104.

［208］刘惠敏．长江三角洲城市群综合承载力的时空分异研究［J］．中国软科学，2011（10）：114-122.

［209］丁继红，年艳．经济增长与环境污染关系剖析——以江苏省为例［J］．南开经济研究，2010（2）：64-79.

［210］Johnson R A. Applied Multivariate Statistical Analysis（6th ed）［M］．北京：清华大学出版社，2008：57-91.

［211］Gorsuch R L. Factor Analysis［J］．*Handbook of Psychology*，1983：395-412.

［212］Maccallum R C，Widaman K F，Zhang S，et al. Sample Size in Factor Analysis.［J］．*Psychological Methods*，1999，4（1）：84-99.

［213］李欣，康进军，李娜．因子分析、Logistic 回归在会计舞弊研究中的应用［J］．统计与决策，2015（6）：89-92.

［214］胡中锋，莫雷．论因素分析方法的整合［J］．心理科学，2002，25（4）：474-475.

［215］孙晓军，周宗奎．探索性因子分析及其在应用中存在的主要问题［J］．心理科学，2005，28（6）：1440-1442.

［216］耿海清，陈帆，詹存卫，等．基于全局主成分分析的我国省级行政区城市化水平综合评价［J］．人文地理，2009（5）：47-51.

［217］肖红叶．中国区域竞争力发展报告［M］．北京：中国统计出版社，2004：27-91.

［218］Cole M A，Elliott R J R，Zhang J. Corruption，Governance and FDI Location in China：A Province - Level Analysis［J］．*Journal of Development Studies*，2009，45（9）：1494-1512.

［219］威廉·阿瑟·刘易斯．经济增长理论［M］．郭金兴，译．北京：机械工业出版社，2015：31-98.

［220］Mankiw N G，Romer D，Weil D N. A Contribution to the Empirics of E-conomic Growth［J］．*Quarterly Journal of Economics*，1992，107（2）：407-437.

［221］ Beugelsdijk S. Trust and Economic Growth：A Robustness Analysis ［J］. Oxford Economic Papers，2004，56（1）：118-134.

［222］ 徐胜，司登奎．结构转型、能源效率对低碳经济的异质性影响——基于省际数据的面板协整分析［J］. 软科学，2014，28（7）：6-10.

［223］ 王萌，郭迅华，陈国青，等．在线关系对中小网商绩效影响的实证分析［J］. 中国管理科学，2016，24（10）：156-163.

［224］ 谈毅，唐霖露．跨境风险资本在华投资绩效影响因素的研究［J］. 科研管理，2016，37（10）：1-8.

［225］ Palm F C，Smeekes S，Urbain J P. Cross - Sectional Dependence Robust Block Bootstrap Panel Unit Root Tests［J］. *Journal of Econometrics*，2011，163（1）：85-104.

［226］ 杨子晖，柯烁佳，赵永亮．第二代面板单位根检验方法有限样本性质的比较研究［J］. 数量经济技术经济研究，2015（12）：124-141.

［227］ 周博．房价波动会引致预防性储蓄吗［J］. 统计研究，2016，33（4）：18-26.

［228］ 靳涛，陶新宇．中国持续经济增长的阶段性动力解析与比较［J］. 数量经济技术经济研究，2015（11）：74-89.

［229］ 孙叶飞，夏青，周敏．新型城镇化发展与产业结构变迁的经济增长效应［J］. 数量经济技术经济研究，2016（11）：23-40.

［230］ 陆铭．城市、区域和国家发展——空间政治经济学的现在与未来［J］. 经济学：季刊，2017，16（4）：1499-1532.

［231］ Freeze K. Yuen Yuen Ang，How China Escaped the Poverty Trap［J］. *Journal of Chinese Political Science*，2017，22（3）：1-2.

［232］ 黄少安，韦倩，杨友才．引入制度因素的内生经济增长模型［J］. 学术月刊，2016，48（9）：49-58.

［233］ 田国强，陈旭东．中国经济新阶段的发展驱动转型与制度治理建设［J］. 中共中央党校学报，2015，19（5）：71-81.

［234］ Fayissa B，Nsiah C. The Impact of Governance on Economic Growth in Africa［J］. *Journal of Developing Areas*，2013，47（1）：91-108.

［235］潘文卿．中国的区域关联与经济增长的空间溢出效应［J］．经济研究，2012（1）：54-65.

［236］伍骏骞，阮建青，徐广彤．经济集聚、经济距离与农民增收：直接影响与空间溢出效应［J］．经济学（季刊），2016（4）：297-320.

［237］Elhorst J P. Applied Spatial Econometrics：Raising the Bar［J］. *Spatial Economic Analysis*，2010，5（1）：9-28.

［238］Levine R，Renelt D. A Sensitivity Analysis of Cross-Country Growth Regressions［J］. *American Economic Review*，1992，82（4）：942-963.

［239］Keefer P，Knack S. Why Don't Poor Countries Catch Up? A Cross-National Test of An Institutional Explanation［J］. *Economic Inquiry*，1997，35（3）：590-602.

［240］王惠，卞艺杰，王树乔．出口贸易、工业碳排放效率动态演进与空间溢出［J］．数量经济技术经济研究，2016（1）：3-19.

［241］刘军，程中华，李廉水．产业聚集与环境污染［J］．科研管理，2016，37（6）：134-140.

［242］梁河，西宝．中国地方政府税收竞争行为特性与激励机制［J］．哈尔滨工程大学学报，2014（8）：1028-1034.

［243］王雨飞，倪鹏飞．高速铁路影响下的经济增长溢出与区域空间优化［J］．中国工业经济，2016（2）：21-36.

［244］王策，周博．房价上涨、涟漪效应与预防性储蓄［J］．经济学动态，2016（8）：71-81.

［245］李立，田益祥，张高勋，等．空间权重矩阵构造及经济空间引力效应分析——以欧债危机为背景的实证检验［J］．系统工程理论与实践，2015，35（8）：1918-1927.

［246］王欣亮，严汉平，刘飞．中国区域经济增长差异的时间演进及空间机制分解：1952—2012［J］．当代经济科学，2014，36（3）：1-10.

［247］杨杨，张继平．我国省级行政管理成本的探索性空间数据分析［J］．中国行政管理，2010（9）：122-125.

［248］Hampson R E，Simeral J D，Deadwyler S A. Distribution of Spatial and Nonspatial Information in Dorsal Hippocampus [J]. Nature, 1999, 402 (6762): 610-614.

[249] 王晓丹，王伟龙．广东省区域经济差异的探索性空间数据分析：1990~2009 [J]. 城市发展研究，2011 (5): 43-48.

[250] 李小胜，宋马林．环境规制下的全要素生产率及其影响因素研究 [J]. 中央财经大学学报，2015 (1): 92-98.

[251] 茶洪旺，左鹏飞．信息化对中国产业结构升级影响分析——基于省级面板数据的空间计量研究 [J]. 经济评论，2017 (1): 80-89.

[252] 申俊，孙涵，成金华．中国城镇居民完全能源消费的空间计量分析 [J]. 资源科学，2016，38 (3): 439-449.

[253] 罗能生，彭郁．交通基础设施建设有助于改善城乡收入公平吗？——基于省级空间面板数据的实证检验 [J]. 产业经济研究，2016 (4): 100-110.

[254] 焦志伦．中国城市消费的空间分布与空间相关关系研究 [J]. 经济地理，2013，33 (7): 41-46.

[255] Lesage J P, Pace R K. Introduction to Spatial Econometrics [M]. Boca Raton, Florida: CRC Press, 2009: 37-118.

[256] 丁志国，赵宣凯，赵晶．直接影响与空间溢出效应：我国城市化进程对城乡收入差距的影响路径识别 [J]. 数量经济技术经济研究，2011 (9): 118-130.

[257] 张勋，乔坤元．中国区域间经济互动的来源：知识溢出还是技术扩散？[J]. 经济学（季刊），2016 (3): 1629-1652.

[258] Sachs J D, Warner A, Åslund A, et al. Economic Reform and the Process of Global Integration [J]. *Brookings Papers on Economic Activity*, 1995 (1): 1-118.

[259] 孙志红，王亚青．金融集聚对区域经济增长的空间溢出效应研究——基于西北五省数据 [J]. 审计与经济研究，2017，32 (2): 108-118.

[260] 李章忠．我国经济体制改革 40 年的主要特点 [J]. 理论与改革，2018，224 (6): 82-91.

附　录

附表 1　中国省域治理质量的综合指数（2001—2008）

地区	2001 年	2002 年	2003 年	2004 年	2005 年	2006 年	2007 年	2008 年
北京	91. 91	95. 86	98. 21	100. 25	102. 66	104. 86	106. 52	109. 41
天津	82. 60	84. 69	85. 67	87. 54	89. 86	90. 79	92. 24	94. 14
山西	56. 45	57. 54	59. 17	59. 72	62. 62	65. 49	65. 56	68. 95
辽宁	68. 56	70. 61	72. 29	74. 21	75. 33	77. 33	79. 25	81. 20
吉林	59. 19	60. 20	61. 32	61. 85	63. 55	65. 77	68. 25	70. 02
黑龙江	58. 31	59. 99	61. 17	60. 70	62. 30	64. 18	67. 01	69. 25
上海	95. 28	97. 41	98. 42	99. 75	102. 34	103. 42	105. 19	107. 36
江苏	70. 39	71. 97	74. 43	76. 23	79. 01	81. 88	84. 32	86. 97
浙江	72. 37	74. 08	76. 43	78. 63	80. 71	82. 94	85. 84	87. 80
安徽	53. 82	55. 80	56. 43	58. 87	61. 78	64. 25	67. 85	69. 42
福建	64. 30	65. 64	66. 93	68. 13	69. 91	71. 54	72. 77	74. 96
江西	51. 77	53. 72	55. 30	57. 22	58. 08	60. 85	63. 49	65. 09
山东	64. 42	66. 37	68. 65	71. 05	73. 62	75. 14	77. 61	79. 68
河南	54. 65	55. 97	57. 57	59. 62	62. 87	65. 24	67. 89	69. 22
湖北	60. 12	60. 72	62. 54	64. 00	65. 94	68. 08	70. 38	72. 37
湖南	55. 19	57. 24	58. 73	60. 43	63. 15	65. 04	67. 24	69. 31
广东	69. 05	70. 36	73. 04	73. 75	76. 77	79. 29	81. 19	83. 61
重庆	60. 55	63. 18	65. 25	67. 31	68. 26	70. 91	72. 95	75. 46
四川	52. 87	54. 33	56. 12	57. 30	59. 68	62. 15	65. 81	68. 46
贵州	39. 45	43. 08	44. 74	45. 42	49. 04	50. 30	53. 03	55. 27
陕西	57. 12	59. 37	60. 91	61. 08	63. 97	66. 19	69. 02	71. 49
青海	44. 48	45. 78	44. 20	47. 46	49. 83	52. 68	55. 19	56. 53
宁夏	56. 12	57. 25	58. 80	60. 05	61. 47	61. 76	65. 25	66. 95
新疆	49. 64	50. 66	51. 95	52. 93	53. 74	55. 82	57. 44	59. 17

附表2 中国省域治理质量的综合指数（2009—2016）

地区	2009年	2010年	2011年	2012年	2013年	2014年	2015年	2016年
北京	110.10	111.44	113.00	112.59	116.06	115.33	117.25	118.31
天津	96.36	98.53	100.76	101.15	104.20	104.52	106.35	107.24
山西	70.52	71.97	76.22	78.82	80.79	80.75	82.40	84.03
辽宁	83.22	85.44	87.32	89.21	90.11	90.13	88.00	88.20
吉林	72.45	73.31	74.45	78.34	79.51	78.57	80.55	81.31
黑龙江	71.20	70.95	75.28	78.26	79.31	79.42	79.19	79.62
上海	108.27	109.50	110.88	110.39	113.12	112.75	114.45	115.25
江苏	89.12	92.33	94.79	96.66	98.43	98.74	100.57	102.15
浙江	89.69	91.16	93.39	95.01	96.80	97.79	100.10	101.80
安徽	72.36	76.49	78.70	82.01	83.99	86.00	88.34	89.94
福建	78.08	80.71	83.10	85.44	87.29	88.77	91.45	93.21
江西	67.99	70.64	73.89	75.35	77.28	79.52	82.35	84.85
山东	81.86	84.33	86.91	88.91	91.02	92.34	94.05	95.75
河南	71.33	73.66	76.23	79.01	80.05	82.32	84.64	86.83
湖北	74.62	76.78	79.65	82.72	84.53	86.75	89.29	91.51
湖南	71.80	73.63	75.85	78.42	80.06	81.94	83.53	85.05
广东	86.00	87.65	89.31	90.63	93.10	93.83	96.52	98.37
重庆	78.75	82.58	85.62	87.63	88.60	91.06	92.47	93.65
四川	70.85	73.59	76.05	79.45	80.37	82.58	84.62	86.22
贵州	57.25	61.71	65.79	69.02	72.48	75.37	77.62	79.35
陕西	74.46	77.82	81.35	84.18	86.61	87.61	89.10	91.17
青海	58.38	60.81	62.92	64.96	66.11	67.71	70.53	72.36
宁夏	69.51	70.79	74.54	76.93	78.51	80.61	83.06	85.10
新疆	59.01	62.48	64.41	66.07	67.91	69.39	71.65	73.15

附表 3 中国省域政府能力的分项指数（2001—2008）

地区	2001 年	2002 年	2003 年	2004 年	2005 年	2006 年	2007 年	2008 年
北京	98.69	99.30	99.83	101.73	103.18	105.02	107.85	112.14
天津	85.84	86.54	87.89	89.22	91.76	92.12	93.96	97.14
山西	71.52	70.50	71.88	73.82	76.01	79.14	80.75	83.31
辽宁	76.47	78.23	78.12	79.86	80.84	83.46	86.25	88.09
吉林	71.54	72.47	73.10	74.10	75.54	78.35	81.16	83.15
黑龙江	69.94	70.17	71.22	71.62	73.37	75.92	79.54	81.63
上海	92.99	93.72	94.68	95.69	97.25	98.19	100.98	106.12
江苏	73.53	73.25	75.34	77.14	79.96	82.35	85.73	87.83
浙江	73.17	74.17	76.16	78.37	80.82	84.15	86.48	89.00
安徽	62.60	64.46	65.02	67.15	68.74	72.25	74.84	76.32
福建	67.82	68.88	68.99	70.39	71.73	74.59	76.28	78.70
江西	62.34	63.11	63.36	65.31	65.87	69.72	73.64	75.61
山东	67.86	68.66	69.45	72.00	73.08	77.11	79.86	82.51
河南	61.85	63.13	64.35	66.30	68.47	72.71	75.18	75.38
湖北	70.50	70.67	71.13	72.34	74.21	77.45	80.48	81.82
湖南	64.33	64.79	65.60	66.57	69.30	72.02	75.09	77.23
广东	71.88	72.76	73.72	74.81	76.66	79.73	82.30	85.50
重庆	64.57	65.33	66.32	68.10	70.66	74.09	77.45	78.54
四川	65.94	66.91	67.64	68.25	69.94	73.04	76.26	78.11
贵州	56.67	57.48	58.29	59.02	62.28	66.23	69.44	71.11
陕西	71.23	72.81	73.45	74.90	77.36	80.46	83.28	85.42
青海	63.87	64.46	65.12	66.27	67.28	70.73	73.28	75.74
宁夏	68.35	68.75	69.32	70.72	71.61	74.79	78.79	79.56
新疆	66.86	67.69	68.63	69.98	70.52	72.82	76.06	78.50

附表 4 中国省域政府能力的分项指数（2009—2016）

地区	2009 年	2010 年	2011 年	2012 年	2013 年	2014 年	2015 年	2016 年
北京	112. 85	114. 83	116. 31	113. 58	119. 03	115. 37	118. 12	118. 58
天津	100. 26	102. 63	104. 52	103. 22	108. 31	105. 52	106. 87	105. 88
山西	85. 50	86. 43	88. 14	90. 14	91. 72	91. 09	91. 63	93. 71
辽宁	89. 82	92. 02	94. 52	96. 31	97. 20	96. 46	92. 85	92. 65
吉林	84. 93	86. 75	88. 91	91. 36	92. 03	92. 36	94. 32	93. 27
黑龙江	84. 94	86. 30	87. 84	91. 02	92. 12	92. 03	90. 59	89. 92
上海	107. 04	108. 61	110. 63	107. 72	113. 55	109. 95	111. 97	111. 59
江苏	89. 69	92. 31	94. 30	96. 42	98. 10	98. 53	101. 63	104. 42
浙江	91. 73	94. 04	95. 99	96. 53	99. 13	99. 19	102. 57	104. 43
安徽	79. 27	81. 37	84. 15	88. 42	89. 26	91. 23	93. 81	94. 25
福建	83. 07	85. 42	87. 80	90. 19	92. 75	93. 72	97. 22	98. 21
江西	78. 68	80. 37	83. 18	86. 13	87. 33	89. 29	92. 22	95. 23
山东	85. 37	88. 07	90. 83	93. 56	95. 48	95. 94	97. 38	99. 41
河南	78. 06	79. 79	82. 12	86. 20	86. 20	88. 73	91. 50	94. 44
湖北	83. 53	85. 29	88. 18	91. 63	92. 37	94. 70	96. 98	99. 85
湖南	81. 10	83. 00	85. 66	88. 90	90. 01	91. 68	92. 03	93. 10
广东	89. 36	91. 12	94. 07	94. 09	97. 57	96. 70	99. 66	101. 50
重庆	83. 38	86. 99	89. 54	93. 44	92. 81	95. 13	97. 00	98. 26
四川	80. 08	83. 46	85. 71	89. 72	89. 63	92. 30	94. 37	94. 60
贵州	73. 21	75. 94	78. 55	83. 75	85. 44	89. 13	93. 92	95. 12
陕西	88. 87	91. 10	94. 30	97. 07	98. 36	99. 58	100. 24	101. 56
青海	79. 53	82. 36	85. 51	87. 44	88. 27	89. 84	93. 42	94. 90
宁夏	83. 23	85. 58	88. 54	90. 53	91. 87	93. 77	95. 92	98. 21
新疆	79. 21	81. 82	84. 11	86. 21	87. 88	88. 84	92. 99	94. 19

附表 5　中国省域市场能力的分项指数（2001—2008）

地区	2001 年	2002 年	2003 年	2004 年	2005 年	2006 年	2007 年	2008 年
北京	82. 58	87. 90	90. 96	93. 83	95. 50	97. 93	99. 00	99. 61
天津	84. 12	85. 34	85. 27	87. 63	89. 47	91. 53	93. 46	95. 44
山西	44. 59	48. 98	51. 55	52. 74	55. 20	58. 12	62. 31	63. 77
辽宁	65. 12	67. 35	69. 90	71. 80	73. 26	75. 74	78. 21	80. 26
吉林	49. 14	50. 71	50. 93	54. 08	57. 08	59. 61	62. 06	64. 55
黑龙江	45. 53	46. 61	47. 44	48. 47	50. 52	52. 14	55. 60	57. 75
上海	98. 27	100. 03	102. 10	104. 39	105. 85	107. 14	108. 07	108. 69
江苏	74. 73	76. 89	80. 10	81. 91	84. 43	85. 40	87. 43	89. 40
浙江	72. 70	75. 03	78. 42	80. 24	80. 44	81. 90	83. 51	84. 38
安徽	53. 53	55. 31	57. 12	59. 21	62. 38	66. 28	69. 92	71. 75
福建	63. 33	64. 13	66. 38	67. 33	69. 36	70. 06	72. 58	74. 48
江西	48. 43	52. 02	55. 63	58. 28	61. 03	62. 50	64. 68	66. 45
山东	67. 15	69. 72	73. 62	76. 30	79. 11	77. 25	79. 77	80. 88
河南	56. 33	57. 05	59. 43	62. 34	65. 78	68. 15	70. 99	72. 76
湖北	58. 67	59. 72	61. 58	63. 15	64. 94	66. 08	67. 98	70. 42
湖南	54. 26	56. 00	58. 54	60. 45	63. 18	64. 93	66. 82	68. 74
广东	71. 92	73. 50	75. 61	75. 28	78. 63	80. 01	81. 86	83. 63
重庆	58. 98	61. 32	64. 07	66. 04	66. 37	69. 21	71. 04	75. 16
四川	46. 22	46. 68	49. 44	51. 72	54. 29	56. 82	59. 14	62. 44
贵州	29. 14	37. 39	40. 52	41. 26	43. 16	43. 11	45. 48	49. 40
陕西	48. 74	51. 70	53. 26	54. 07	56. 81	58. 72	61. 74	64. 30
青海	19. 27	24. 30	25. 50	27. 74	29. 80	32. 70	36. 11	37. 33
宁夏	40. 31	42. 04	45. 58	49. 29	50. 58	48. 93	51. 66	53. 36
新疆	23. 42	26. 07	27. 68	29. 23	29. 66	31. 69	33. 23	34. 92

附表 6　中国省域市场能力的分项指数（2009—2016）

地区	2009 年	2010 年	2011 年	2012 年	2013 年	2014 年	2015 年	2016 年
北京	100. 39	102. 19	102. 83	104. 12	103. 97	105. 22	107. 42	109. 15
天津	96. 87	98. 67	100. 58	102. 31	102. 83	104. 73	107. 03	109. 00
山西	63. 19	65. 64	69. 26	71. 33	72. 63	73. 11	74. 52	75. 72
辽宁	82. 44	84. 37	85. 79	87. 78	85. 80	86. 40	84. 15	83. 26
吉林	66. 07	67. 76	69. 64	70. 97	70. 38	70. 83	73. 44	74. 91
黑龙江	59. 33	61. 53	63. 19	66. 07	65. 06	65. 04	66. 52	67. 85
上海	108. 91	109. 94	110. 66	111. 38	111. 41	112. 40	113. 83	114. 67
江苏	90. 53	93. 83	95. 42	96. 64	97. 09	97. 45	98. 68	99. 15
浙江	84. 68	85. 95	87. 10	88. 26	88. 09	89. 08	91. 04	92. 86
安徽	73. 37	76. 44	78. 74	80. 68	81. 32	83. 18	86. 02	88. 51
福建	76. 15	78. 67	80. 13	81. 98	81. 61	82. 53	84. 19	86. 05
江西	68. 68	72. 89	75. 06	76. 54	76. 40	78. 16	80. 92	82. 76
山东	82. 14	84. 22	85. 91	87. 22	87. 58	89. 39	91. 98	93. 15
河南	74. 49	76. 34	79. 01	80. 29	79. 86	81. 49	83. 56	85. 42
湖北	72. 81	75. 01	77. 65	80. 38	82. 18	84. 71	87. 91	89. 85
湖南	70. 02	71. 73	73. 59	75. 00	75. 81	77. 96	80. 76	82. 55
广东	83. 73	85. 33	86. 57	87. 73	88. 89	89. 57	92. 15	94. 27
重庆	76. 02	79. 68	81. 75	82. 32	82. 26	84. 90	84. 32	85. 25
四川	64. 91	66. 85	69. 11	71. 02	71. 27	72. 61	75. 14	77. 26
贵州	49. 87	56. 02	60. 42	61. 10	61. 56	62. 74	67. 08	69. 87
陕西	66. 64	69. 17	72. 63	75. 03	75. 21	77. 49	79. 78	82. 02
青海	38. 38	40. 78	42. 62	44. 32	42. 82	42. 41	45. 17	46. 25
宁夏	54. 85	57. 00	62. 62	63. 36	61. 02	62. 83	65. 59	67. 15
新疆	31. 68	36. 32	38. 06	40. 21	38. 11	39. 28	41. 88	43. 56

附表 7　中国省域法治水平的分项指数（2001—2008）

地区	2001 年	2002 年	2003 年	2004 年	2005 年	2006 年	2007 年	2008 年
北京	95. 03	101. 28	104. 90	106. 14	110. 51	112. 88	113. 88	117. 81
天津	77. 02	81. 76	83. 53	85. 46	88. 09	88. 34	88. 77	89. 10
山西	52. 88	52. 54	53. 36	51. 51	55. 76	58. 28	51. 66	58. 29
辽宁	63. 40	65. 56	68. 31	70. 48	71. 35	72. 05	72. 31	74. 24
吉林	56. 68	57. 11	59. 86	56. 75	57. 20	58. 36	60. 48	61. 16
黑龙江	59. 85	63. 96	65. 68	62. 42	63. 31	64. 72	65. 89	68. 39
上海	94. 42	98. 63	98. 44	98. 98	104. 14	105. 12	106. 70	107. 23
江苏	61. 58	64. 67	66. 65	68. 44	71. 50	77. 17	79. 00	83. 09
浙江	71. 05	72. 84	74. 40	77. 01	80. 89	82. 77	87. 87	90. 43
安徽	43. 91	46. 27	45. 59	48. 79	52. 95	52. 47	57. 21	58. 61
福建	61. 35	63. 66	65. 18	66. 45	68. 44	69. 72	68. 88	71. 15
江西	43. 39	44. 75	45. 50	46. 53	45. 49	48. 54	50. 21	51. 17
山东	57. 15	59. 74	61. 84	63. 72	67. 75	70. 32	72. 41	74. 94
河南	44. 25	46. 31	47. 44	48. 59	52. 86	53. 08	55. 68	57. 84
湖北	49. 72	50. 28	53. 64	55. 28	57. 46	59. 52	61. 41	63. 62
湖南	45. 61	49. 88	50. 92	53. 23	55. 93	57. 01	58. 57	60. 72
广东	62. 36	63. 84	69. 18	70. 70	74. 71	77. 94	79. 11	81. 37
重庆	57. 72	62. 87	65. 39	67. 87	67. 69	69. 22	69. 96	72. 21
四川	45. 47	48. 69	50. 57	51. 11	54. 09	55. 73	61. 51	64. 32
贵州	31. 55	33. 00	33. 92	34. 45	40. 54	40. 20	42. 78	43. 71
陕西	50. 55	52. 74	55. 32	53. 22	56. 80	58. 36	60. 98	63. 72
青海	51. 68	49. 40	41. 91	48. 85	53. 18	55. 27	56. 65	56. 82
宁夏	60. 56	61. 82	62. 16	60. 32	62. 52	61. 73	65. 52	68. 29
新疆	60. 57	59. 88	61. 19	61. 09	62. 67	64. 54	64. 36	65. 31

附表 8 中国省域法治水平的分项指数（2009—2016）

地区	2009 年	2010 年	2011 年	2012 年	2013 年	2014 年	2015 年	2016 年
北京	118.38	118.42	121.18	121.45	125.60	126.04	127.89	128.85
天津	91.18	93.56	96.57	97.34	100.07	102.22	104.94	106.74
山西	61.68	62.59	70.55	74.46	76.44	76.45	80.93	82.56
辽宁	76.45	79.01	80.71	82.60	84.38	84.80	86.89	88.85
吉林	65.42	64.17	63.26	71.85	73.22	69.22	72.87	74.91
黑龙江	69.19	64.16	74.93	77.80	78.48	79.24	80.89	81.53
上海	108.94	110.02	111.42	112.32	113.63	115.31	118.08	120.21
江苏	86.78	90.57	94.63	96.96	99.24	99.42	101.55	103.05
浙江	93.23	93.97	97.79	101.24	103.01	104.92	107.95	109.32
安徽	63.08	70.84	72.27	76.08	78.99	81.18	84.70	86.60
福建	74.52	77.61	81.12	83.97	86.40	89.16	93.31	95.85
江西	54.69	56.62	61.63	61.34	64.94	68.28	72.50	75.20
山东	77.43	80.07	83.51	85.49	88.37	90.14	92.59	94.55
河南	59.71	63.30	66.04	69.08	71.85	74.76	77.92	79.61
湖北	66.37	68.94	72.05	75.08	76.23	78.18	81.92	83.73
湖南	63.04	64.95	67.08	70.22	71.20	73.30	76.86	78.60
广东	84.77	86.35	87.01	90.03	92.03	94.65	98.02	99.57
重庆	76.57	80.85	85.60	87.11	90.11	92.62	96.82	98.22
四川	67.10	70.02	72.98	77.43	78.80	81.64	84.46	87.04
贵州	47.33	51.83	57.23	61.18	66.99	70.90	71.04	72.15
陕西	66.87	72.53	76.55	79.94	83.51	83.62	87.12	89.87
青海	57.35	59.34	60.57	63.14	66.02	69.61	73.84	76.95
宁夏	70.84	69.85	72.28	77.12	82.54	85.06	88.73	91.05
新疆	67.78	70.84	72.59	73.18	77.17	80.29	81.98	83.62

重要术语索引表

后　记

本书从三年半前开始构思，到一年前形成初稿，一直到今天定稿、出版，期间经历了数轮修改，众多专家、老师、同学都为此付出了不懈努力。从某种意义上来说，本书是集体智慧的结晶，是团队共同奋斗的成果。

衷心感谢哈尔滨工业大学（深圳）的李力教授、谢秉磊教授、任际范教授，经济管理学院学位分委会专家，校学位委员会专家，以及清华大学深圳研究生院的孔英教授和王蒲生教授，北京大学深圳研究生院的任颋教授，深圳大学的李选举教授和林旭东教授等，正是在专家们的建议和指正中，本书得以不断提升、百炼成钢，对相关问题的认识才不断深入，并初步取得了一些成果。

衷心感谢上海财经大学金融学院博士研究生周博、厦门大学经济学院博士研究生赵昱焜、哈尔滨工业大学（深圳）经济管理学院硕士研究生梁植军、南昌大学经济管理学院博士研究生袁华锡、哈尔滨工业大学（深圳）经济管理学院博士研究生白燕飞等同学的大力支持，这些同学在计量模型检验中发挥了重要作用，为本书的顺利完成提供了有力的计量保障。

衷心感谢内蒙古师范大学经济学院硕士研究生王海燕、安徽农业大学经济管理学院朱森林、哈尔滨工业大学（深圳）经济管理学院邓天意、安徽农业大学经济管理学院祁云云等同学的努力付出，这些同学在基础数据收集、整理过程中发挥了积极作用，为本书提供了数据保障。

在本书撰写、成稿和出版过程中，南开大学经济学博士郑磊、上海财经大学金融学院博士研究生龙玉、深圳市统计局周丽等都给予了大力帮助，在此一并致谢。

作者

2019 年 5 月